MILIEU

MILIEU

Philip de Vos

Protea Boekhuis
Protea Book House
Pretoria
2006

Milieu
Philip de Vos

Eerste uitgawe, eerste druk 2006
First edition, first impression 2006

Protea Boekhuis
Posbus 35110, Menlopark, 0102
Burnettstraat 1067, Hatfield, Pretoria

Protea Book House
PO Box 35110, Menlo Park, 0102
1067 Burnett Street, Hatfield, Pretoria

protea@intekom.co.za

Tipografie en ontwerp deur Hond BK
Gedruk en gebind deur die Paarlse Drukpersmaatskappy
Typography and design by Hond CC
Printed and bound by Paarl Print

ISBN 1-86919-130-7

INHOUD / CONTENTS

INHOUD / CONTENTS

Beeldspraak

'n Voorwoord by portrette van Philip de Vos

Beeldspraak is 'n literêre term wat nét so toegepas kan word op die visuele kunste, wat natuurlik een van sy jongste en mees energieke vertakkings insluit, naamlik fotografie.

Beelde prâát, en al pratende verduidelik en vertolk hulle: mense, diere, 'n landskap, die tydgees, die fotograaf sélf.

Fotografie in Suid-Afrika het al belangrike name opgelewer: David Goldblatt, Alice Mertens, Obie Oberholzer, Jurgen Schadeberg, om net enkeles te noem. In dié reeks neem Paul Alberts en Philip de Vos 'n besondere plek in as dokumenteerders van skeppende en vertolkende mense.

Die omvang van beide fotograwe se werk sluit veel meer in as hul kultuurgeskiedenisse-in-die-kleine. 'n Mens dink aan Alberts se indrukwekkende sosiodokumentêre werk; aan De Vos se impressionistiese landskappe en blomstudies. Maar waarom dit vir my op hierdie oomblik gaan, is Alberts en De Vos se vaslê in beeld van 'n reeks skrywers, digters, skilders, teatermense, balletdansers.

'n Vergelyking tussen *In kamera* (1979) van Paul Alberts en *Milieu* van De Vos is onvermydelik. *In kamera* is 'n voorganger en nog altyd 'n model van portretfotografie; *Milieu* is die voortsetting van 'n tradisie, maar geensins 'n replika daarvan nie. Hiervoor sorg onder andere die individualiteit van De Vos, want ook die fotograaf, om die kultuurfilosoof Taine aan te haal, "sien die lewe deur 'n temperament".

Die titel van De Vos se bundel stel sy uitgangspunt onomwonde: *Milieu*. Hy sien sy

Imagery

An introduction to portraits by Philip de Vos

Imagery is a literary term that can be directly applied to the visual arts, of which photography is naturally one of the youngest and most energetic branches.

Images "speak" for themselves, and in speaking, they interpret and explain: people, animals, a landscape, the spirit of an era – even the photographer himself.

In South Africa photography has produced important names: David Goldblatt, Alice Mertens, Obie Oberholzer, Jurgen Schadeberg, to mention but a few. In this group Paul Alberts and Philip de Vos have a special place as recorders of creative and performing people.

The work of both these photographers encompasses more than their own interpretation of cultural histories in miniature. One recalls the impressive socio-documentary work of Alberts; and the impressionistic landscapes and flower studies of De Vos. But what is important here, is how De Vos and Alberts capture images of a group of writers, painters, theatre people and ballet dancers.

A comparison between Paul Alberts's *In Camera* (1979) and *Milieu* of De Vos is unavoidable. *In Camera* is a predecessor and still serves as a model of portrait photography; *Milieu* is the continuation of a tradition, but in no way a mere replica thereof. This is ensured by the individuality of De Vos because even the photographer, to quote the cultural philosopher Taine, "sees life through his own temperament".

The title of De Vos's collection *Milieu* encapsulates it all. He sees his "models" as part of their

"modelle" as vergroeid met hul omgewing wat dikwels bestaan uit die boeke, die kunswerke, die klede, die artefakte wat hulle oor 'n leeftyd versamel het; sodat 'n mens soms wonder of die model die neerslag van sy milieu is, of andersom.

Die tuisomgewing is meesal die ateljee, die studeerkamer, die werkkamer van 'n bepaalde model, maar soms neem De Vos sy mense na buite, na 'n omgewing wat 'n verlengstuk van hul psiges skyn te wees; na 'n tuin in die geval van Freda Linde en Phyllis Spira, na 'n muur wat hom eindeloos uitstrek in die geval van Tobie Cronjé, na 'n verlate kerkie in die geval van Karel Schoeman.

Argitektuur is nóg 'n struktuurfaktor in sommige van De Vos se komposisies. Sy modelle bevind hulle in leë foyers en leë gange wat "vreemd" gemaak word deur 'n onverwagte inval van lig, soos op óú kerkskilderye van die Hollandse meesters.

Lig is die lewensbloed van 'n fotograaf. De Vos verkies natuurlike lig, en in sy meer metafisiese studies, soos dié van vader Claerhout, word lig die oorgang na 'n hoër dimensie.

Dis opvallend hoe "standhoudend" sekere energieë binne 'n kultuur is. Talle figure in Alberts se *In kamera* is ná 'n kwarteeu nog by ons, soos *Milieu* telkens uitwys; "sadder but wiser", in die geval van ouer mense waar beeld reeds suiwer gees begin word.

In die hande van 'n fotograaf wat gekonsentreerd met sy oë dink en voel, word foto's veel meer as tydsdokumente. Hulle word ook credo's, want hulle getuig van die krag van die onsienlike.

Hennie Aucamp
Kaapstad
3 Oktober 2005

individual environments, which often consist of books, paintings, drapes, the artifacts they had collected over a lifetime; so that one wonders whether the model is a result of its milieu, or vice versa.

The home environment is mostly the studio, the study, the workroom of a particular person, but sometimes De Vos takes his people outside into the open where the background seems to be an extension of their psyche; a garden in the case of Freda Linde and Phyllis Spira, an endless wall in the case of Tobie Cronjé, or a deserted church in the case of Karel Schoeman.

Architecture is another structural factor in some of De Vos's compositions. His models find themselves in empty foyers and empty passages and deserted corridors that are made to appear "strange" by an unexpected intrusion of light, as in the old church paintings of the Dutch masters.

Light is the essence for any photographer. De Vos prefers natural light, and in his more metaphysical studies, as in the case of Father Claerhout, light is the path to a higher dimension.

It is remarkable how "lasting" some energies are within a culture. Many figures of Alberts's *In Camera* are still with us after more than a quarter of a century, as *Milieu* points out; sadder but wiser, in the case of the older generation where an image is already becoming pure spirit.

In the hands of a photographer who thinks and feels with his eyes, photos become more than mere documents of time. They become credos because they are proof of the power of the unseen.

Hennie Aucamp
Cape Town
3 October 2005
(translated by Philip de Vos)

Vir Albie Louw
en Piet Grobler
met bewondering en dank.

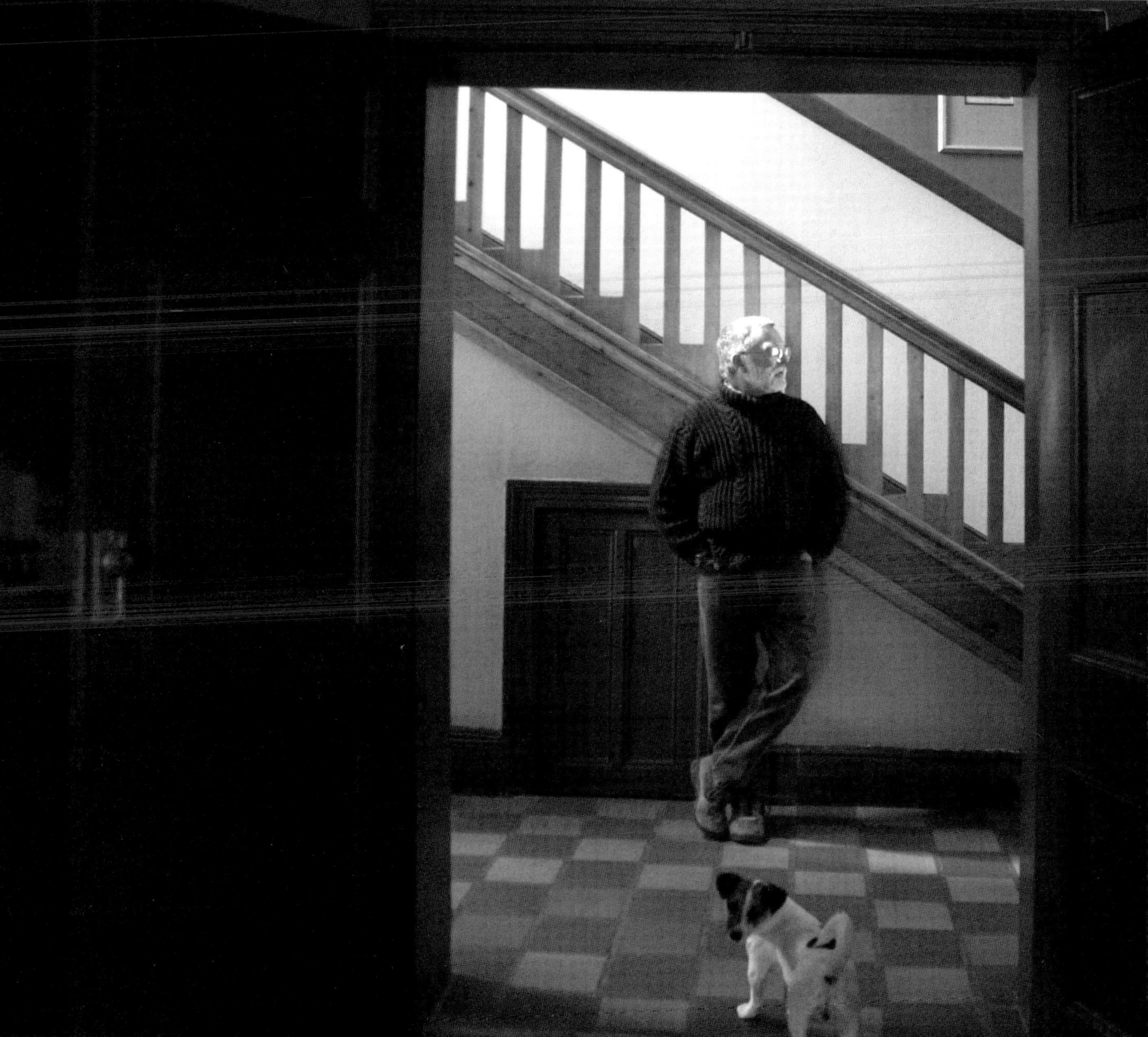

Paul Alberts

(2005)

Alberts is sedert 1975 vryskutfotograaf met sosiale dokumentering en teaterfotografie as sy hoofbelangstelling. Onder sy fotoboeke tel *In kamera* (1979) met foto's van skeppende kunstenaars, asook *Some evidence of things seen: Children of South Africa* (1997). Sedert 1981 wy hy homself ook as uitgewer aan sosiaal-dokumentêre fotografie. Hy woon deesdae in Brandfort in die Vrystaat.

In 1975 Alberts became a freelance photographer mainly interested in social documentary and theatre photography. Amongst his photographic books are *In Camera* (1979) with photographs of creative artists, as well as *Some evidence of things seen: Children of South Africa* (1997). Since 1981, he also dedicated himself to the publishing of social documentary photography and special interest books. He currently lives in Brandfort in the Free State.

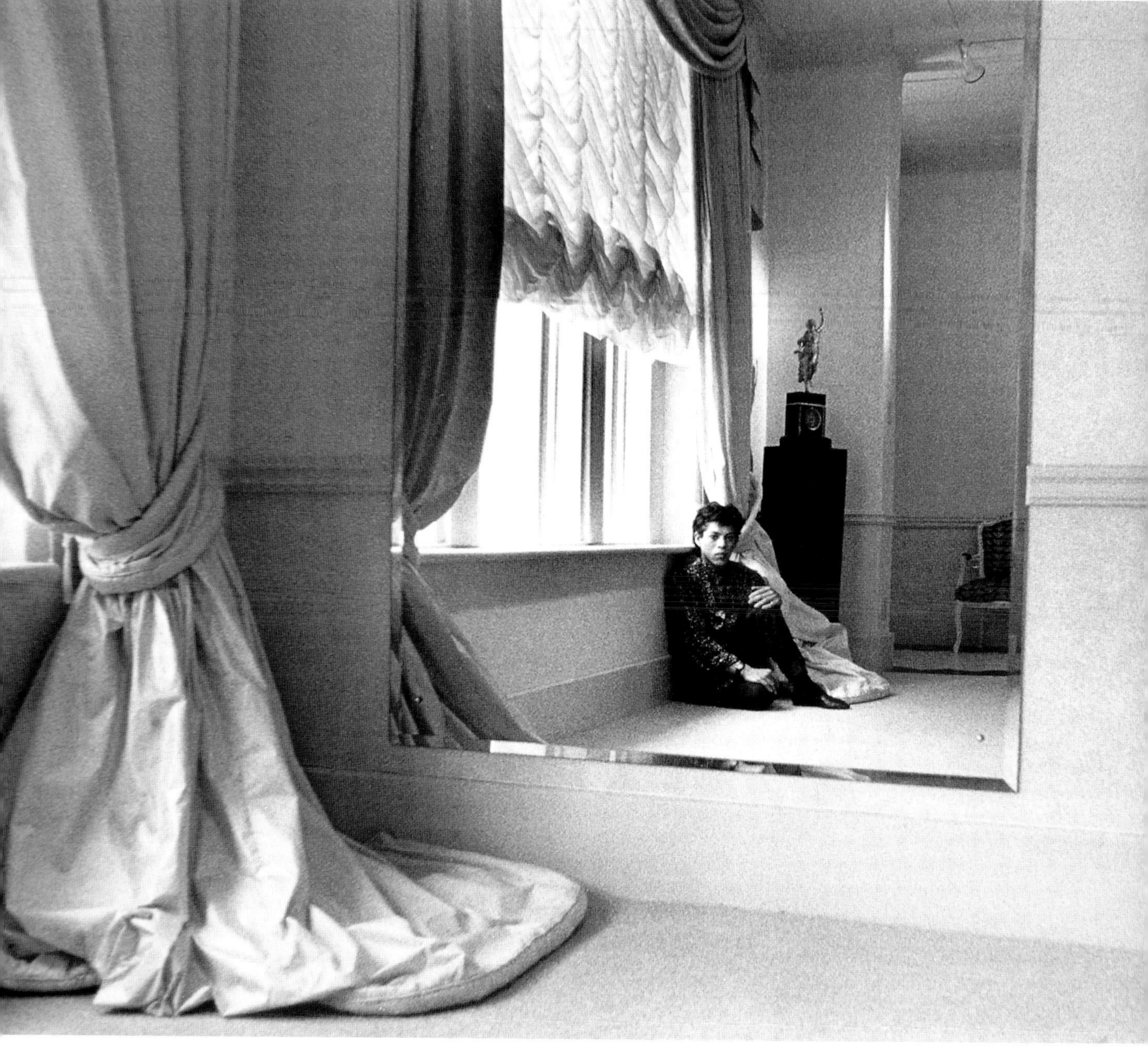

Errol Arendz

(1985)

Kaapstadse modeontwerper vir die rykes en beroemdes.

Cape Town couturier for the rich and famous.

Hennie Aucamp

(2005)

Digter, kabaretskrywer en een van ons belangrikste kortverhaalskrywers. Hy skryf ook dagboeke, essays, resensies en literêre kritiek. In 1982 word die Hertzogprys aan hom toegeken vir al sy prosawerk.

Poet, playwright and one of our most important contemporary writers of short stories, essays, cabaret texts, diaries and reviews. He received the Hertzog Prize in 1982.

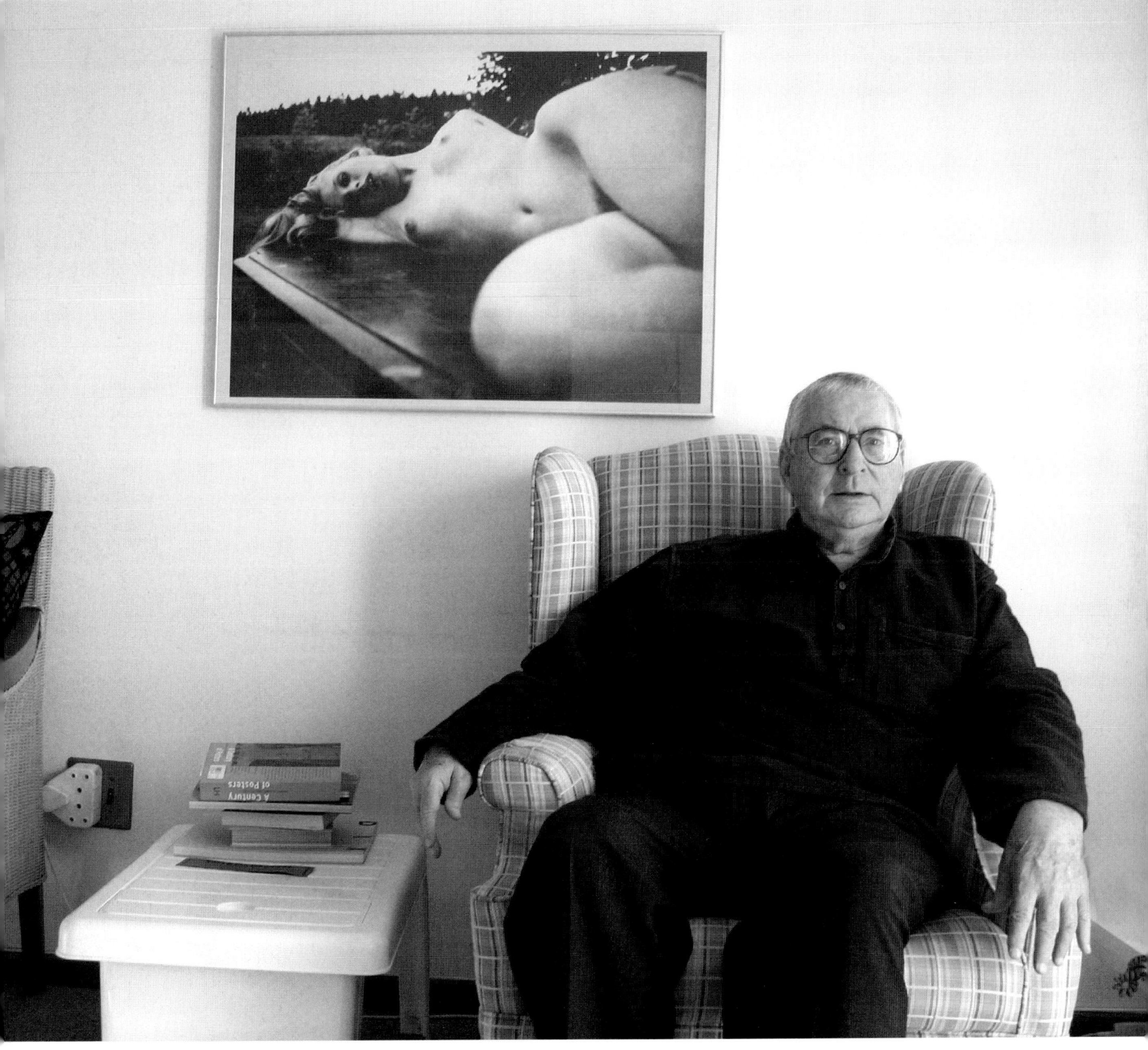
A Century
of Posters

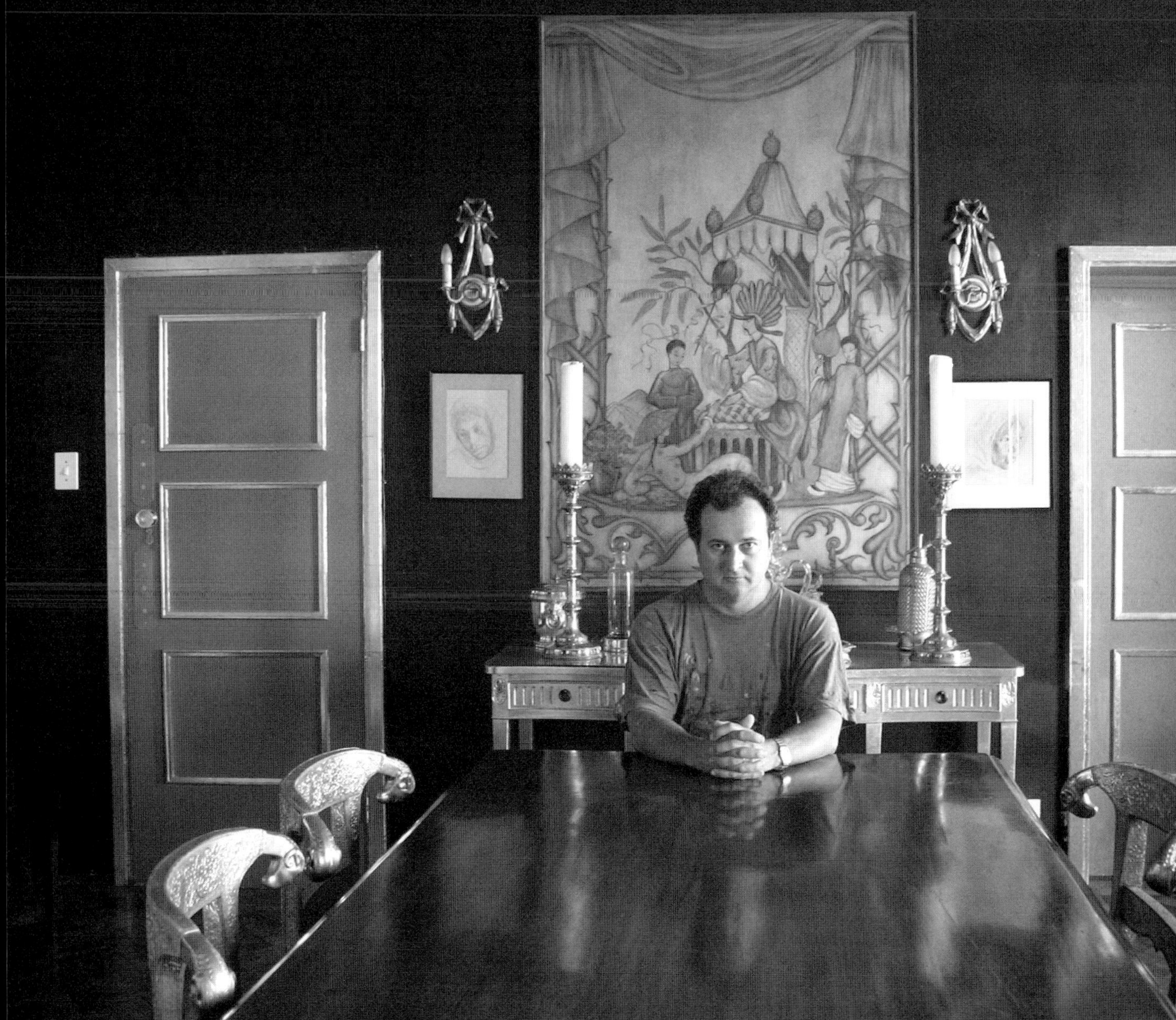

Beezy Bailey

(2005)

Kontroversiële beeldhouer, skilder en vertoonkunstenaar. Vroeg in die 1990's skep hy 'n alter ego, Joyce Ntobe. Bailey se eie werk is afgekeur vir 'n triënnale-uitstalling van die Suid-Afrikaanse Nasionale Kunsgalery, terwyl die werk van "Joyce Ntobe" aanvaar is as deel van dié galery se permanente versameling.

Controversial sculptor, painter and live art performer. During the early 1990s he created his alter ego Joyce Ntobe. Bailey submitted two artworks for a triennial exhibition. One was with the traditional Beezy Bailey signature (rejected); the other, signed "Joyce Ntobe", was accepted for an honoured place in the South African National Gallery as part of its permanent collection.

Christiaan Barnard
(1922–2001)

(1985)

Christiaan Barnard, Suid-Afrikaanse hartchirurg wat die eerste menslike hartoorplanting in die geskiedenis gedoen het en alombekend was vir sy flambojante lewe. Hy het ook, onder andere, *Een lewe* (1969) en *Verstotelinge* (1974) geskryf.

Christiaan Barnard gained world renown for performing the very first heart transplant and was also well-known for his flamboyant private life. *One life* (1969) and *The unwanted* (1975) are among the books he wrote

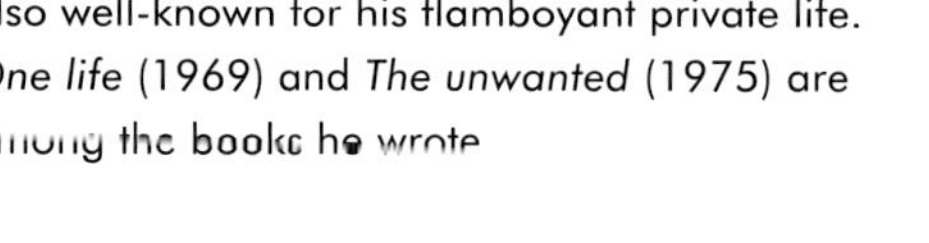

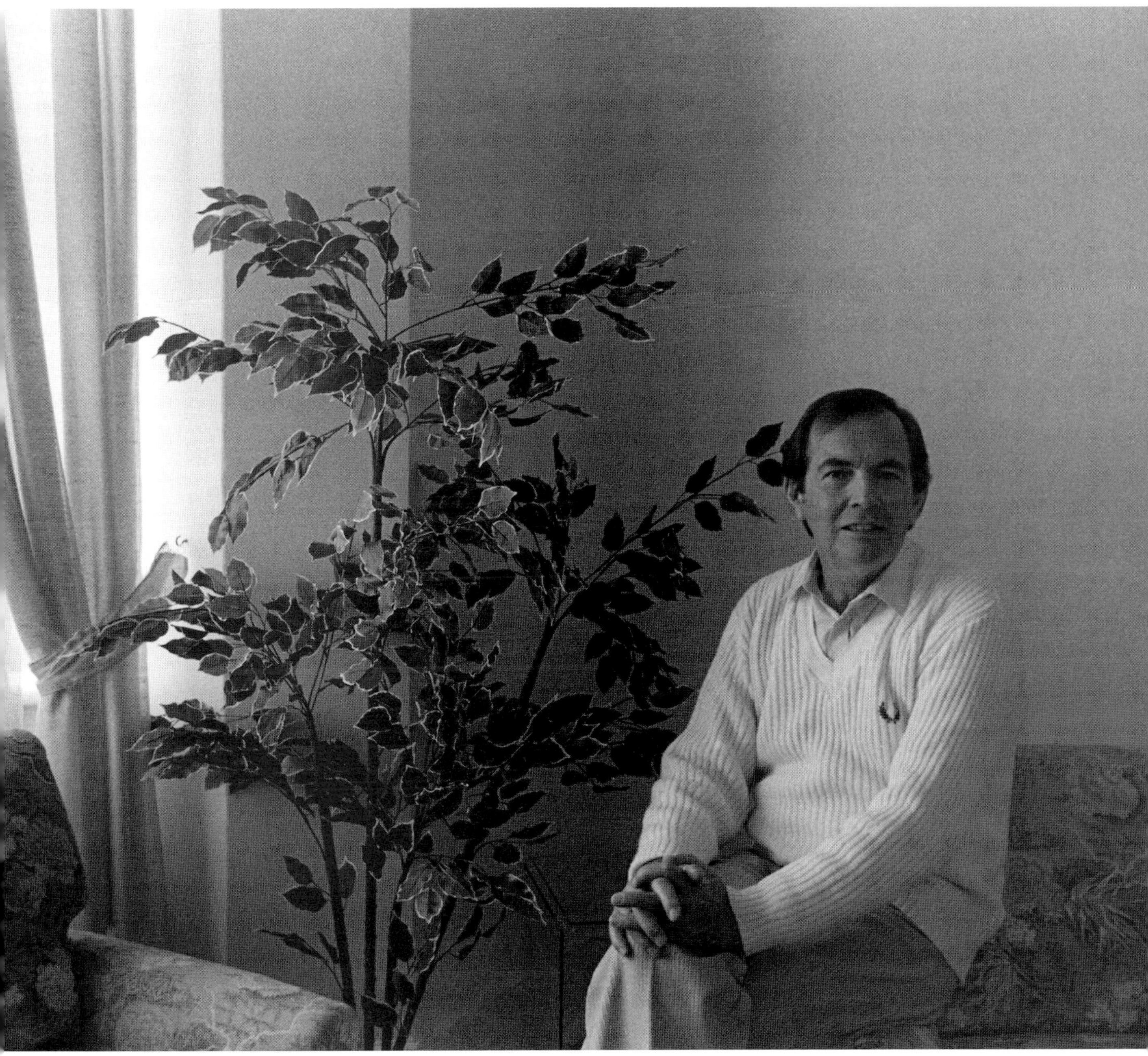

Limpie Basson

(1985)

Bekend as radioman en vir sy optredes op die verhoog, in rolprente en in televisieprogramme.

Well-known as radio announcer and also for his performances on stage, television and in films.

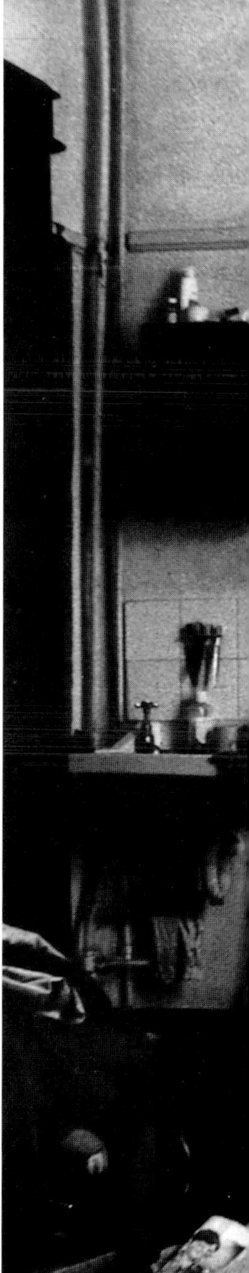

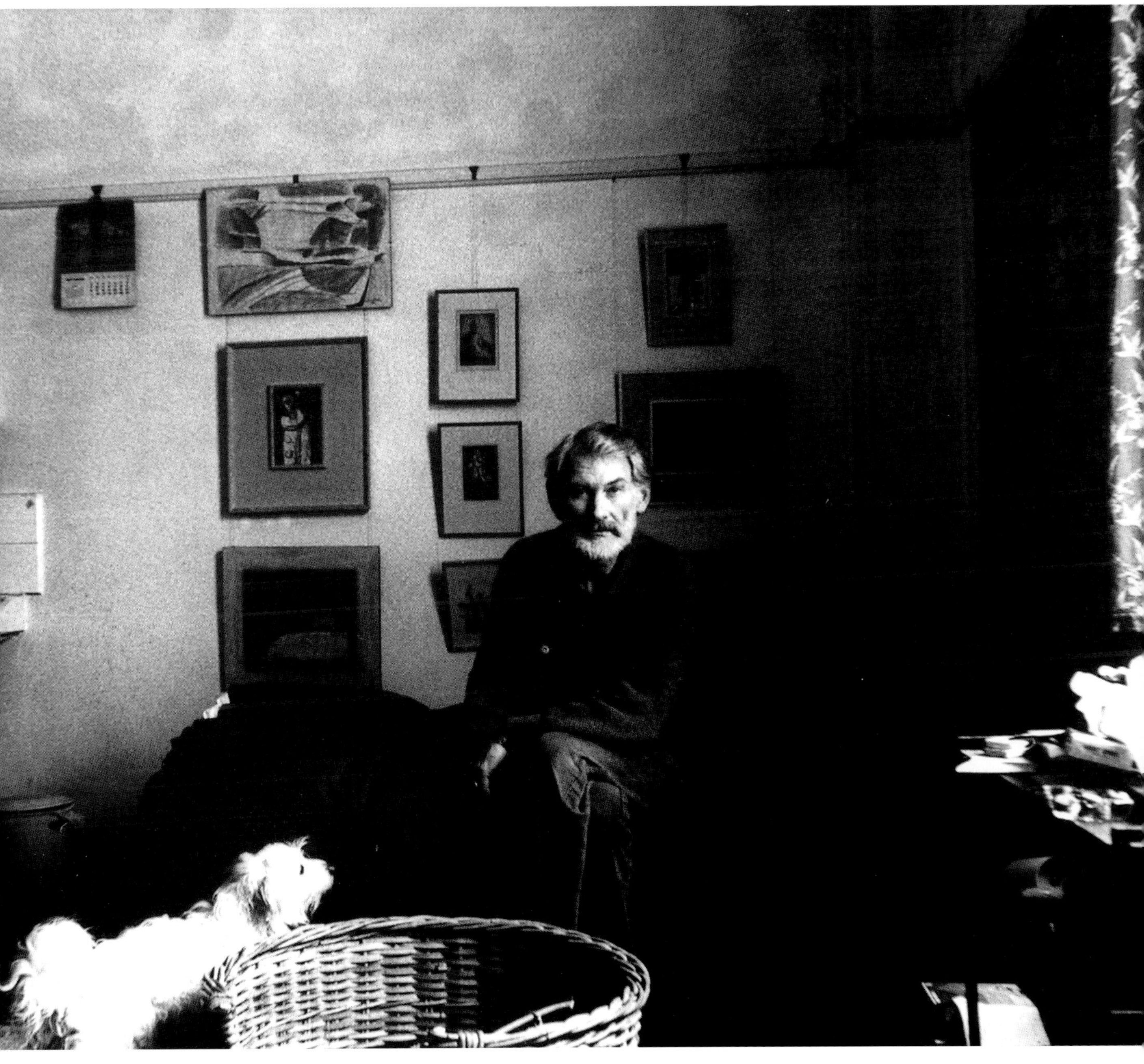

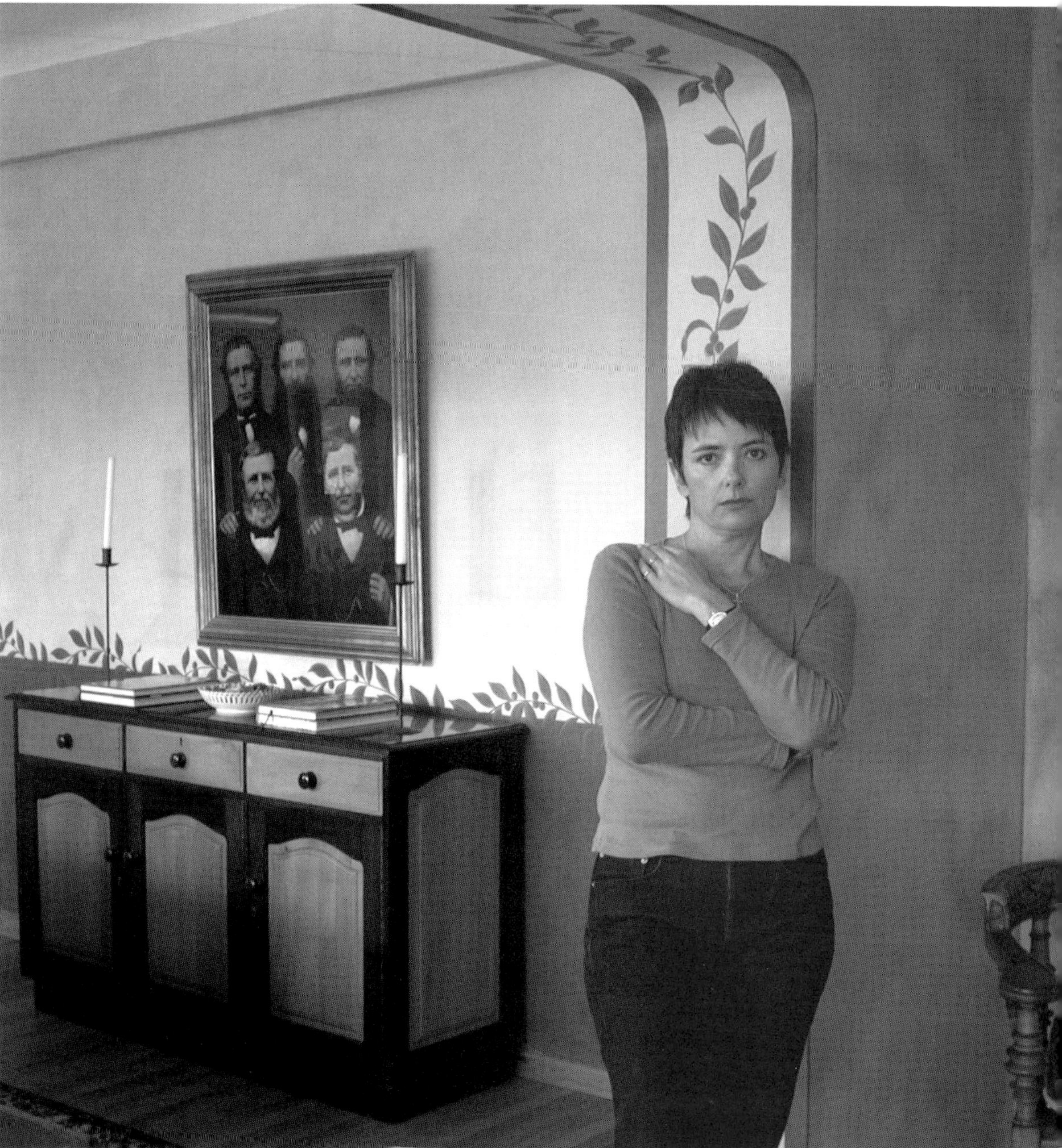

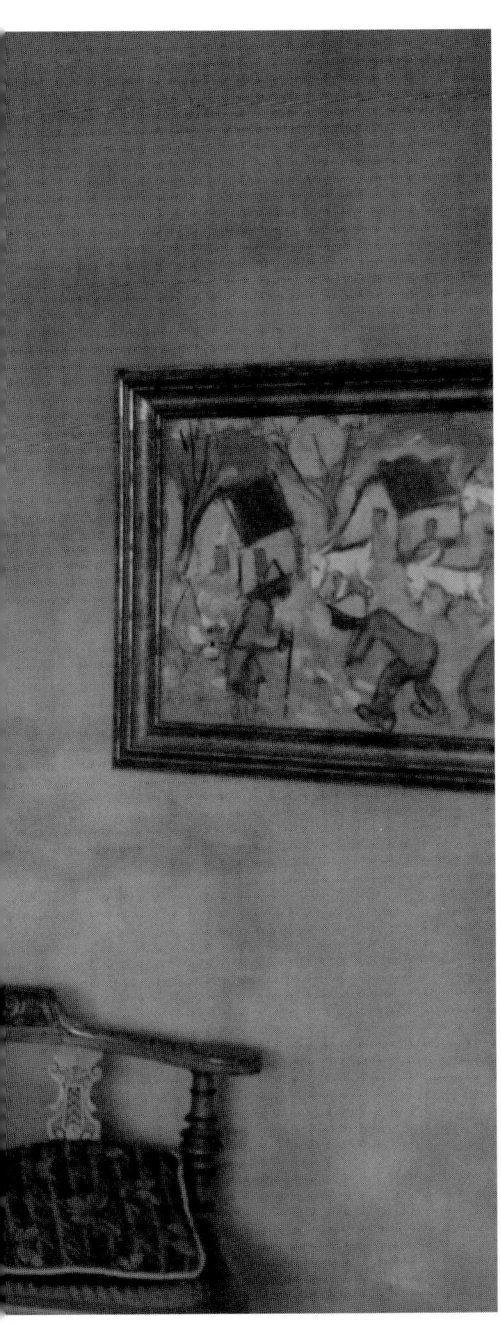

Susanne Beyers

(2003)

Aktrise, toneeldosent en rubriekskrywer.

Actress, drama teacher and newspaper columnist.

Aletta Bezuidenhout

(2005)

Aletta Bezuidenhout is een van ons veelsydigste aktrises en het vele toekennings ontvang. Sy is ook bekend as toneeldosent.

Aletta Bezuidenhout is one of South Africa's most versatile actresses and has received numerous awards for her acting. She is also known as teacher and lecturer in her field of expertise.

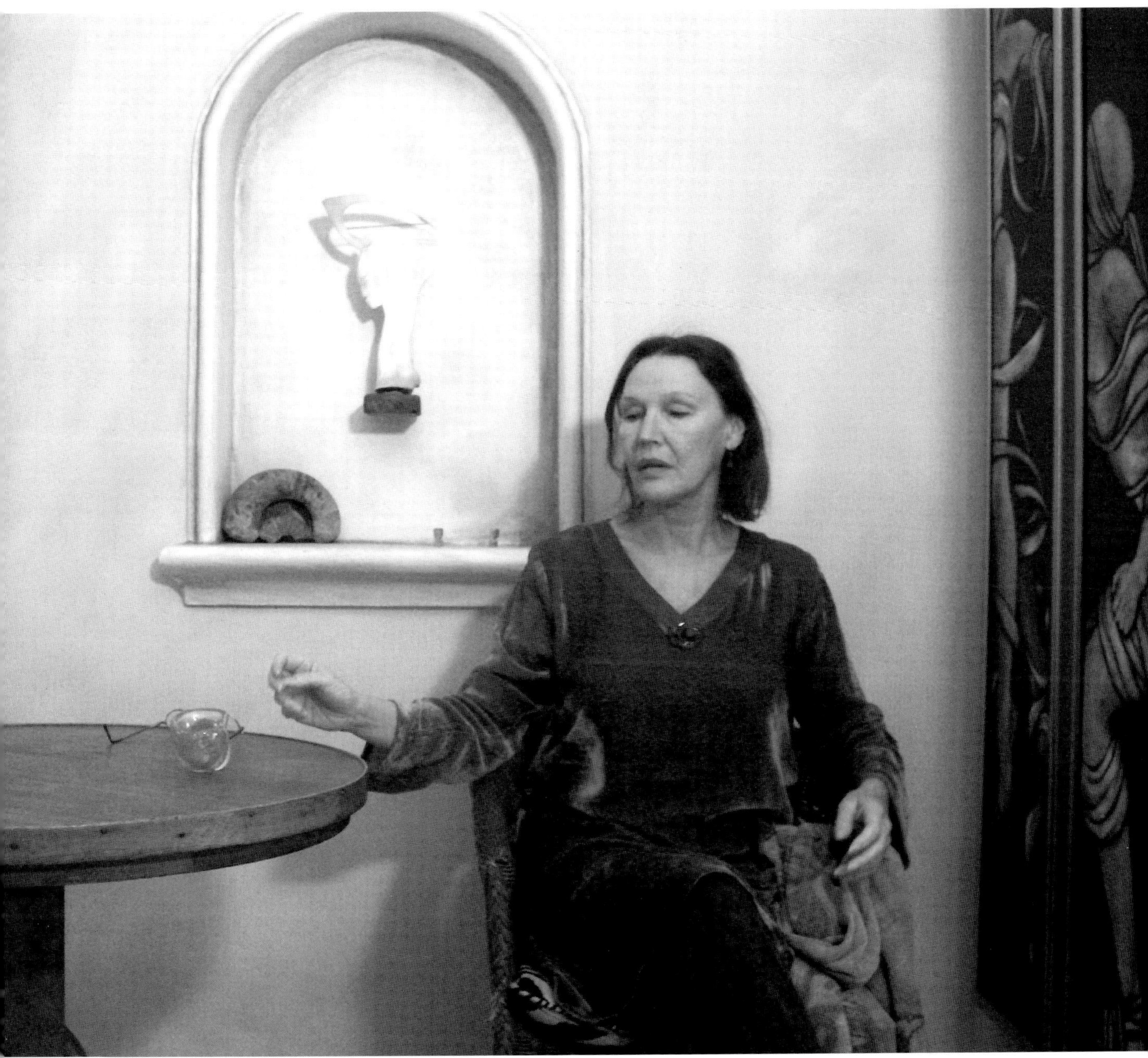

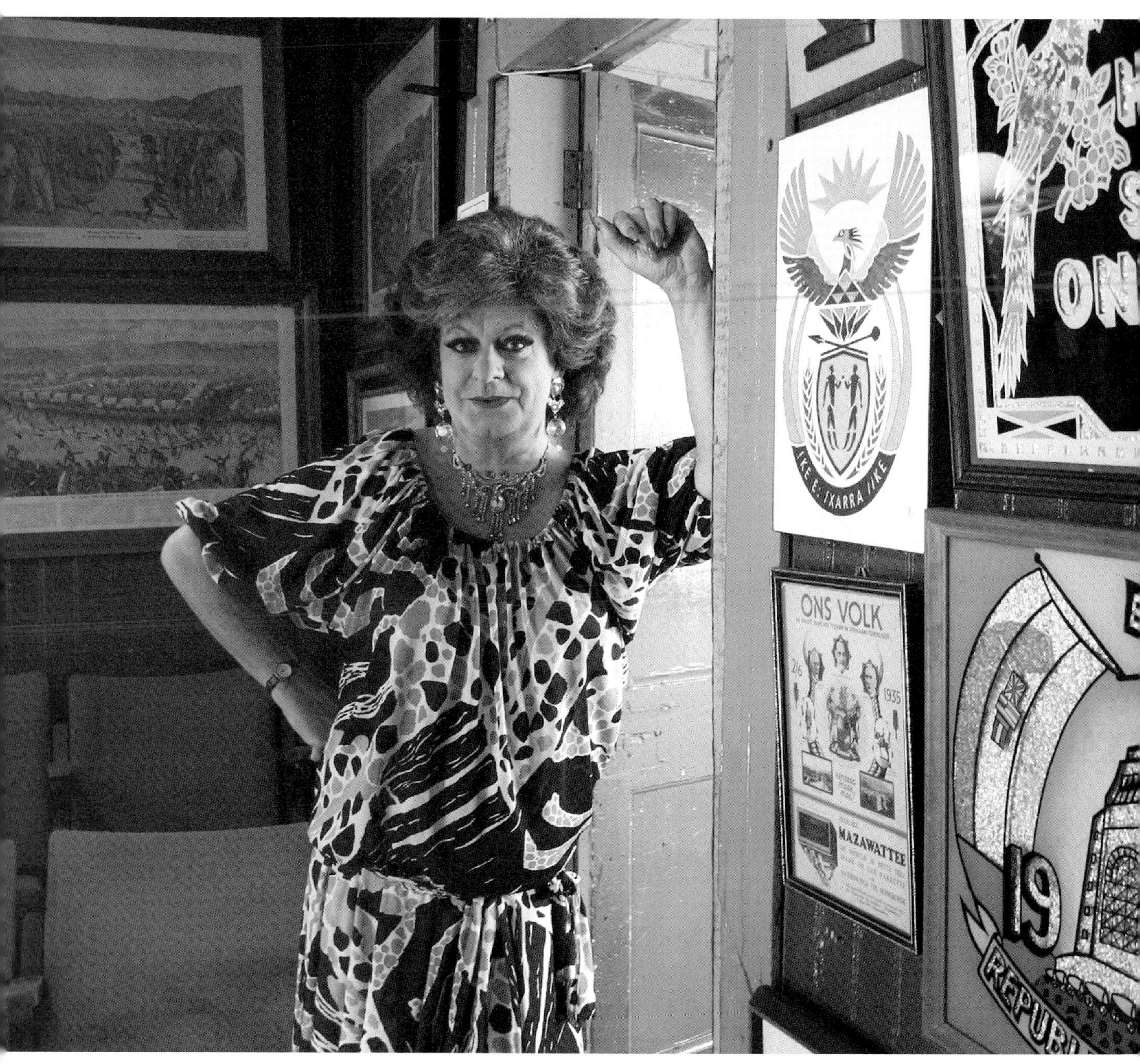
ONS VOLK
2/6
1935
MAZAWATTEE

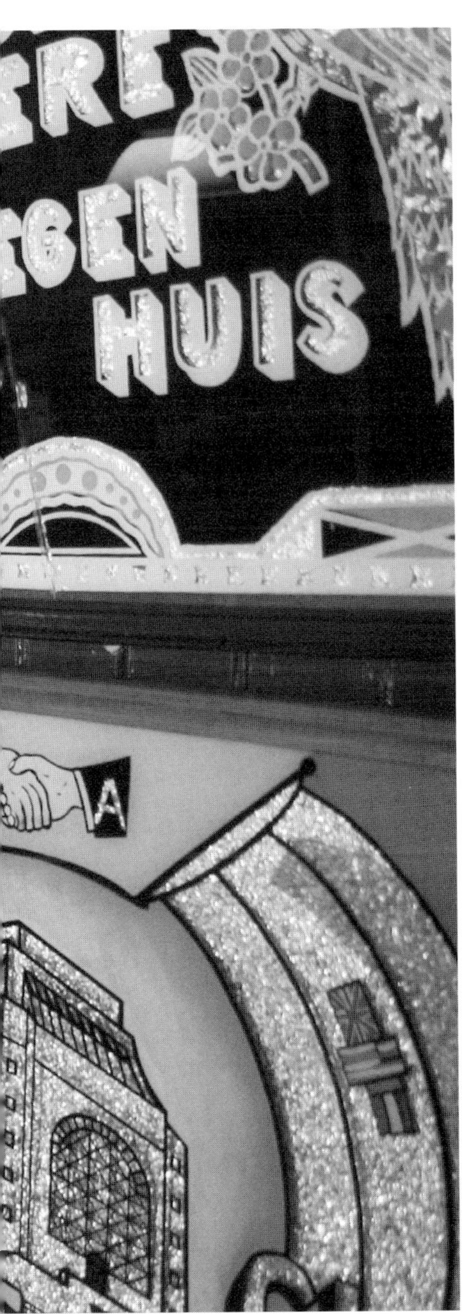

Evita Bezuidenhout

(2005)

Suid-Afrika se ambassadeur in die voormalige onafhanklike tuisland, die "Republiek van Bapetikosweti", en alter ego van die satirikus Pieter-Dirk Uys. Sy word beskou as die bekendste wit vrou in Suid-Afrika.

South African ambassador to the former independent black homeland of "Bapetikosweti". She is also the alter ego of the satirist Pieter-Dirk Uys and is alleged to be South Africa's most famous white woman.

Herman Binge

(2005)

Televisieregisseur van gewilde programme soos *Liriekeraai, Idols* en dokumentêre reekse. Binge het reeds twee maal sowel die Suid-Afrikaanse Akademie vir Wetenskap en Kuns se televisieprys asook die ATKV se televisieprys verower. Onder sy dokumentêre programme tel *Distrik 6* en *Verskroeide aarde* oor die konsentrasiekampe in die Anglo-Boereoorlog.

Producer of several popular television series, among them *Liriekeraai* and *Idols*. He was also responsible for *District 6* and *Scorched Earth* about the Anglo Boer War concentration camps. He has received awards from the Suid-Afrikaanse Akademie vir Wetenskap en Kuns and the ATKV.

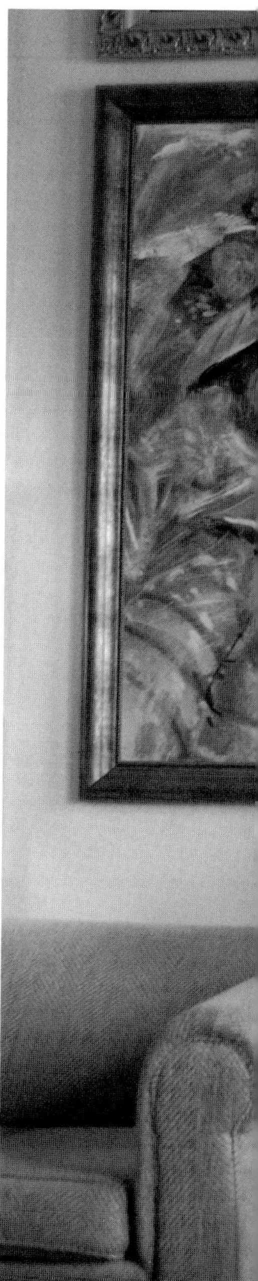

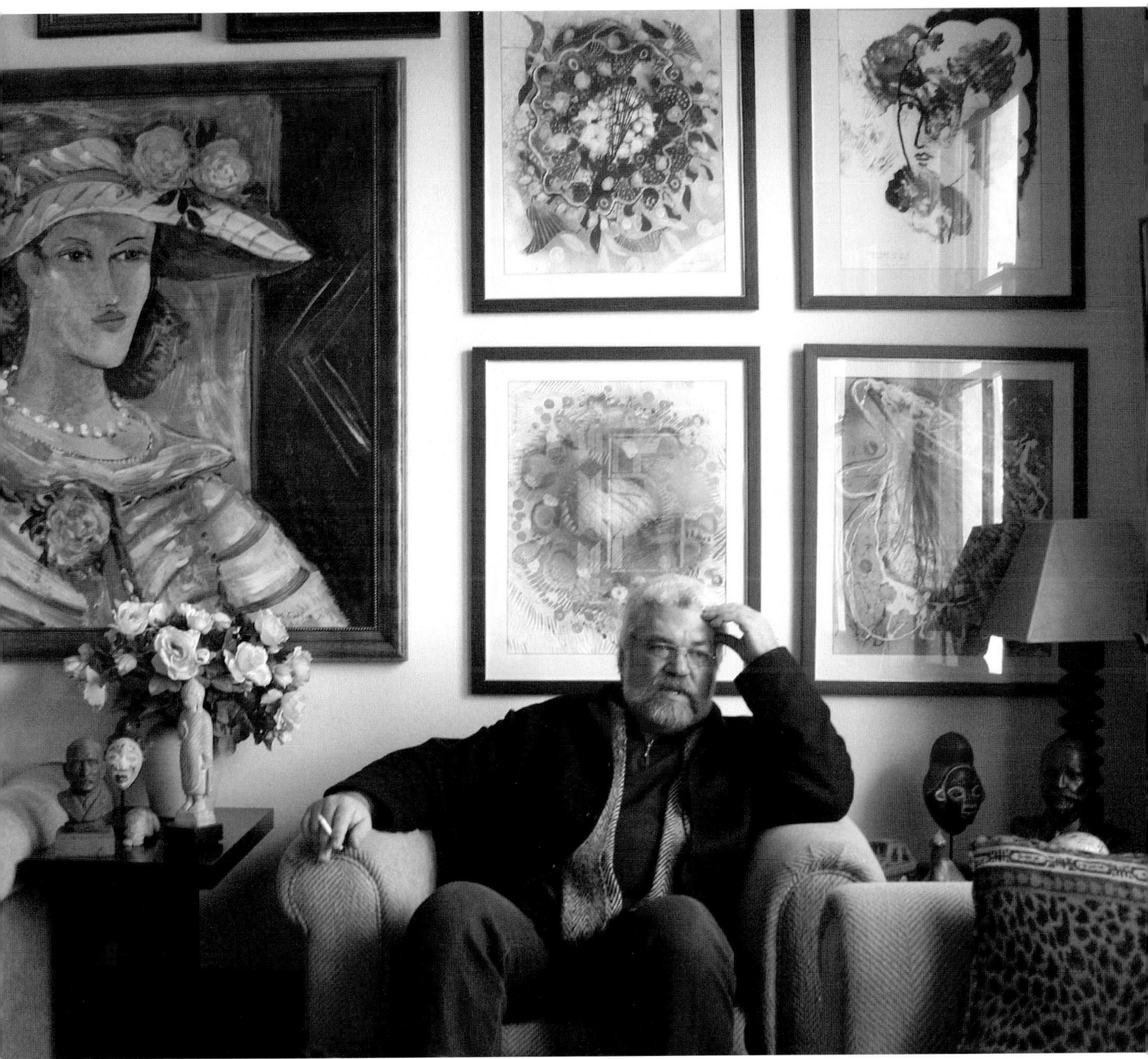

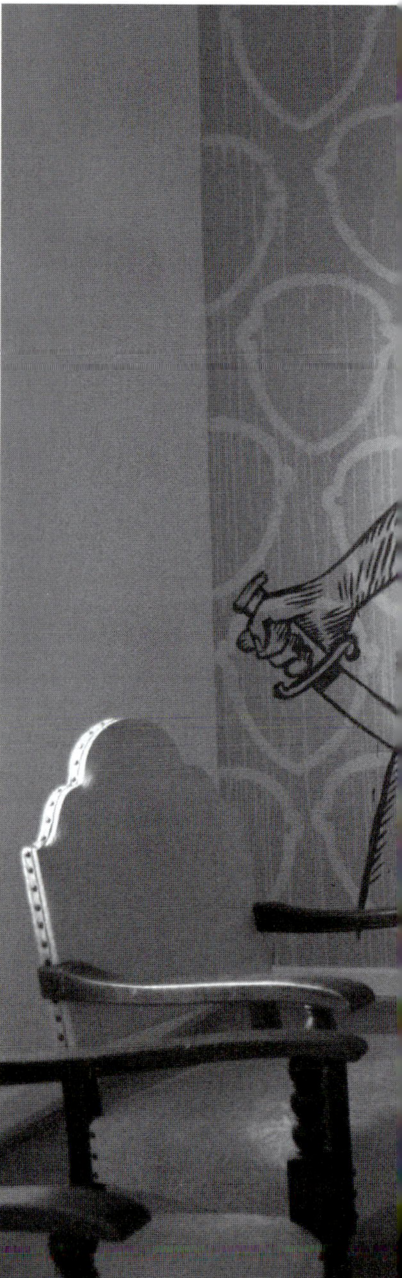

Conrad Botes

(2004)

Die kunstenaar Conrad Botes is die wenner van die 2004-ABSA L'Atelierprys. Hy is ook stigterslid en *strip*-kunstenaar van die dikwels omstrede *Bitterkomix*-reeks.

The artist Conrad Botes is winner of the 2004 ABSA L'Atelier Prize as well as comic artist and one of the founders of the controversial *Bitterkomix* series.

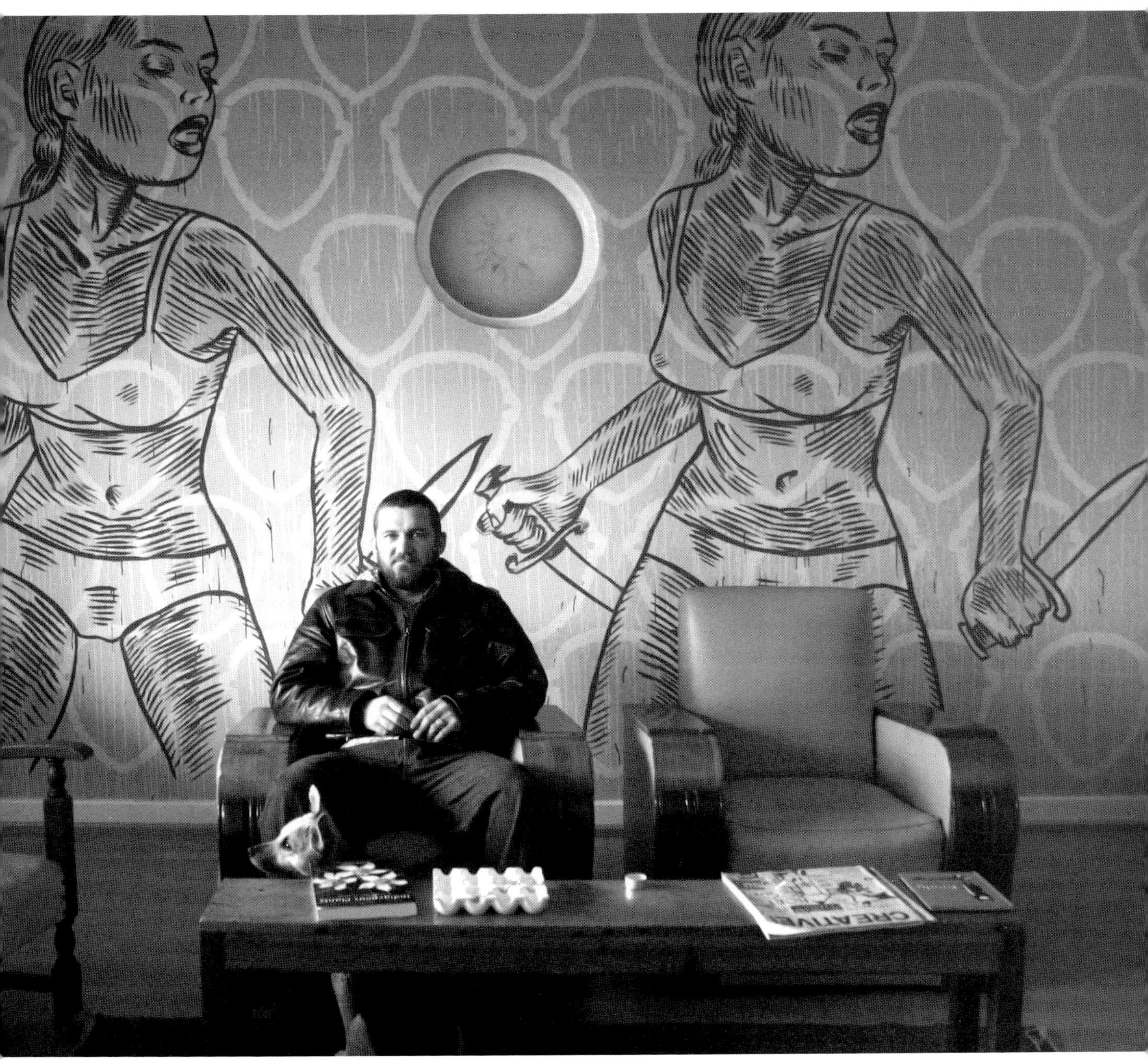

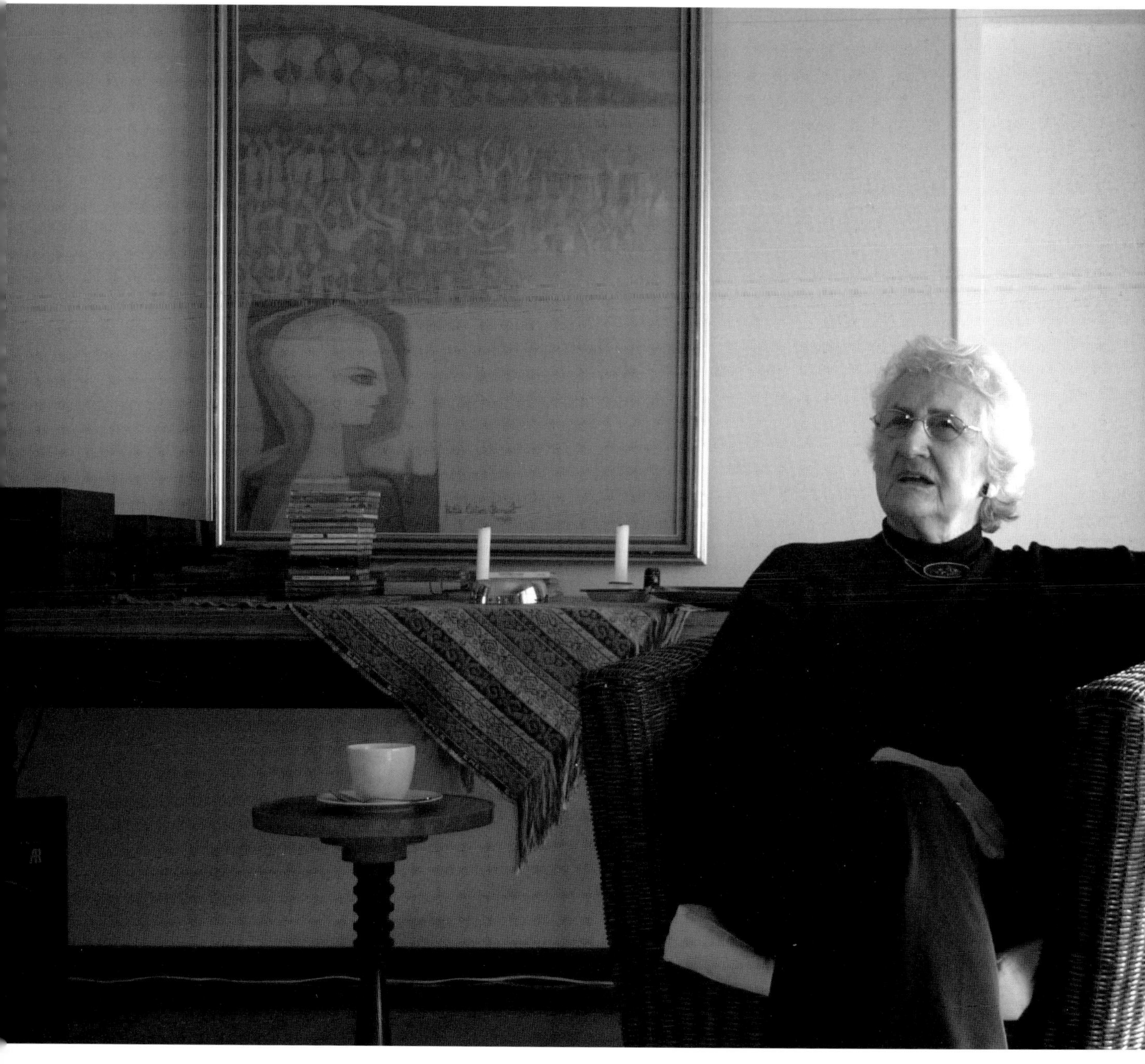

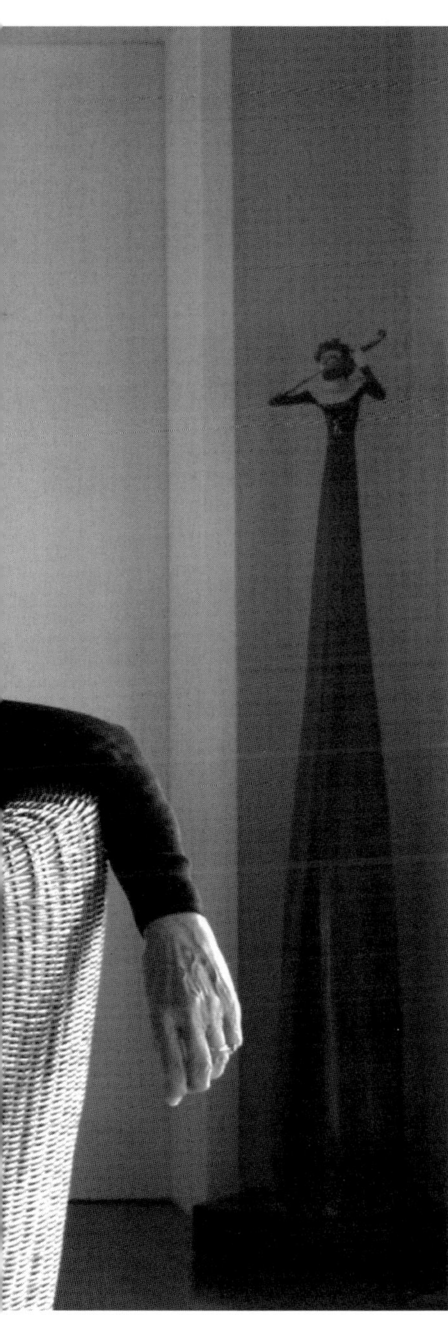

Elize Botha

(2005)

Literêre kritikus, prosakenner, hoogleraar in Afrikaans en jare lange redakteur van *Tydskrif vir letterkunde*. Sy was ook die eerste vroulike kanselier van die Universiteit van Stellenbosch, eerste vroulike lid van die direksie van Nasionale Pers asook die eerste vroulike voorsitter van die Suid-Afrikaanse Akademie vir Wetenskap en Kuns.

Literary critic, expert on Afrikaans prose and professor in Afrikaans at the University of South Africa. She is the first woman to become Chancellor of the University of Stellenbosch. She was also the first woman appointed to the Board of Directors of Nasionale Pers and the first woman to serve as chairperson of the Suid-Afrikaanse Akademie vir Wetenskap en Kuns.

Hardy Botha

(2005)

Hardy Botha was vroeër stelskilder vir die destydse kunsterade SUKOVS en KRUIK. Hy is van agtjarige ouderdom af gefassineer deur die sirkuswêreld. Hy is tans kunsskilder en grafiese kunstenaar van persone, diere en karnavaltonele. Hy gebruik tonele uit sy verlede vir 'n fantasiewêreld waar politici, wat deel van die groter sirkus is, geen sê het nie en waar narre meerminne leer vlieg om ons wêreld sodoende 'n beter plek te maak.

A former set designer for the previous Arts Councils of the Free State and the Cape, Hardy Botha has been fascinated with the world of circuses since his childhood. He is currently a painter and graphic artist of people, animals and carnival scenes. He uses scenes from his past to create a better world where politicians are part of the bigger circus, but have no say and where clowns teach mermaids how to fly.

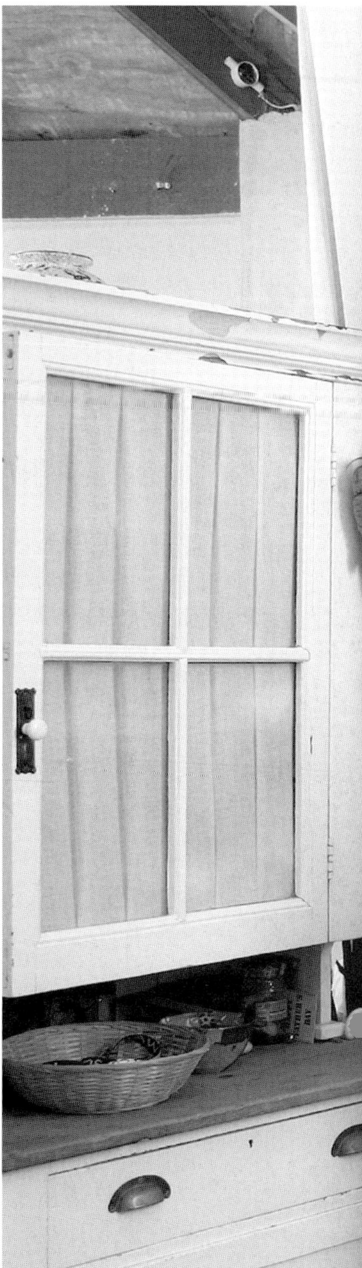

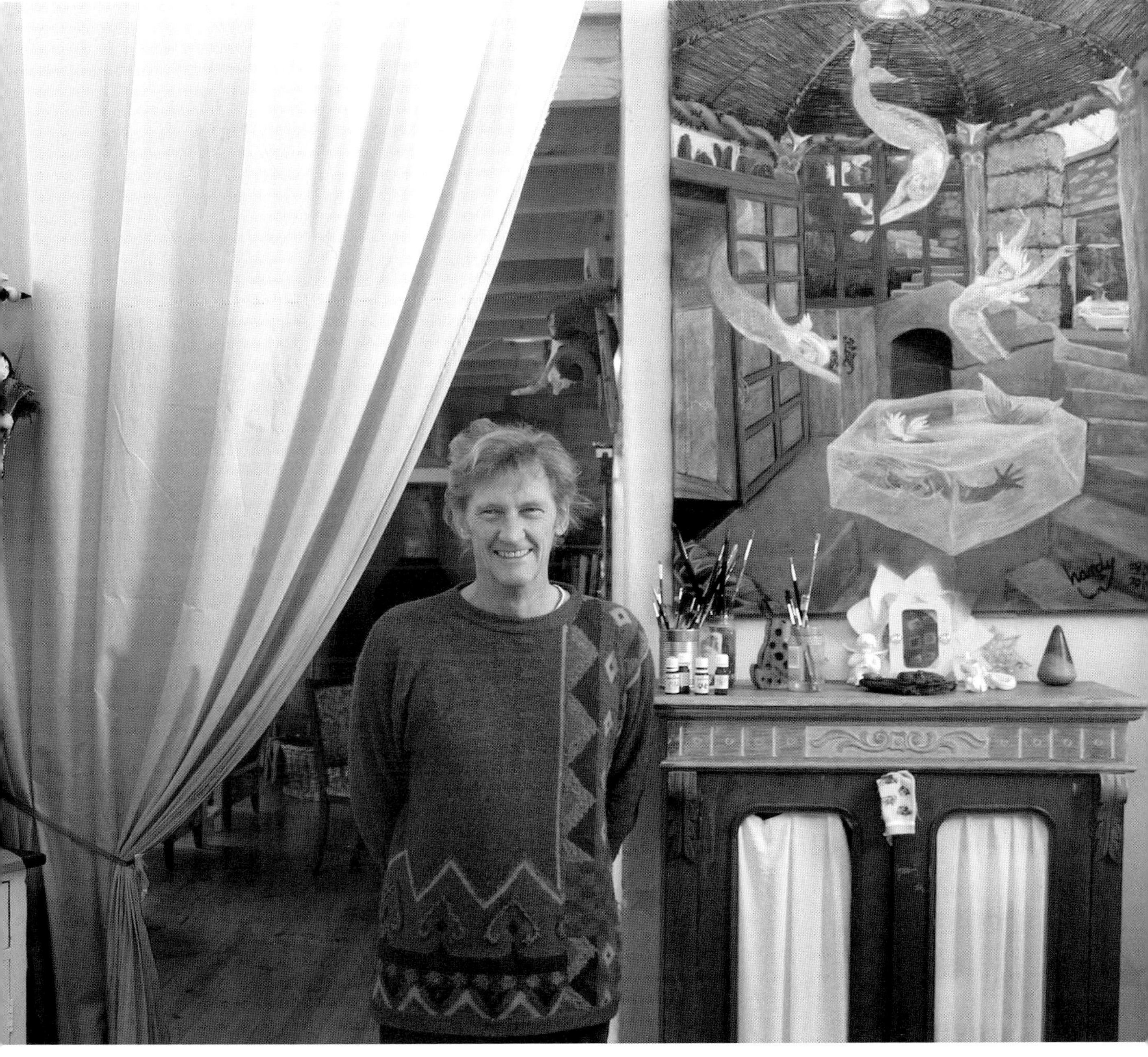

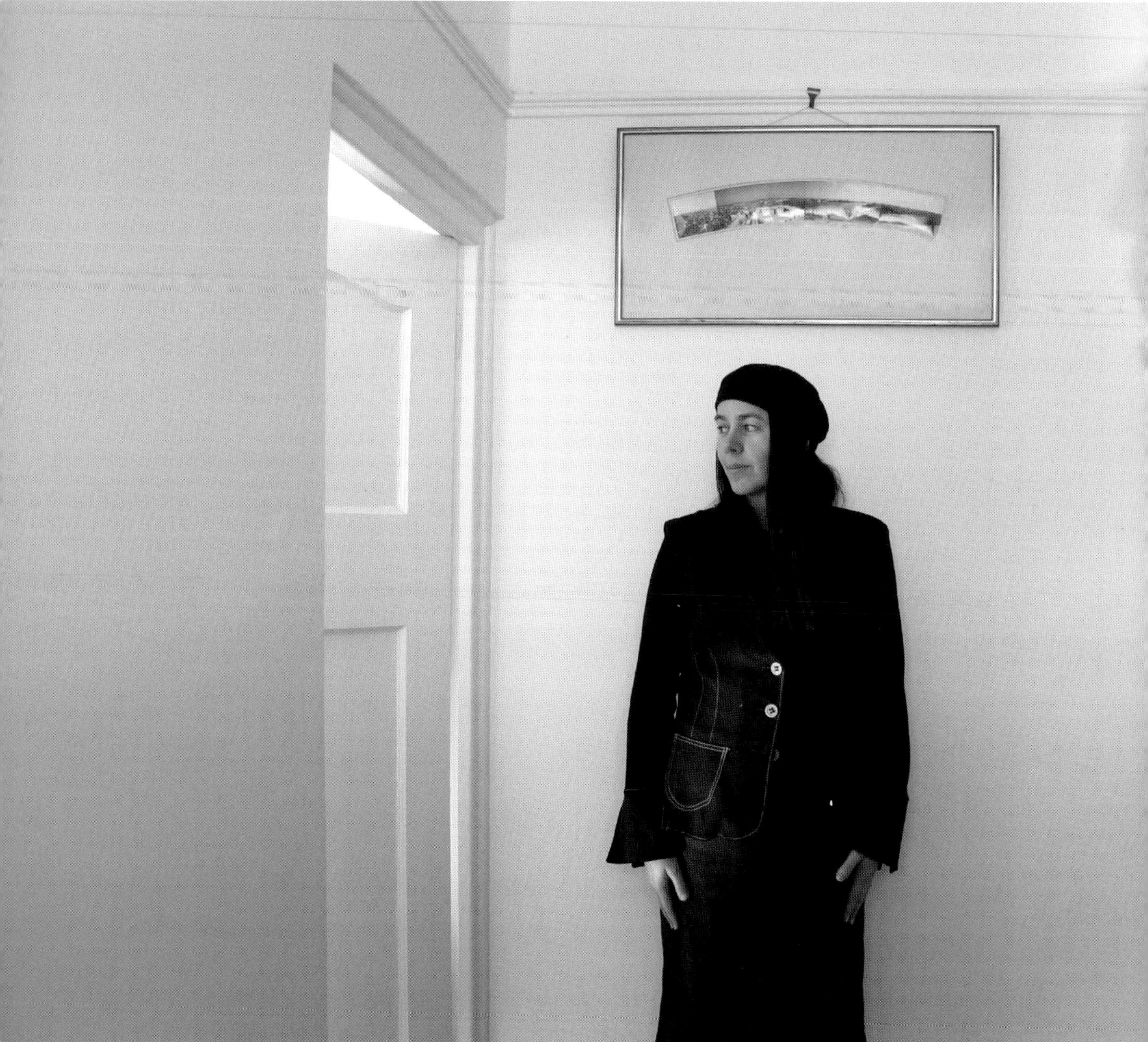

Lien Botha

(2004)

Die fotograaf Lien Botha het sedert 1988 reeds aan vyf solo-, 80 plaaslike en 17 internasionale uitstallings deelgeneem, waaronder die L'Ête Photographique de Lectoure (Frankryk, 2005) en die Bamako Biennale (Mali, 2005). Sedert 1997 word sy genooi om sowel plaaslik as in Florence en San Francisco as lektor op te tree. In 2004 was sy die Feeskunstenaar by die Klein Karoo Nasionale Kunstefees (KKNK) op Oudtshoorn en in 2006 ontvang sy die Ampersand-beurs.

Since 1988 the photographer Lien Botha has taken part in 80 South African group shows and 17 international exhibitions and has held five solo exhibitions. Lien Botha acts as part time lecturer both locally and in Florence and San Francisco. In 2004 she was the invited artist for the 10th anniverary of the Klein Karoo Nasionale Kunstefees (KKNK) in Oudtshoorn and in 2006 received the Ampersand Bursary.

Lionel Bowman

(1985)

Dié Suid-Afrikaans-gebore pianis was die eerste van sy generasie om internasionaal bekend te word en is vir sy prestasies deur die Royal Academy of Music in Londen bekroon. Hy het in 1982 op 63-jarige ouderdom as solo-pianis uitgetree.

Lionel Bowman was the first of his generation of pianists born in South Africa to establish a performing career of international scope and was honoured with a Fellowship of the Royal Academy of Music, London. He retired in 1982 at the age of 63.

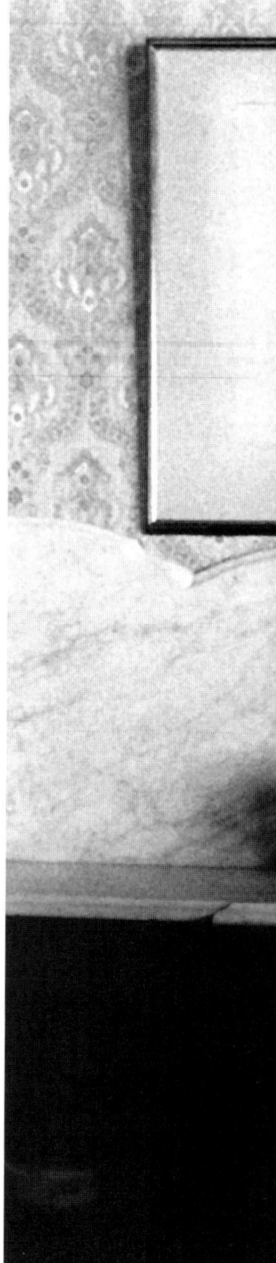

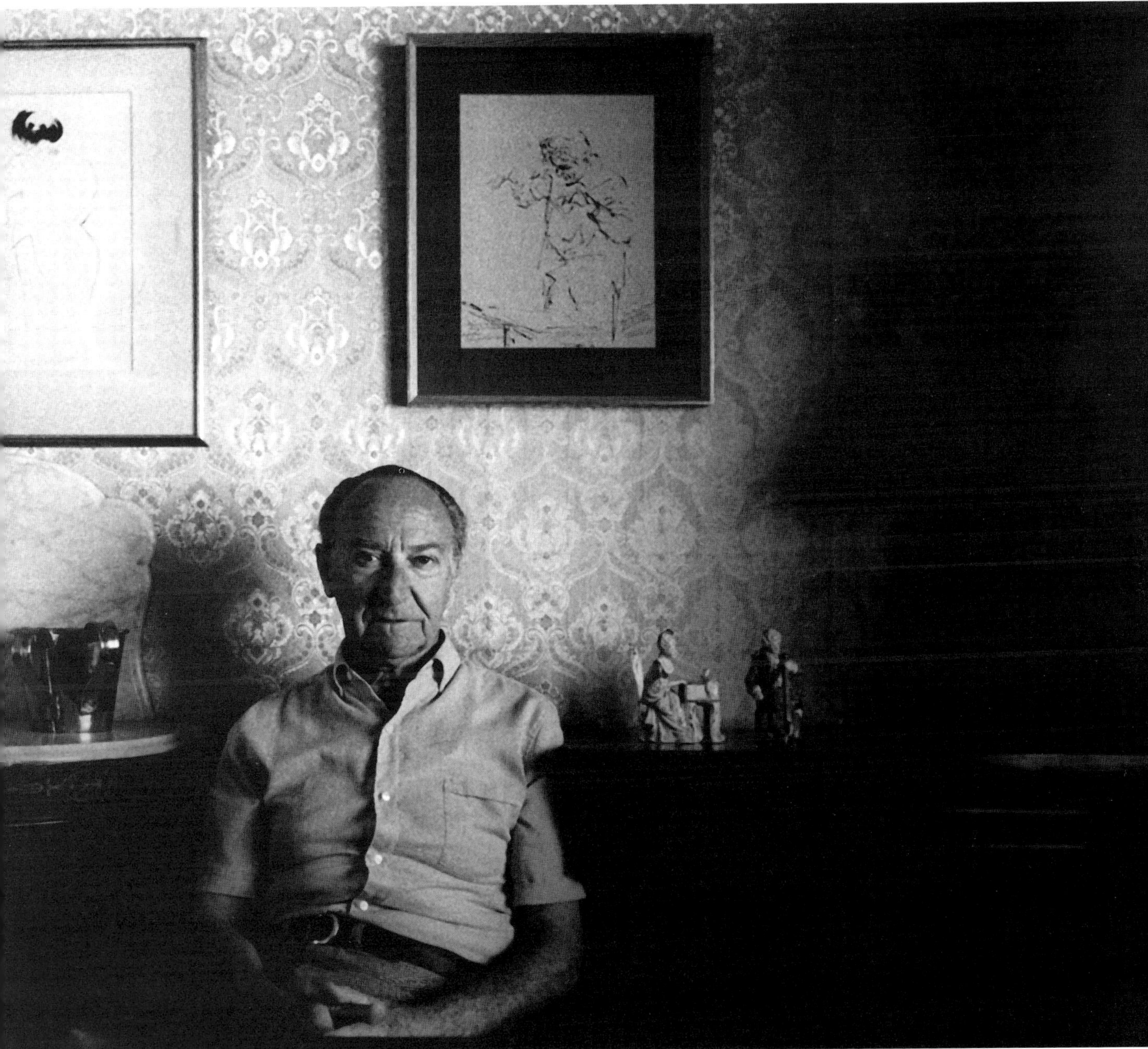

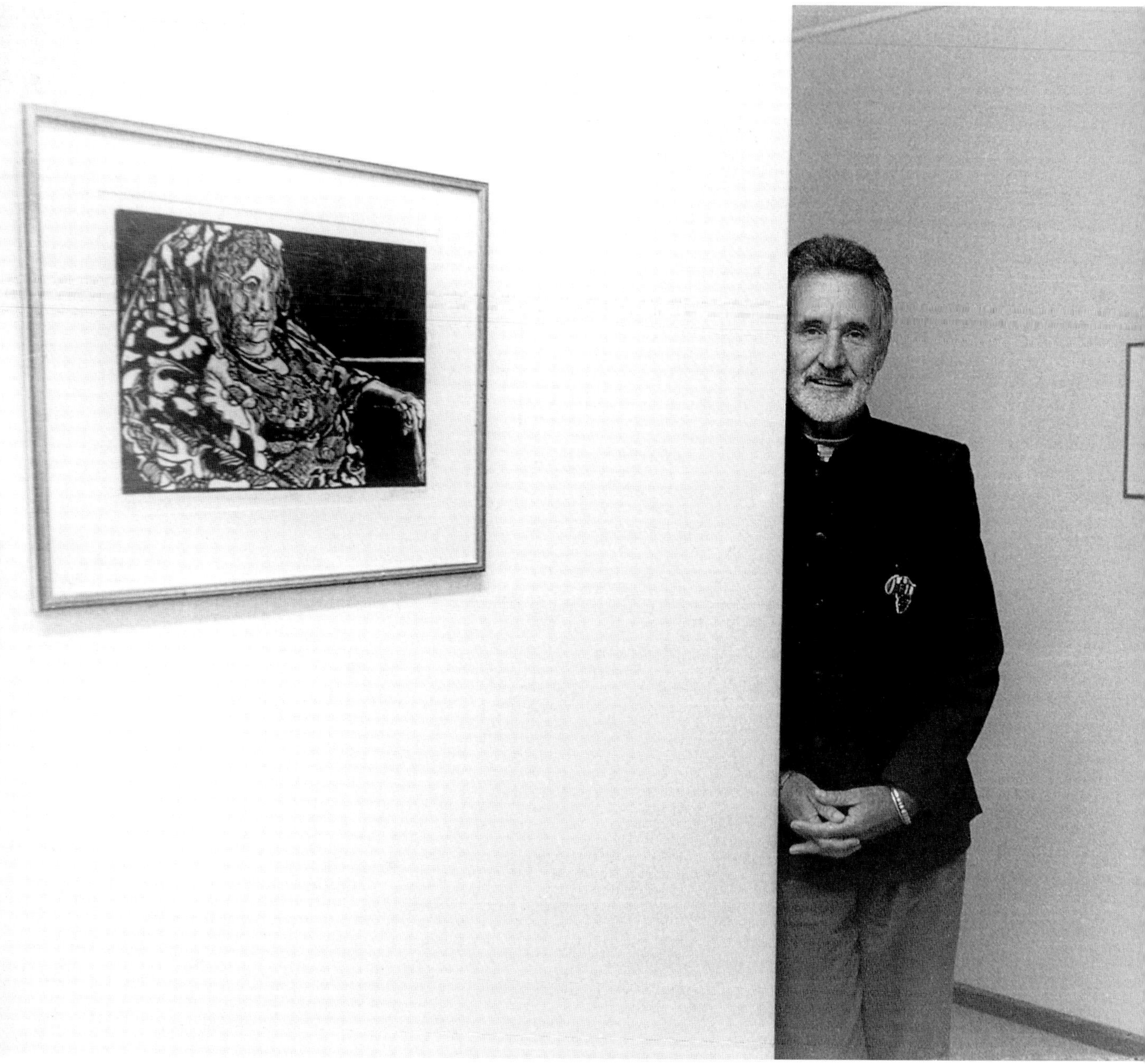

Breyten Breytenbach

(1998)

Ná sy huwelik met 'n Viëtnamese vrou, Hoang Lien (Yolande), vestig die Afrikaanse skrywer Breyten Breytenbach hom in Parys. Die behandeling wat hy en sy vrou van die destydse Suid-Afrikaanse regering ontvang het, het tot gevolg dat hy een van die voorste internasionale vegters teen apartheid word. Hy word in 1975 in Suid-Afrika gearresteer en gevonnis vir terroristiese bedrywighede. Ná tronkstraf van sewe jaar word hy vrygelaat en vestig hy en sy vrou hulle weer in Parys. Benewens sy gedigte skryf hy ook prosatekste en dramas en is bekend as skilder.

The Afrikaans writer Breyten Breytenbach became a committed opponent of apartheid and left South Africa in 1960, settling in Paris in 1962 with his Vietnamese wife Hoang Lien (Yolande). When Breytenbach returned to South Africa with a false passport in 1975, he was arrested, charged under the Terrorism Act, and jailed for seven years. After his release he returned to Paris where he obtained French citizenship. Breytenbach is also known for his paintings and has exhibited in many countries.

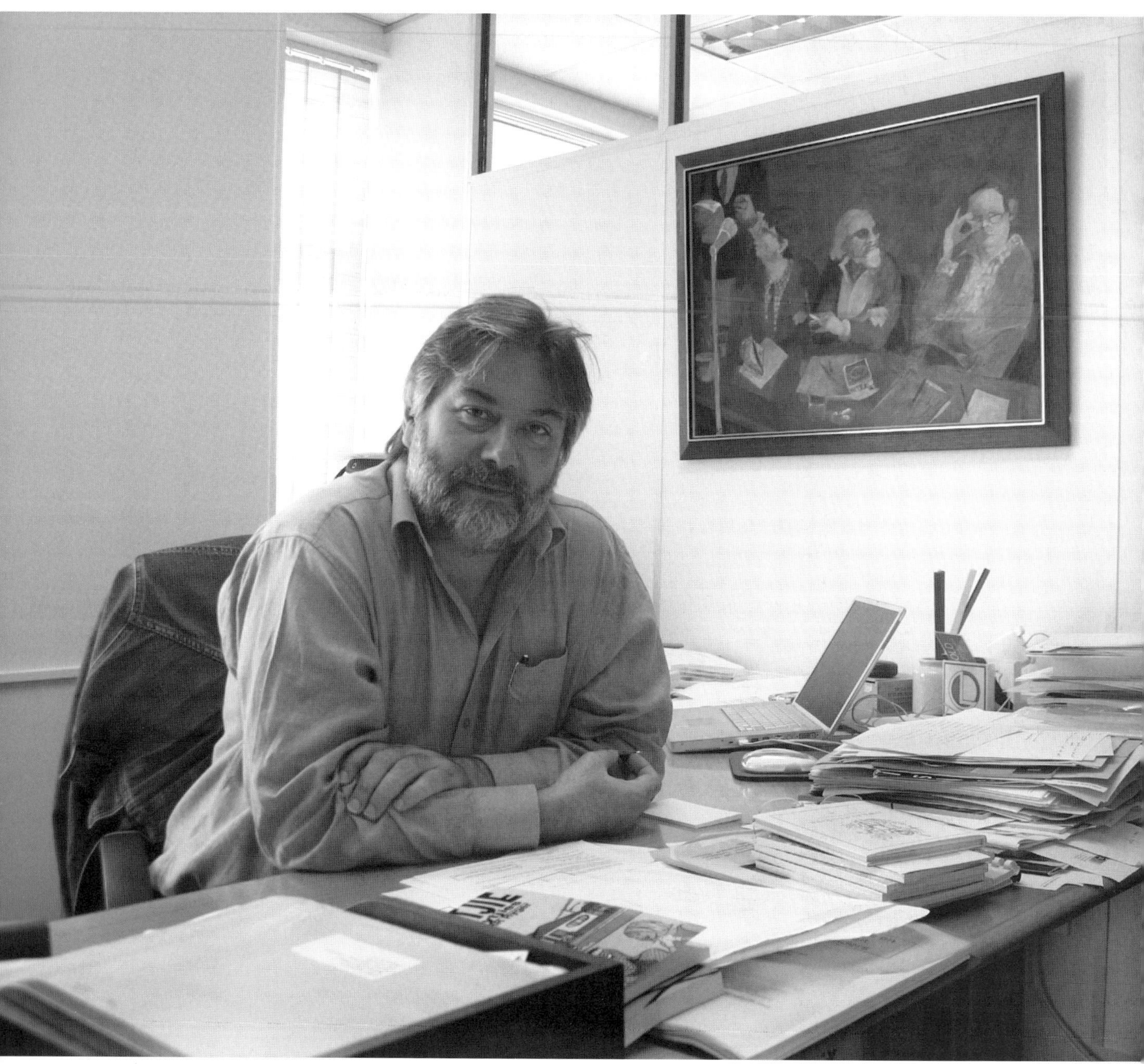

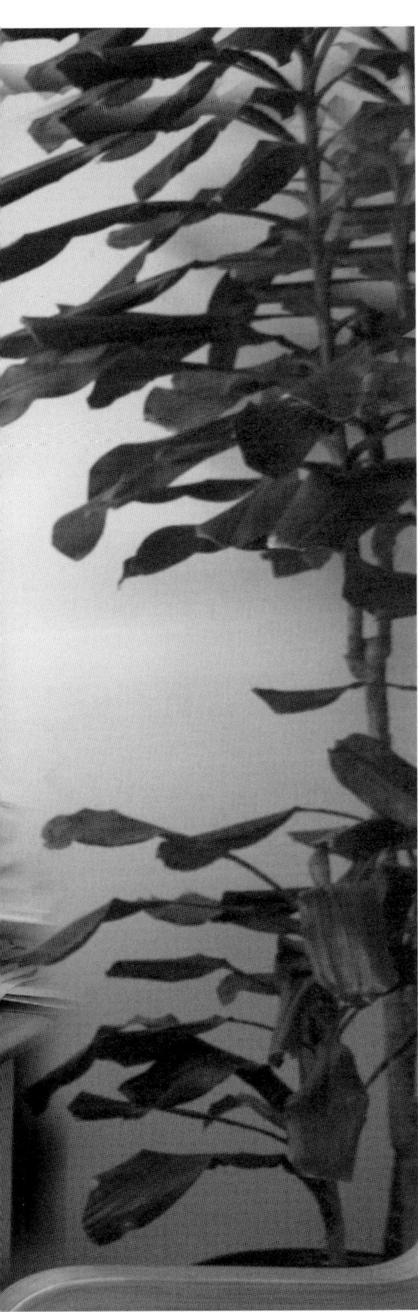

Kerneels Breytenbach

(2006)

Kerneels Breytenbach se eiesoortige humorsin vind dikwels neerslag in sy publikasies (*Morsdood van die honger, Glimlag, Die skoon grapboek* en die kosboek *Die lekkerste lekker*). Breytenbach het sy loopbaan as joernalis begin en hom daarna tot die uitgewerswese gewend. In die proses het hy ook naam gemaak as popmusiek-kenner en rubriekskrywer vir smulpape. Sy leuse: Elke mens het die onvervreembare reg om sy naam gereeld krater te maak.

Kerneels Breytenbach's wrtings are characterised by his unique humour (*Morsdood van die honger, Glimlag, Die skoon grapboek* and the culinary book *Die lekkerste lekker*). He started his career as a journalist but later became a publisher. In his experiences as journalist he also made a name as fundi on pop music and column writer for gourmands. His motto: Every person has the right to regularly make a fool of himself.

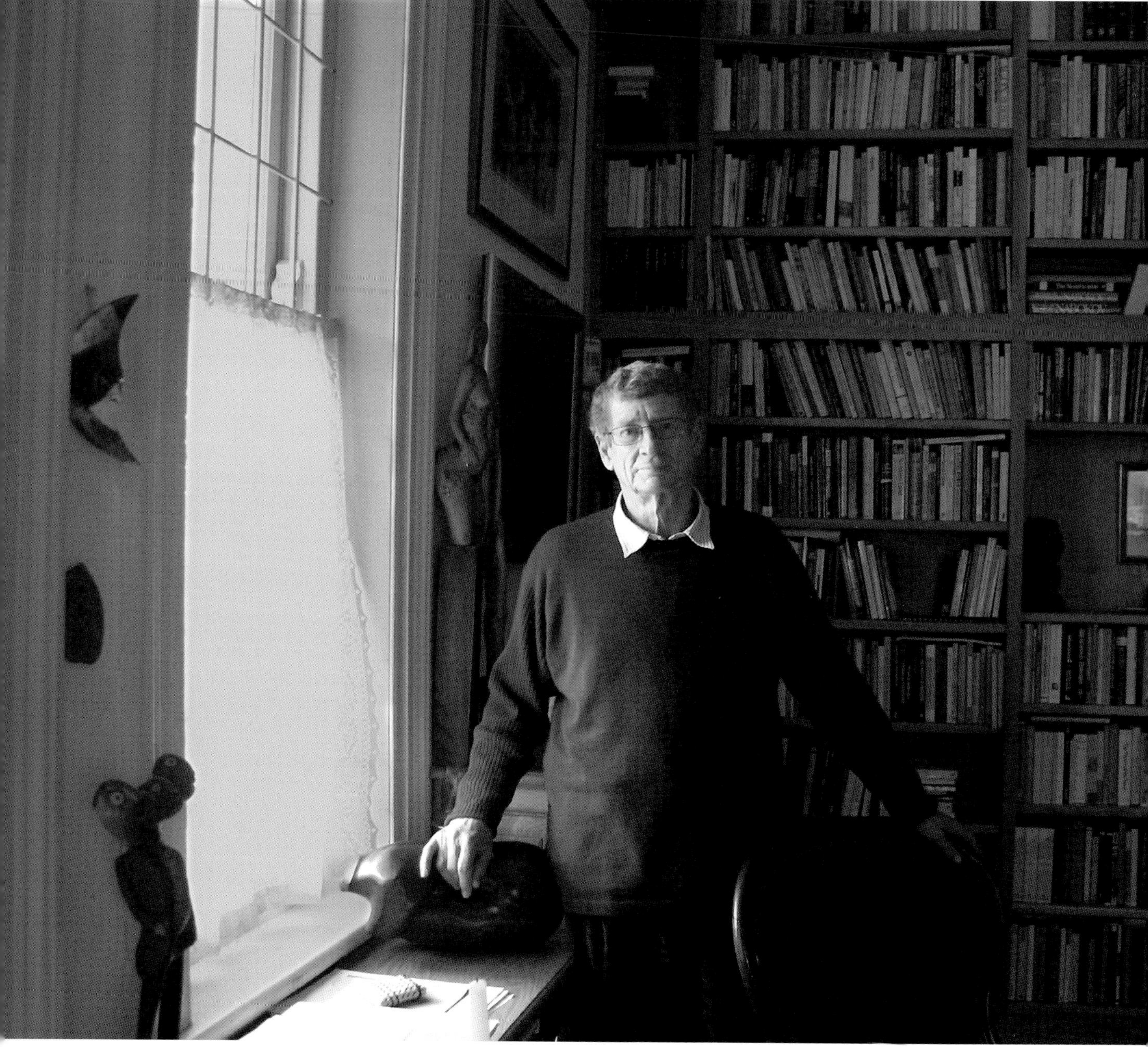

André P. Brink

(2005)

André P. Brink is een van die veelsydigste figure in die Suid-Afrikaanse literêre bedryf: romanskrywer, dramaturg, reisverhaalskrywer, vertaler, letterkundige, kritikus, mentor, professor en polemikus. Daar het reeds vertalings van sy romans in 30 tale verskyn. Hy is twee keer vir die Booker-prys in Brittanje genomineer en het verskeie nasionale en internasionale toekennings vir sy skryfwerk ontvang.

André P. Brink, novelist, playwright, travel writer, translator, literary critic, mentor, professor and polemicist, is one of the most versatile figures in South African literary circles. Translations of his novels have been published in 30 languages. Brink has twice been nominated for the prestigious Booker Prize (1976 and 1978) and has already received various local and international awards for his writing.

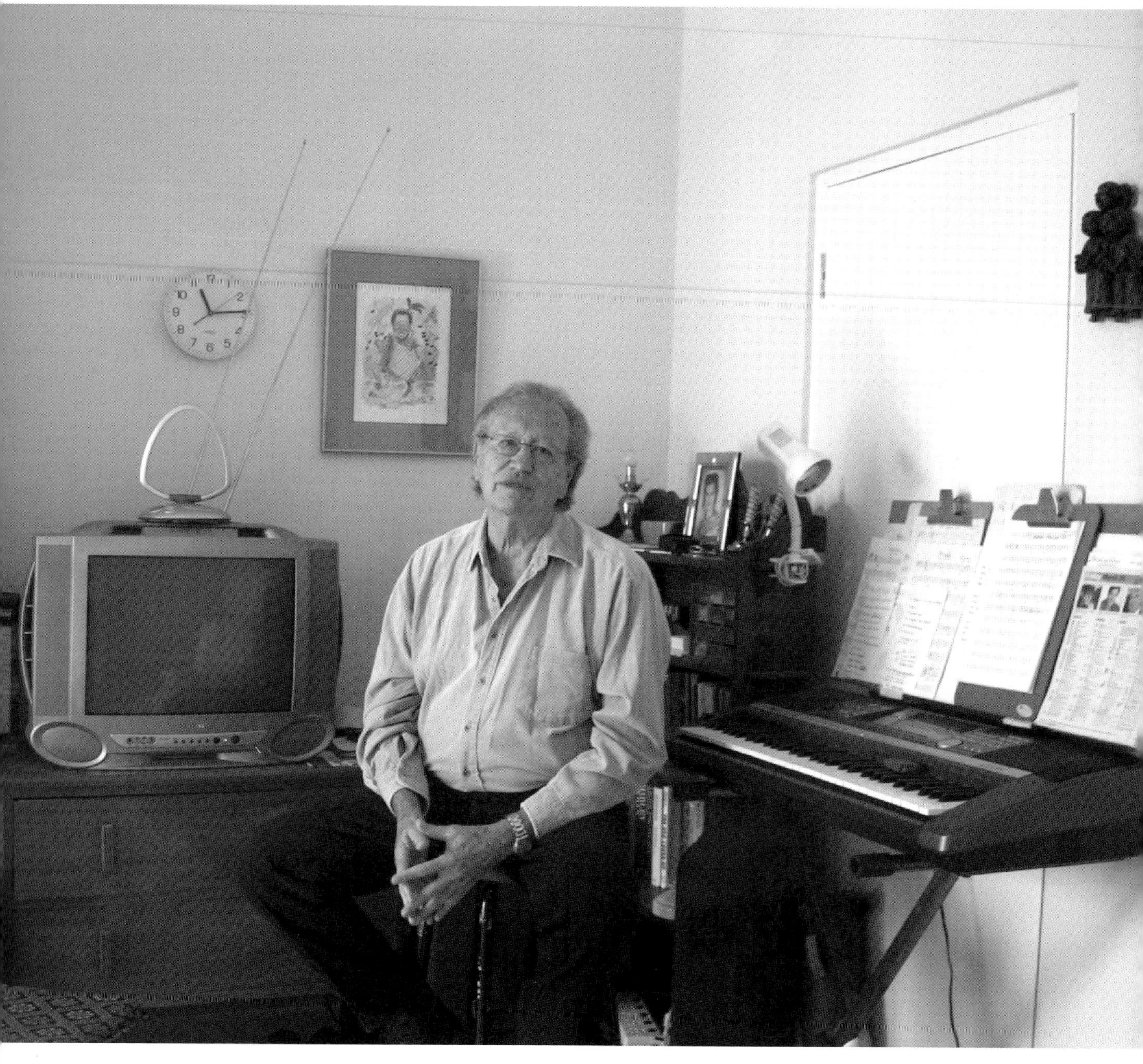

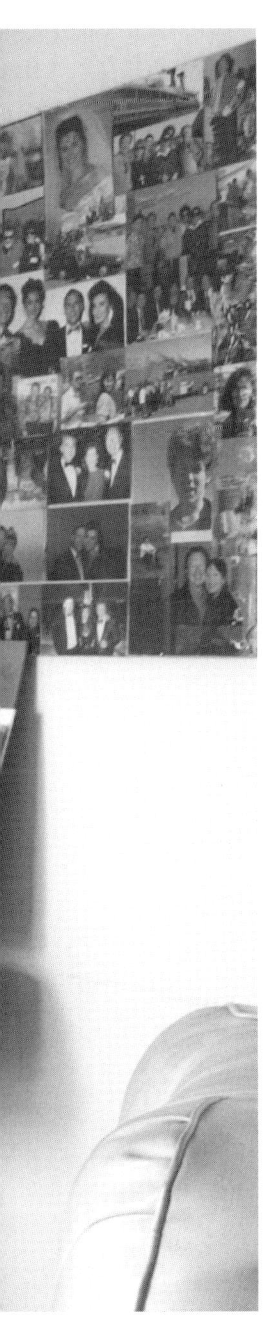

Nico Carstens

(2006)

Die trekklavierspeler Nico Carstens het sy eerste stuk musiek op 17-jarige ouderdom geskryf en het sedertdien ongeveer 2000 komposisies die lig laat sien. Sy bekendste komposisie, *Zambesi*, het 'n wêreldtreffer geword en is opgeneem deur kunstenaars soos Eddie Calvert, Acker Bilk, Bert Kaempfert, The Shadows en Floyd Kramer. Sedert hy sy eerste orkesgroep op 24-jarige ouderdom gestig het, het hy meer as 90 plate-albums opgeneem waarvan meer as 2 miljoen kopieë in Suid-Afrika verkoop. Carstens word as een van die tien beste akkordeonspelers ter wêreld beskou.

The accordionist Nico Carstens composed his first piece of music at the age of 17 and has since written approximately 2000 pieces. His most famous composition, *Zambezi*, became a world hit and was recorded by artists such as Eddie Calvert, Acker Bilk, Bert Kaempfert, The Shadows, and Floyd Kramer. Since forming his own band at 24, Carstens has recorded over 90 albums which have sold over 2 million copies in South Africa. He is considered among the top ten accordionists in the world.

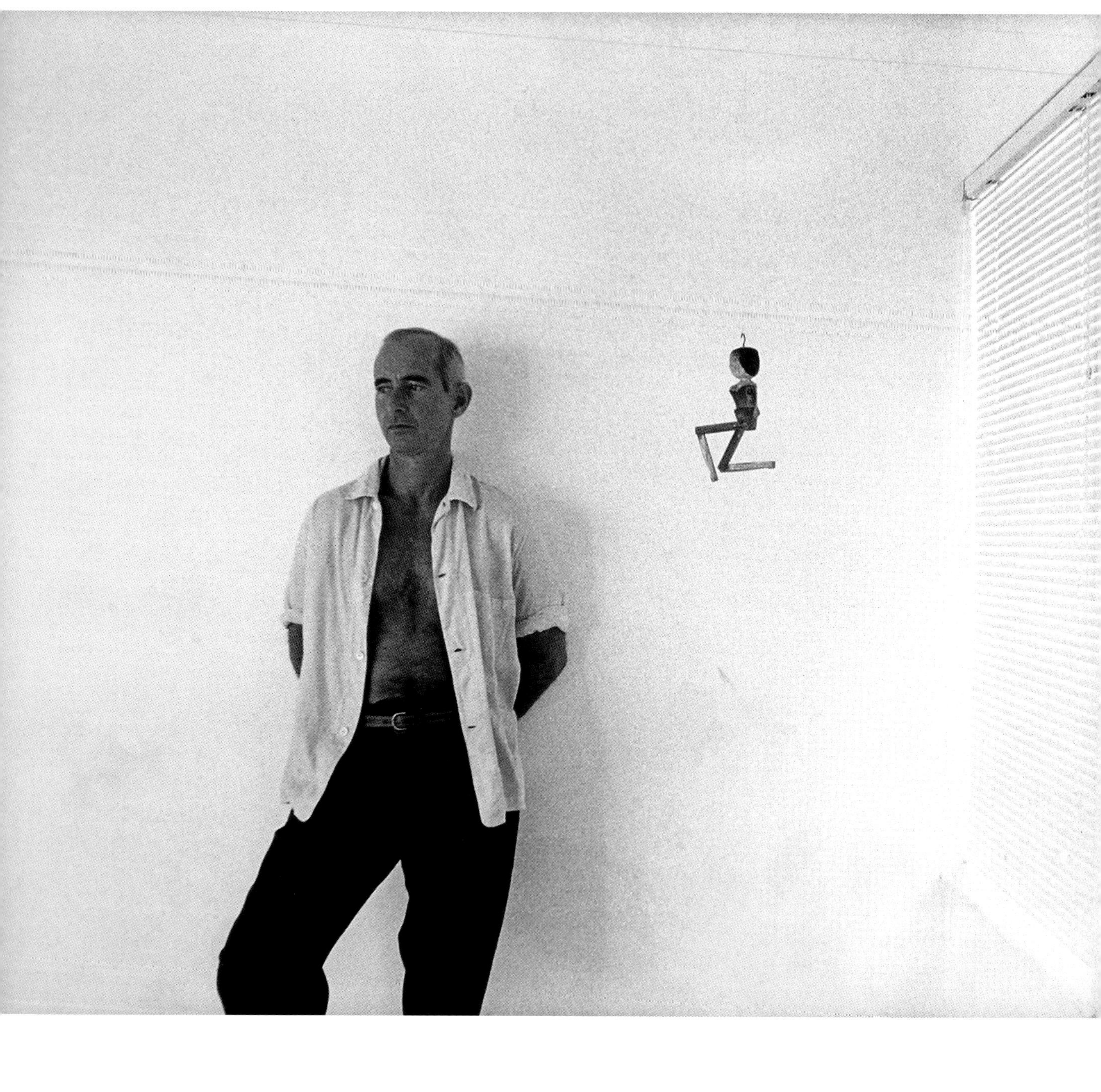

Peter Cazalet

(1985)

Kostuum- en verhoogontwerper vir ballet, toneel en opera in sowel Suid-Afrika as Europa, die VSA en Japan. Cazalet het argitektuur studeer en was daarna 'n hoofballetdanser vir die Skotse Ballet. Ná ernstige beserings het hy begin ontwerp.

Costume and stage designer for opera, ballet and theatre, locally as well as in Europe, the USA and Japan. Having completed his architectural studies, Cazalet became a principal dancer for the Scottish Ballet, but turned to full time design following severe injuries.

Frans Claerhout
(1919–2006)

(2005)

Vader Claerhout het geen formele kunsopleiding ontvang nie. Hy skilder landskappe en figure, meesal tonele rondom die sendingstasie Tweespruit waar hy Katolieke priester was. Sy werk is 'n mengsel van pittigheid en deernis met die mense rondom hom.

Father Claerhout is a self-taught painter of landscapes and figures, mainly of scenes near the mission station Tweespruit in the Free State where he was a Catholic priest. His work blends wit and compassion for the people around him.

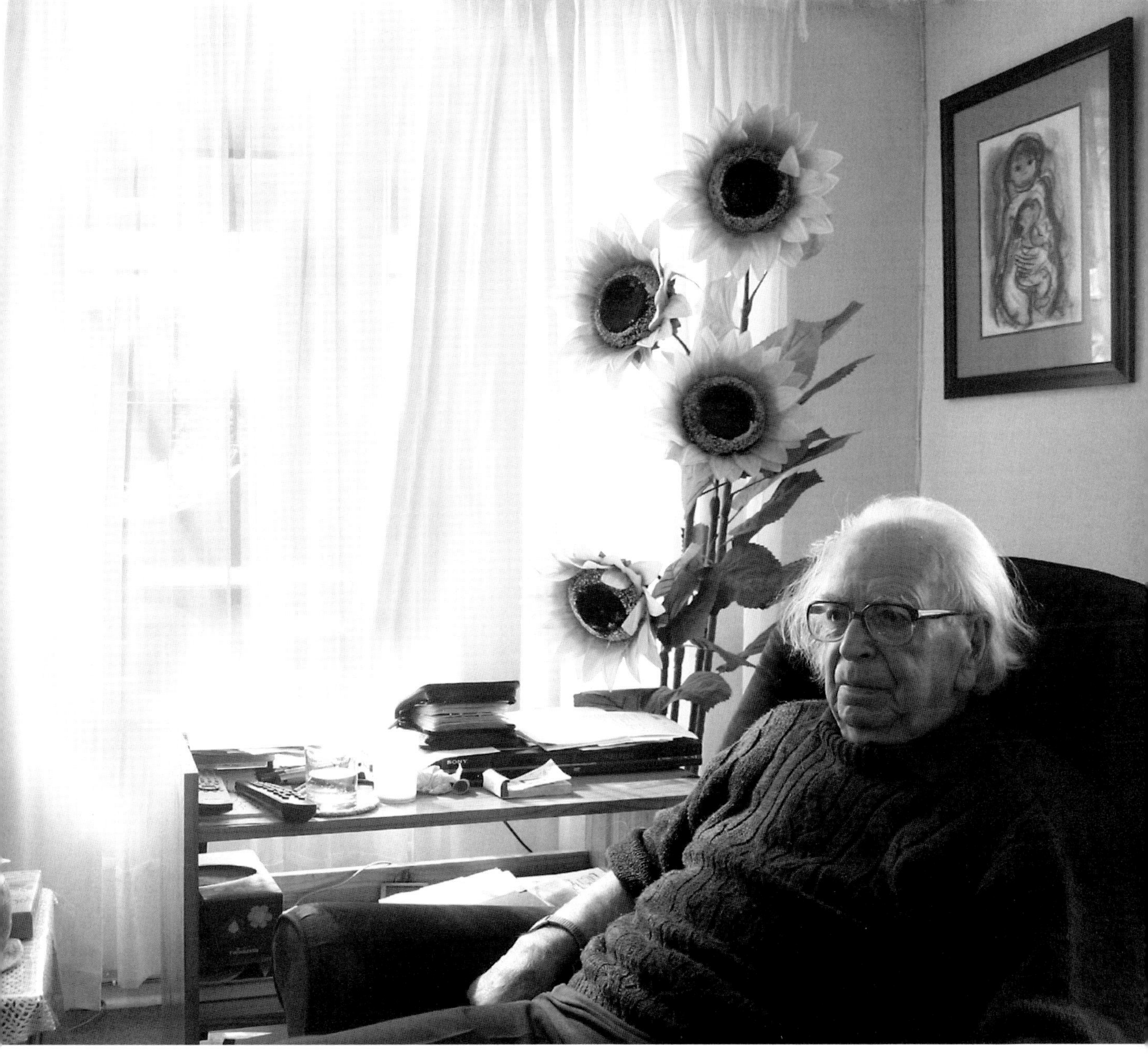

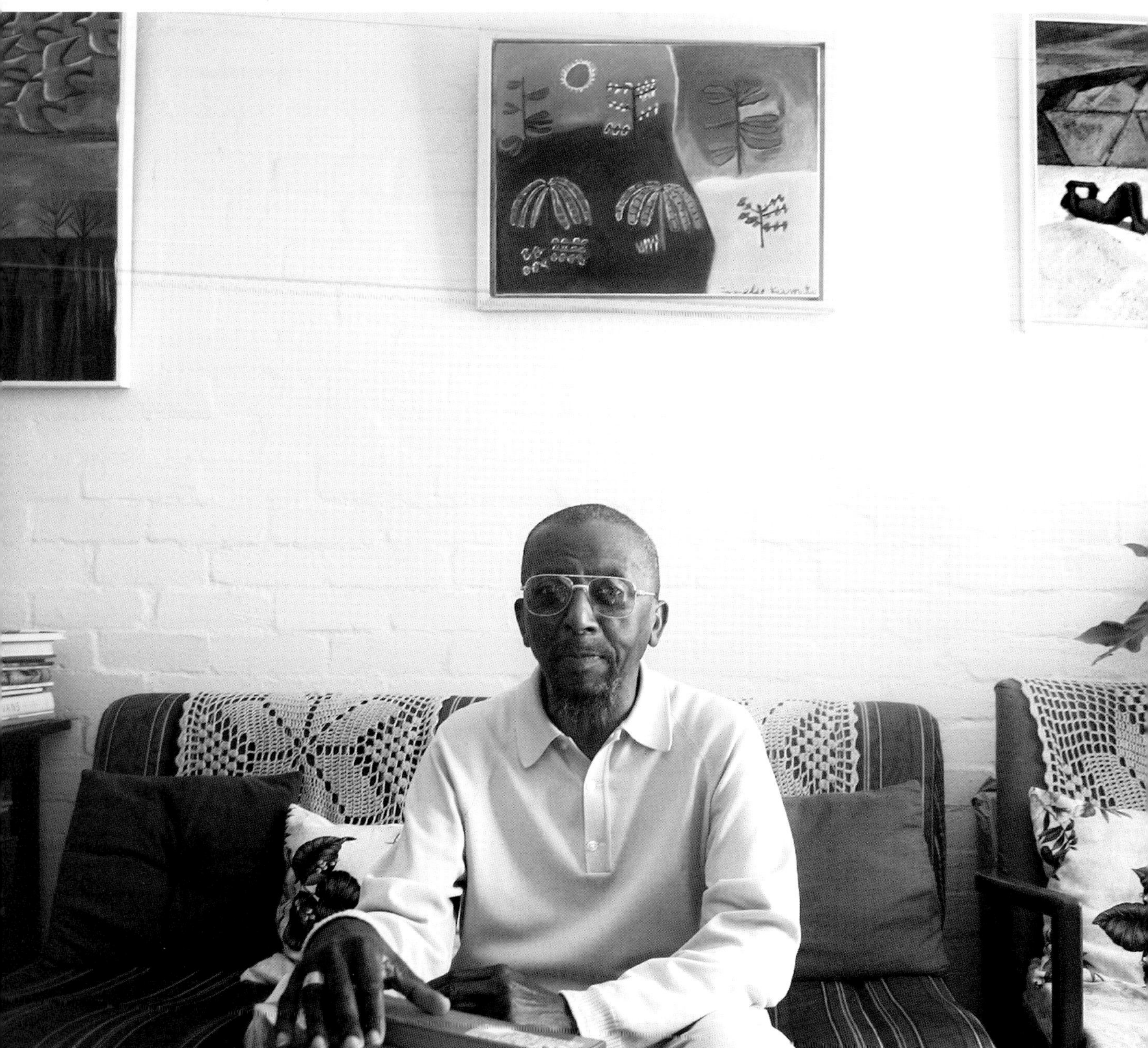

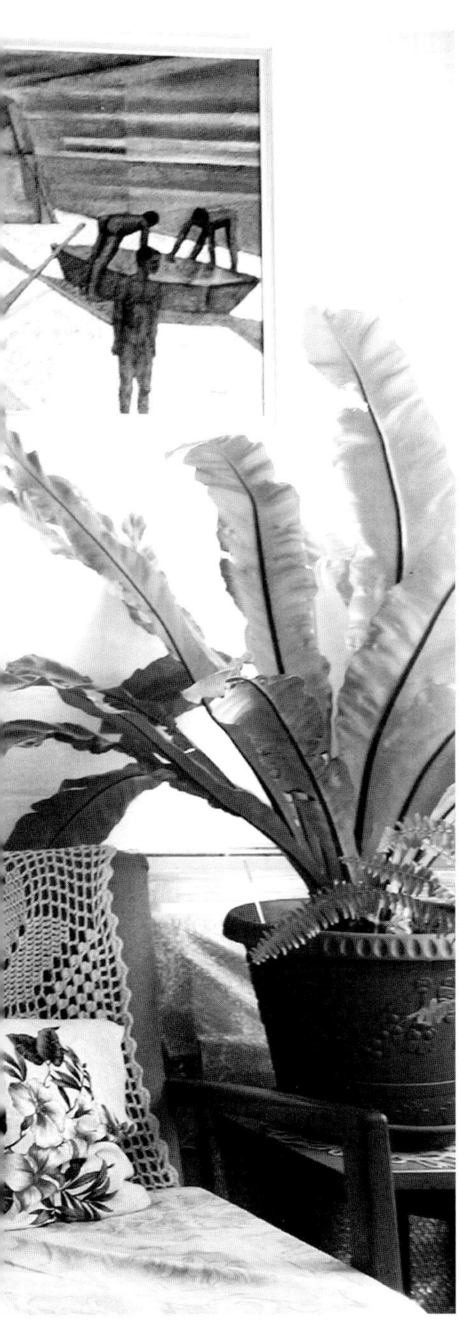

Peter E. Clarke

(2005)

Clarke verlaat die skool voordat hy sy opleiding voltooi het en word dokwerker. Later word hy voltyds kunstenaar en skrywer. Sy werk is apolities, maar beeld die wêreld van die bruinman in Suid-Afrika op simpatieke wyse uit. In 2005 het hy die presidensiële toekenning, die Orde van Ikhamanga, ontvang.

Clarke dropped out of school to become a dockworker. Although he resisted formal education, he had a strong inclination to write and later became a full time artist and writer. The content of his expressions is drawn from his experiences as a coloured man in South Africa. He does not give political commentary but rather presents a comical yet sympathetic view of other people's lives. In 2005 he received the Order of Ikhamanga, a presidential award.

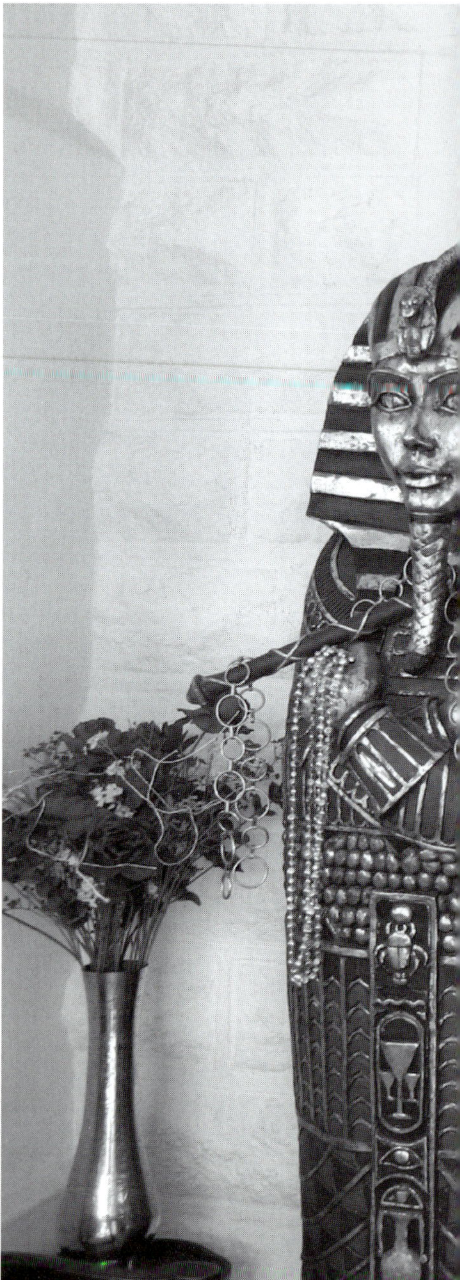

Alvon Collison

(2005)

As vermaaklikheidskunstenaar is hy bekend in die teater- en kabaretmilieu en is die wenner van 'n Drie Blareprys en 'n Gallo-toekenning. Hy is ook bekend as motiveringspreker vir vooraanstaande maatskappye.

Mr Showbiz, well established in the cabaret scene, won both the Three Leaf and Gallo Awards for best musical performance. Apart from acting as compère, singer, dancer and entertainer, he is also known for his motivational speeches and entertainment for leading companies and organisations.

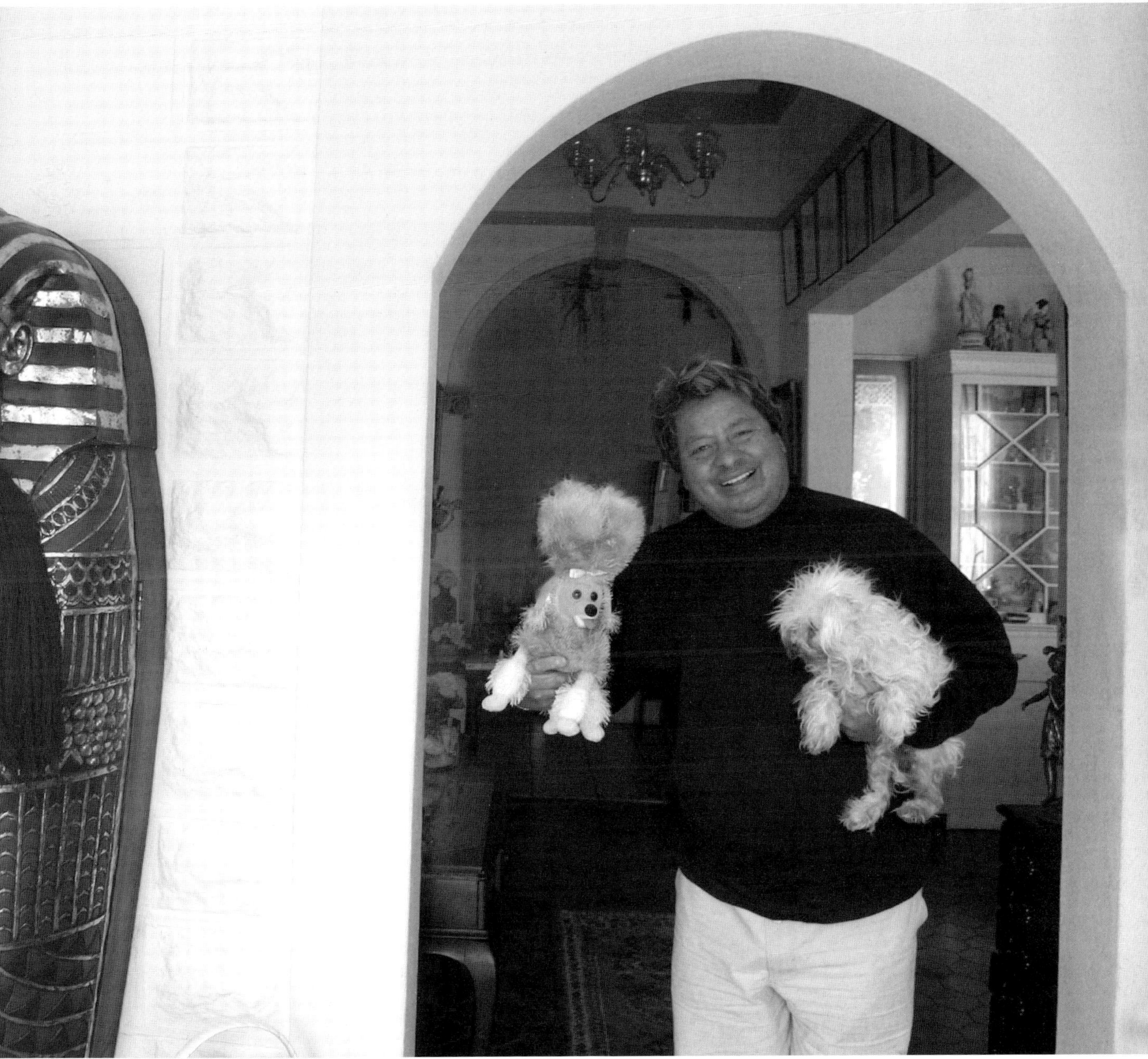

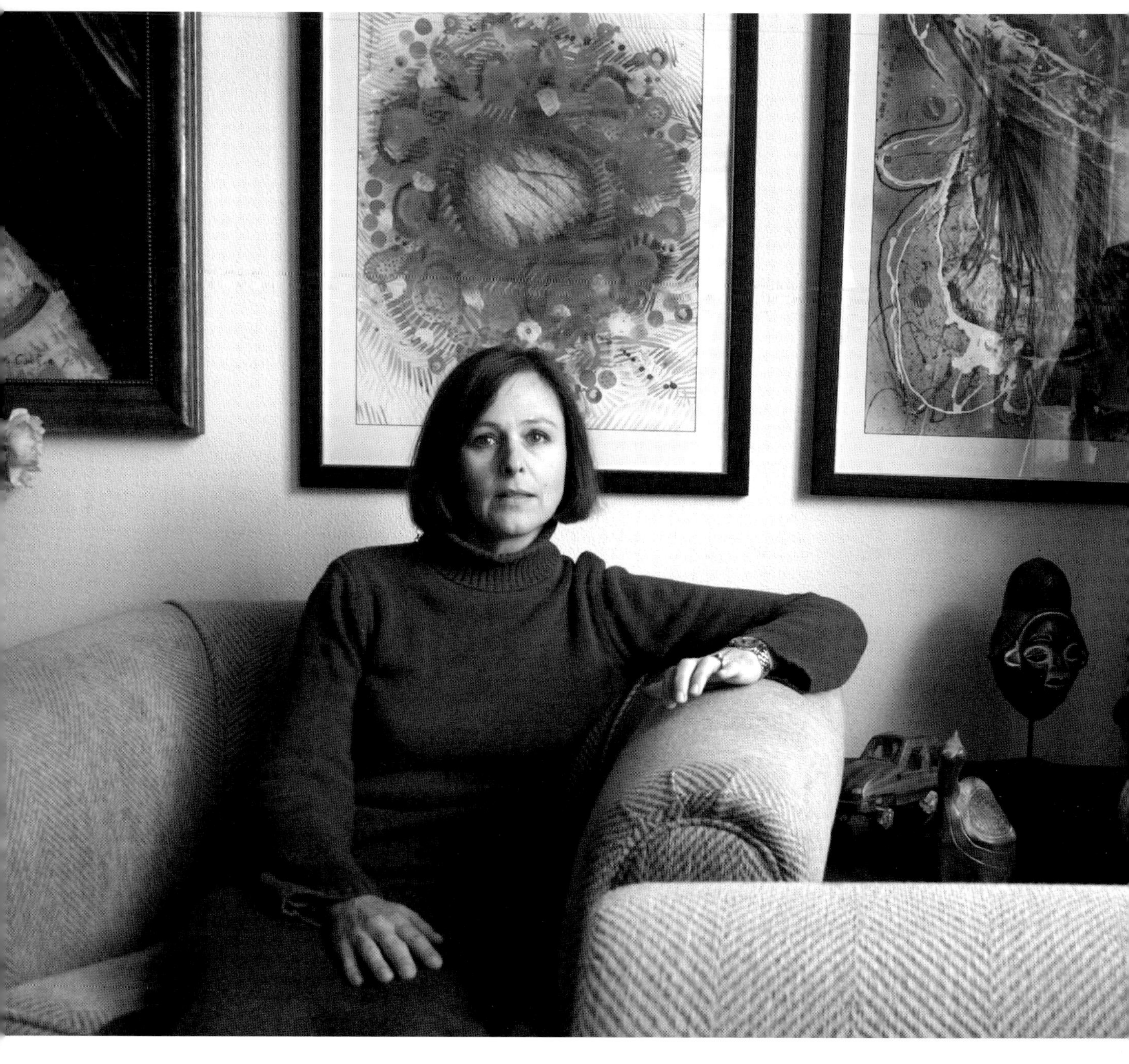

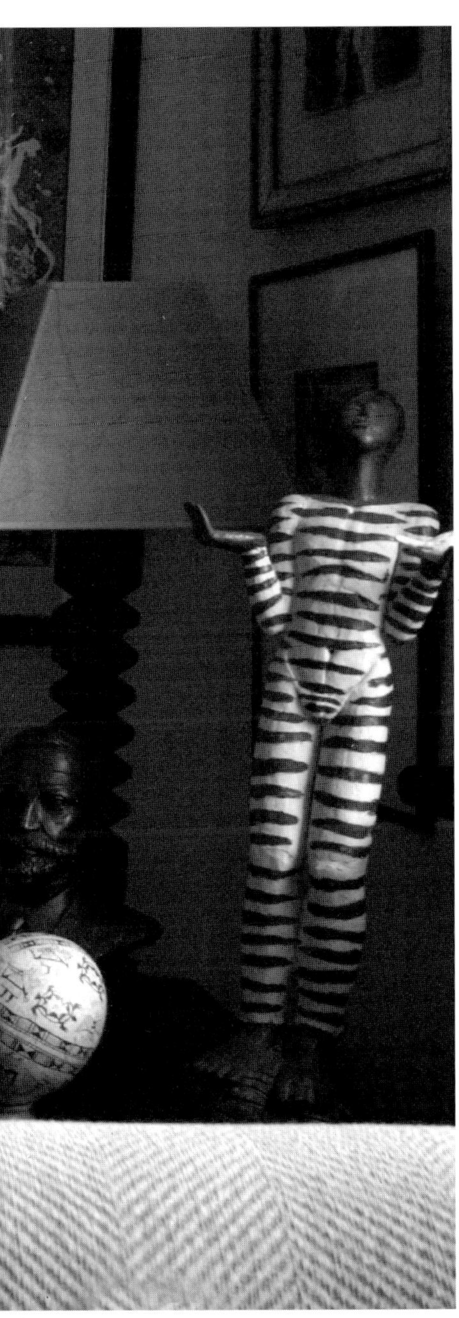

Joanie Combrink

(2005)

Aktrise wat sedert 1981 in meer as 20 televisiereekse gespeel het, waarvan sommige internasionaal versprei is. Tans is sy veral by kleiner produksies soos woordkuns en poësie betrokke. Sy doen ook radiowerk, veral radiodramas, en is getroud met die televisieregisseur Herman Binge.

An actress who has been participating in more than 20 television series since 1981, some of which have been distributed internationally, but has recently focussed on smaller theatre productions. In addition she is involved in radio theatre productions. She is married to television producer Herman Binge.

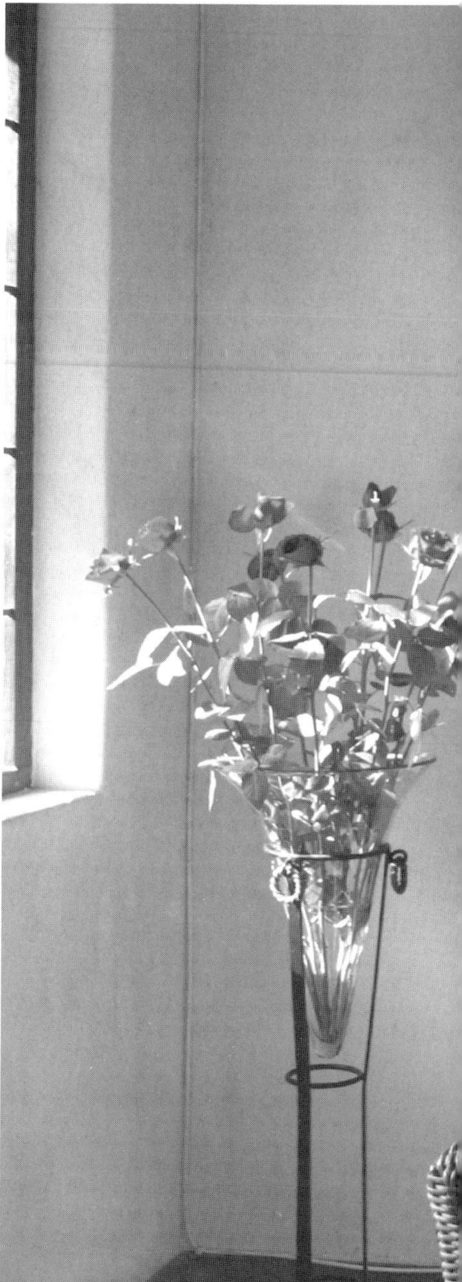

Fiona Coyne

(2004)

Fiona Coyne van *The weakest link*-faam is ook 'n bekroonde aktrise, toneelskrywer, korporatiewe kommunikasiespesialis en *raconteur*. Vanaf 1992 was sy vir vier jaar werksaam in Kenia waar sy vir die David Sheldrick Wildlife Trust gewerk het.

Fiona Coyne of TV's *The weakest link* is a multi award-winning playwright, corporate communications specialist and raconteur. In 1992 she went to Kenya for four years where she worked for the David Sheldrick Wildlife Trust, an organisation that rears, and introduces to the wild, orphaned elephants and black rhino.

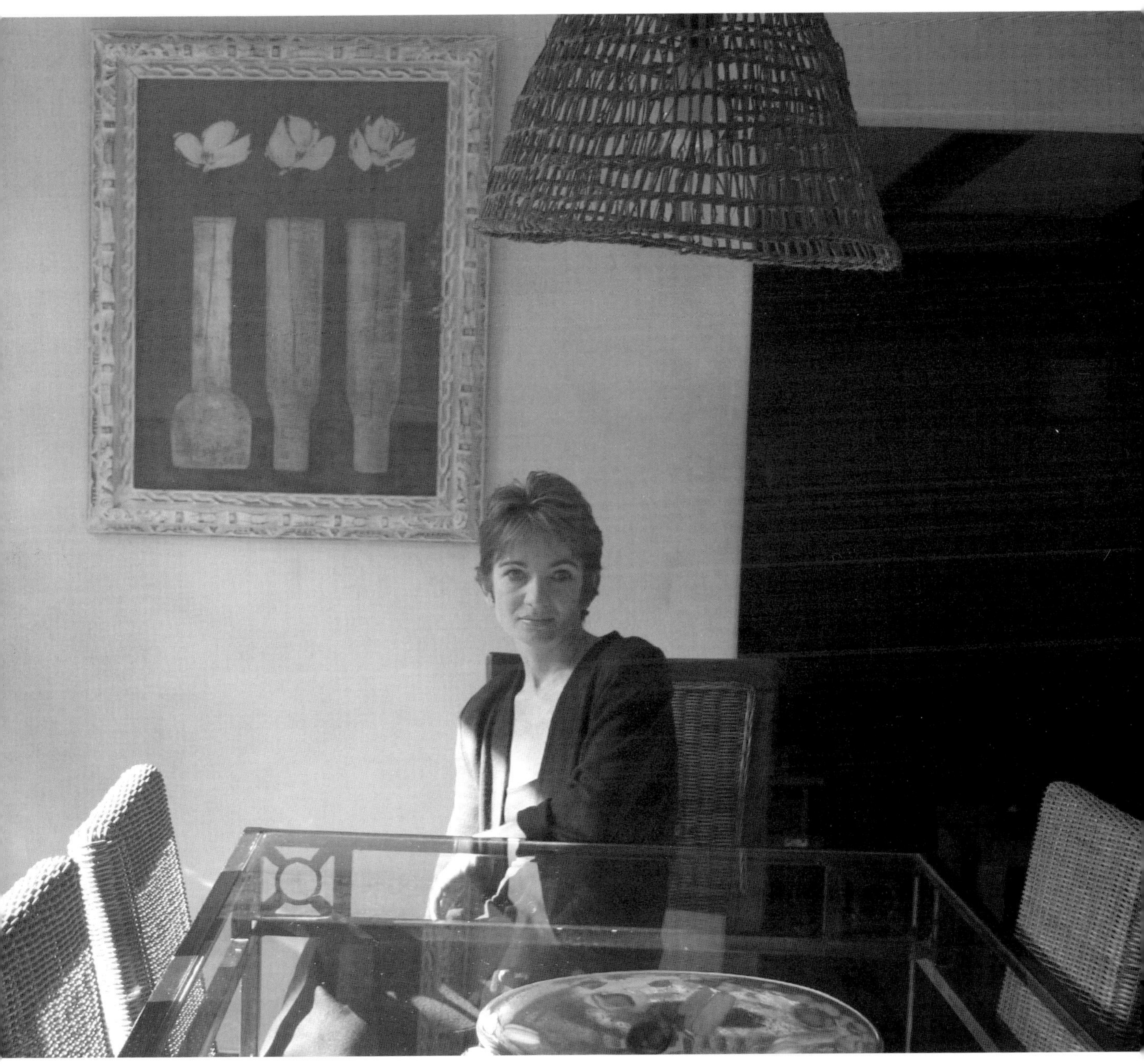

Tobie Cronjé

(2003)

Geliefde komediant in films, televisiereekse en op die verhoog.

Well-loved comedian of the theatre, films and television.

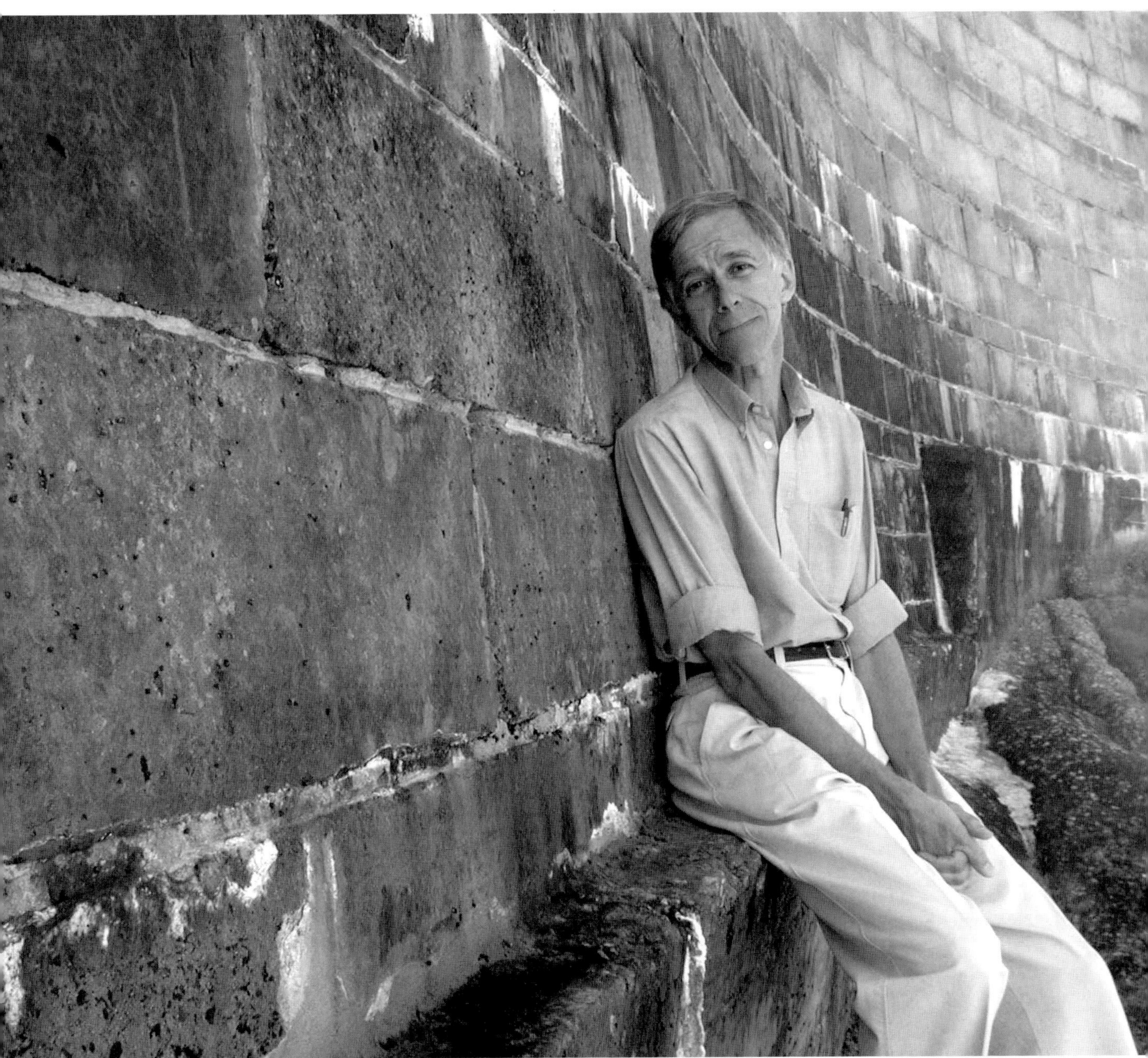

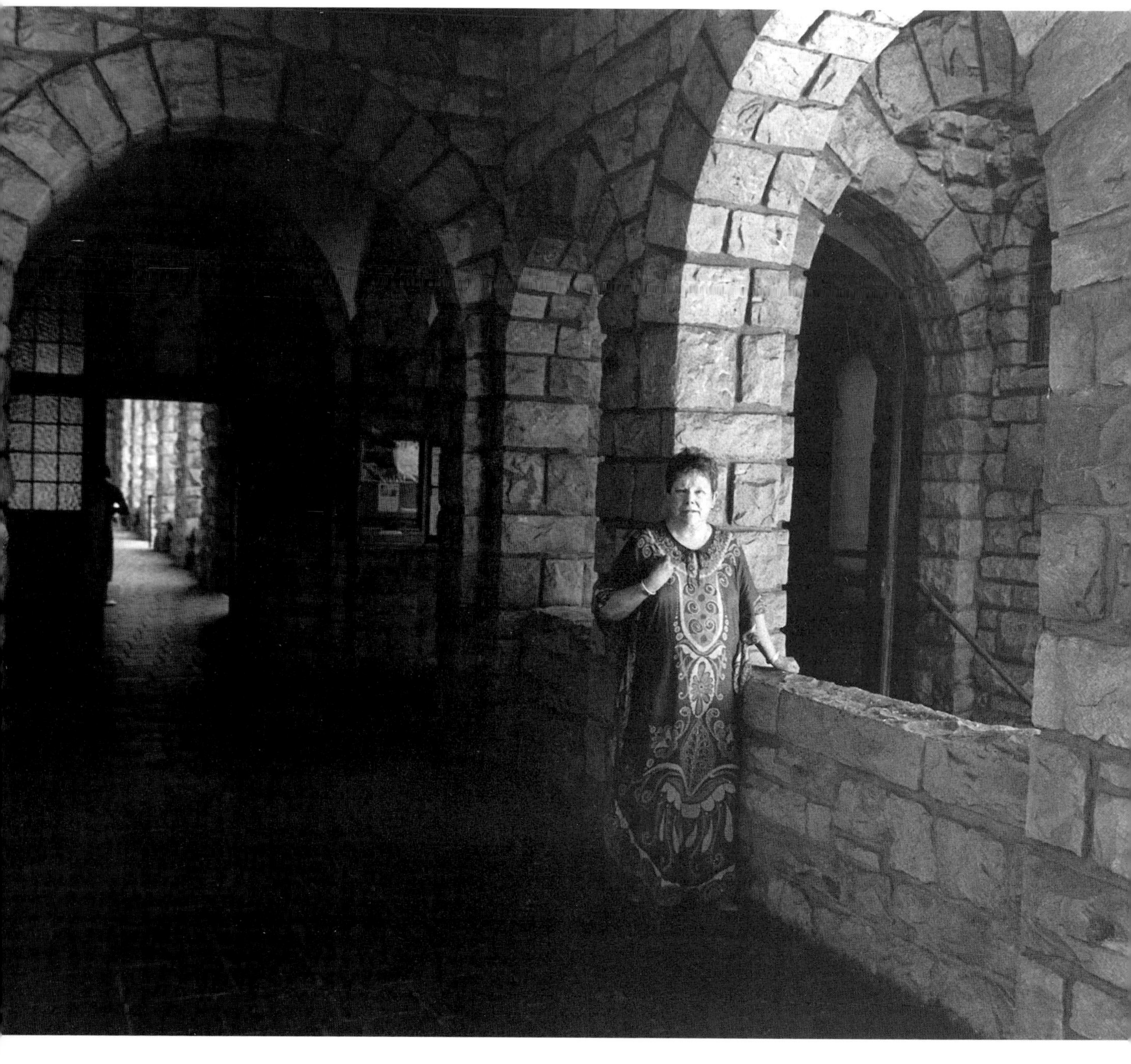

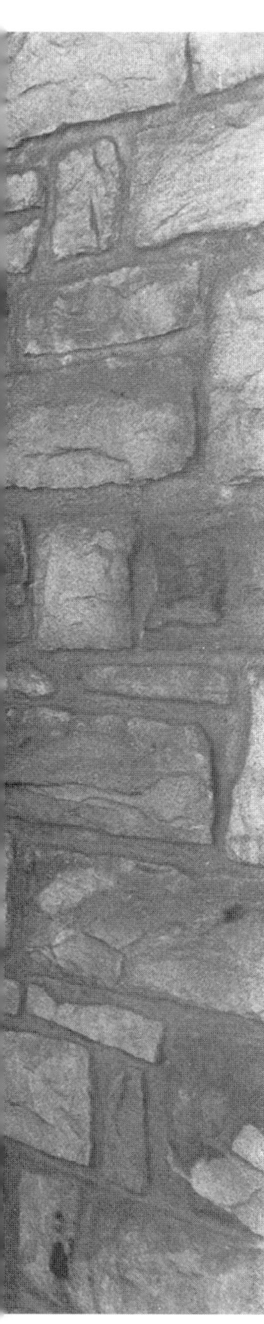

Sheila Cussons

(1922–2004)

(1998)

Sy het kuns aan die Universiteit van Natal studeer en het tien digbundels gepubliseer. Onder die talle literêre toekennings wat sy ontvang het, was die Ingrid Jonker-, die CNA-, die Louis Luyt- en die Hertzogprys. In 2002 het die Universiteit van Stellenbosch 'n retrospektiewe uitstalling van haar kunswerke gehou.

She studied fine art at the University of Natal and published ten volumes of poetry during her lifetime. She received numerous literary prizes among which were the Ingrid Jonker, the CNA, the Louis Luyt and the Hertzog Prize. In 2002 the University of Stellenbosch held a retrospective exhibition of her paintings.

Evelyn Dalberg

(1985)

Die mezzo-sopraan Evelyn Dalberg is in Leipzig gebore en is die dogter van die bekende operasanger Fred Dalberg. Sy het in 1964 na Suid-Afrika gekom en was gedurende die 1970's en 1980's veral bekend vir haar operarolle vir KRUIK en TRUK. Tans woon sy in Duitsland.

German-born Evelyn Dalberg, daughter of well-known opera singer Fred Dalberg, came to South Africa in 1964. She sang mezzo-soprano roles in opera production for PACT and CAPAB during the 1970s and 1980s. She currently resides in Germany.

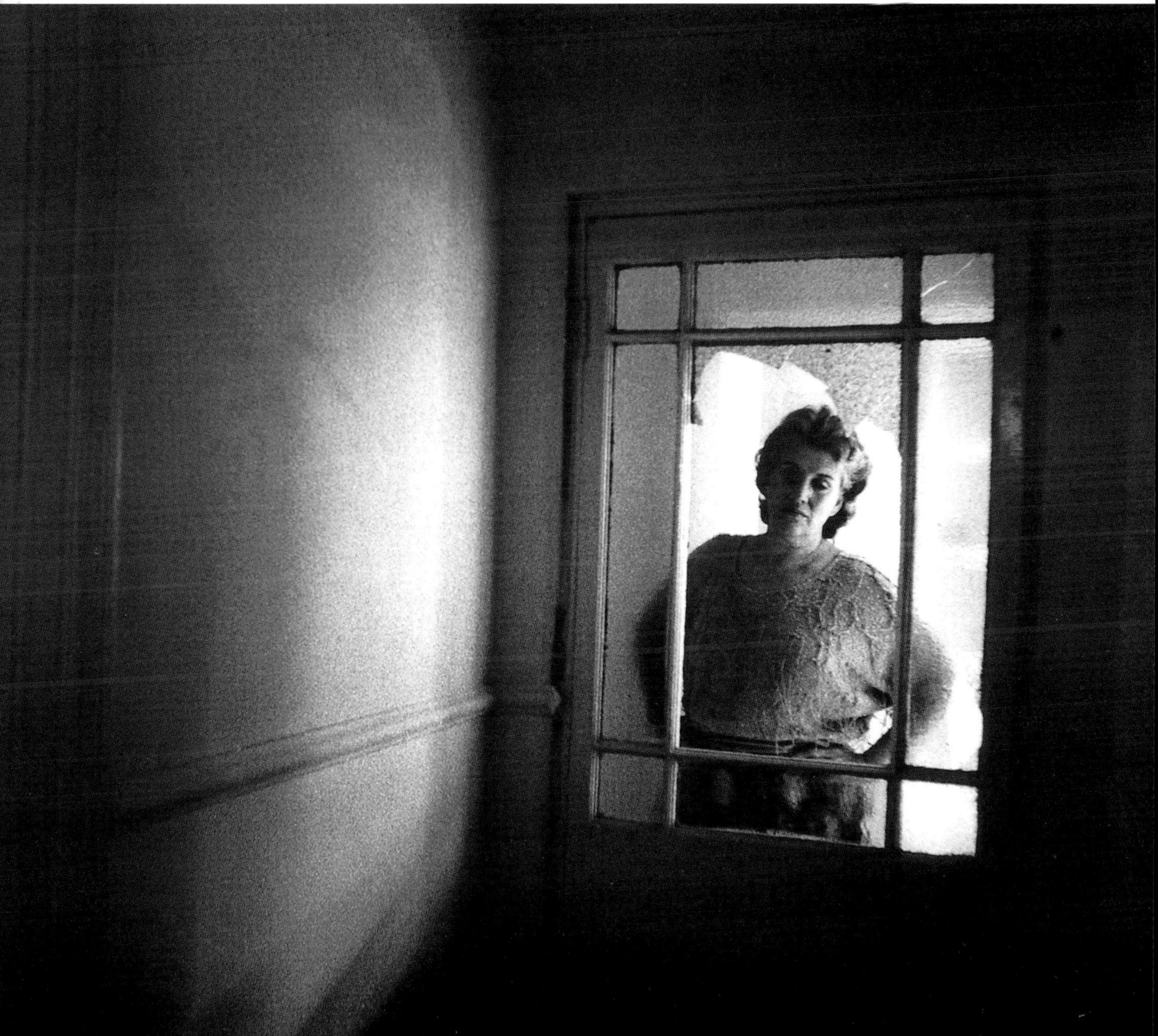

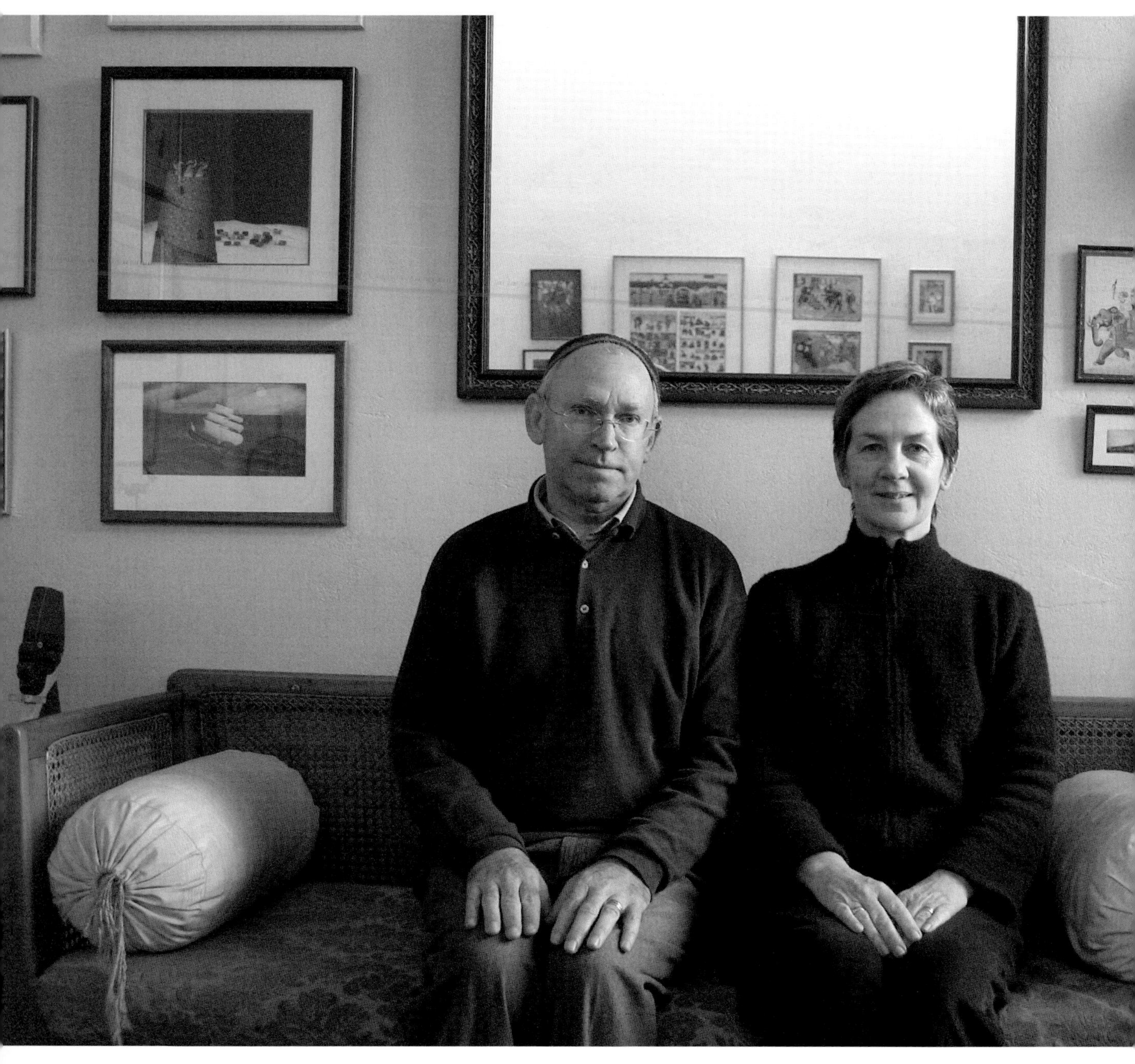

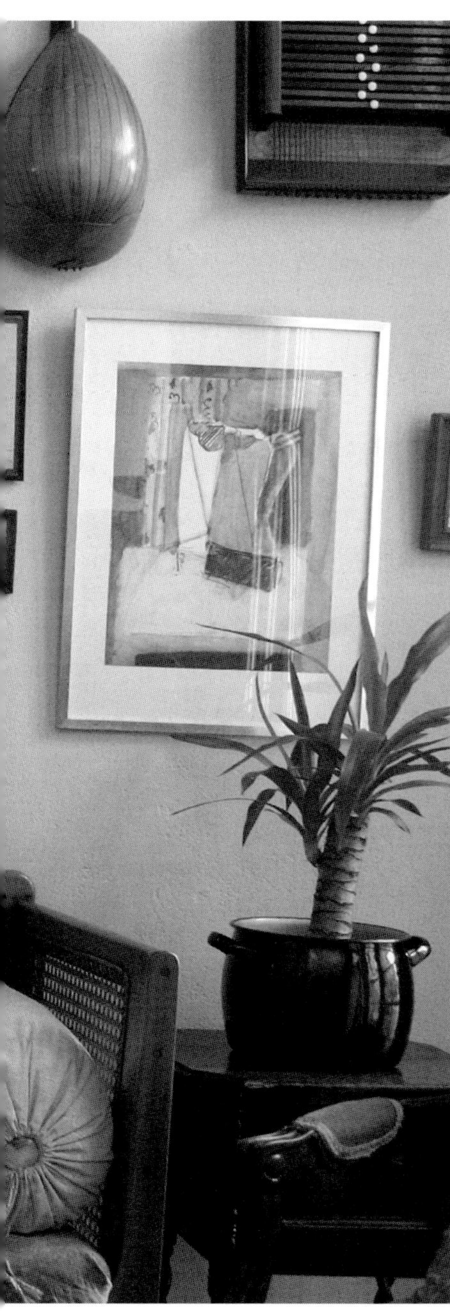

Niki Daly & Jude Daly

(2005)

Niki Daly, internasionaal bekroonde illustreerder en skrywer, woon in Kaapstad saam met sy vrou Jude en hul twee seuns, Joseph en Leo. Niki Daly is ook 'n sanger en liedjieskrywer van formaat. Jude Daly illustreer kinderboeke en het die Katrine Harries-toekenning twee keer ontvang.

Niki Daly is an internationally-acclaimed illustrator and writer living in Cape Town with his wife Jude and their sons, Joseph and Leo. Niki Daly is also an accomplished singer and writer of lyrics. British-born Jude Daly illustrates children's books and has received the Katrine Harries Award twice.

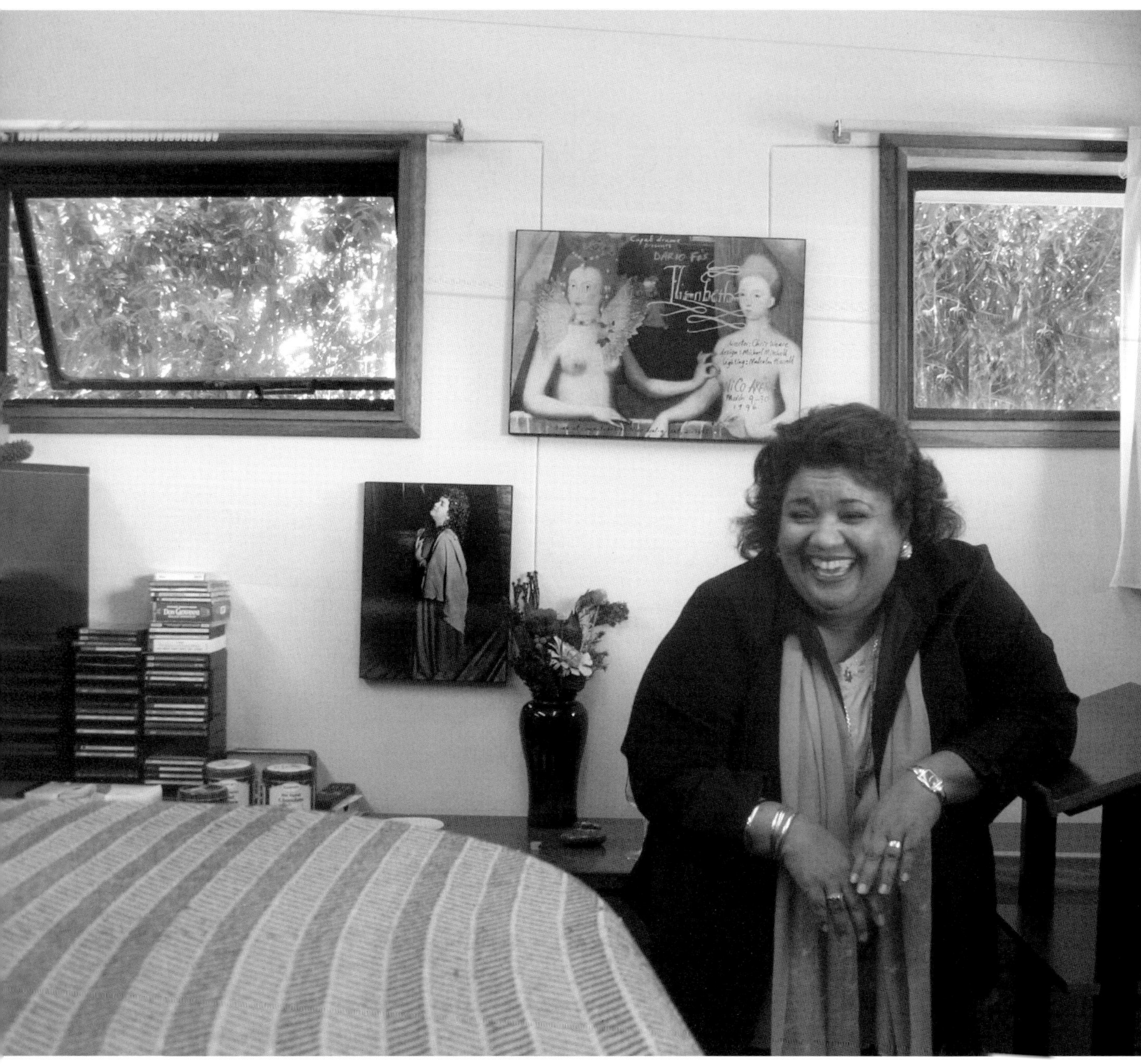
DARIO FO'S
1996

Virginia Davids

(2005)

As sopraan het Virginia Davids die Nederburg Operaprys drie maal verower. Sy is medeprofessor in sang aan die Universiteit van Kaapstad. Sy hou haarself ook besig met gemeenskapswerk.

Her performances have won soprano Virginia Davids three Nederburg Opera Prizes. At present she is a freelance performing artist, as well as Associate Professor in Singing at the College of Music, University of Cape Town. She is also involved in community work.

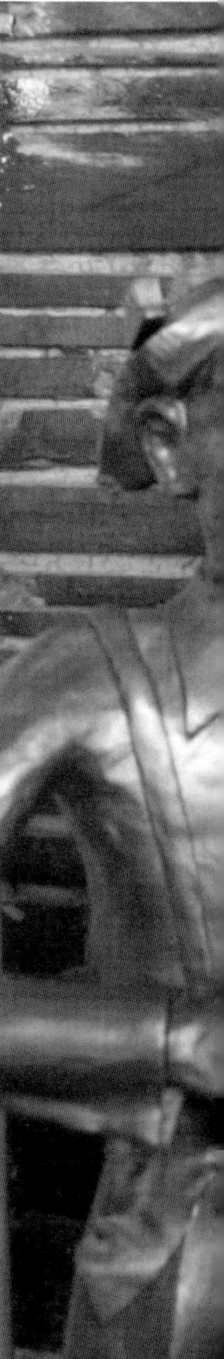

Al Debbo

(2005)

Populêre komediant en vermaaklikheids-kunstenaar van die 1940's en 1950's. Hy het bekendheid verwerf vir sy films saam met Frederik Burgers.

Comedian who became popular during the 1940s and 1950s for his movies with fellow comedian Frederik Burgers.

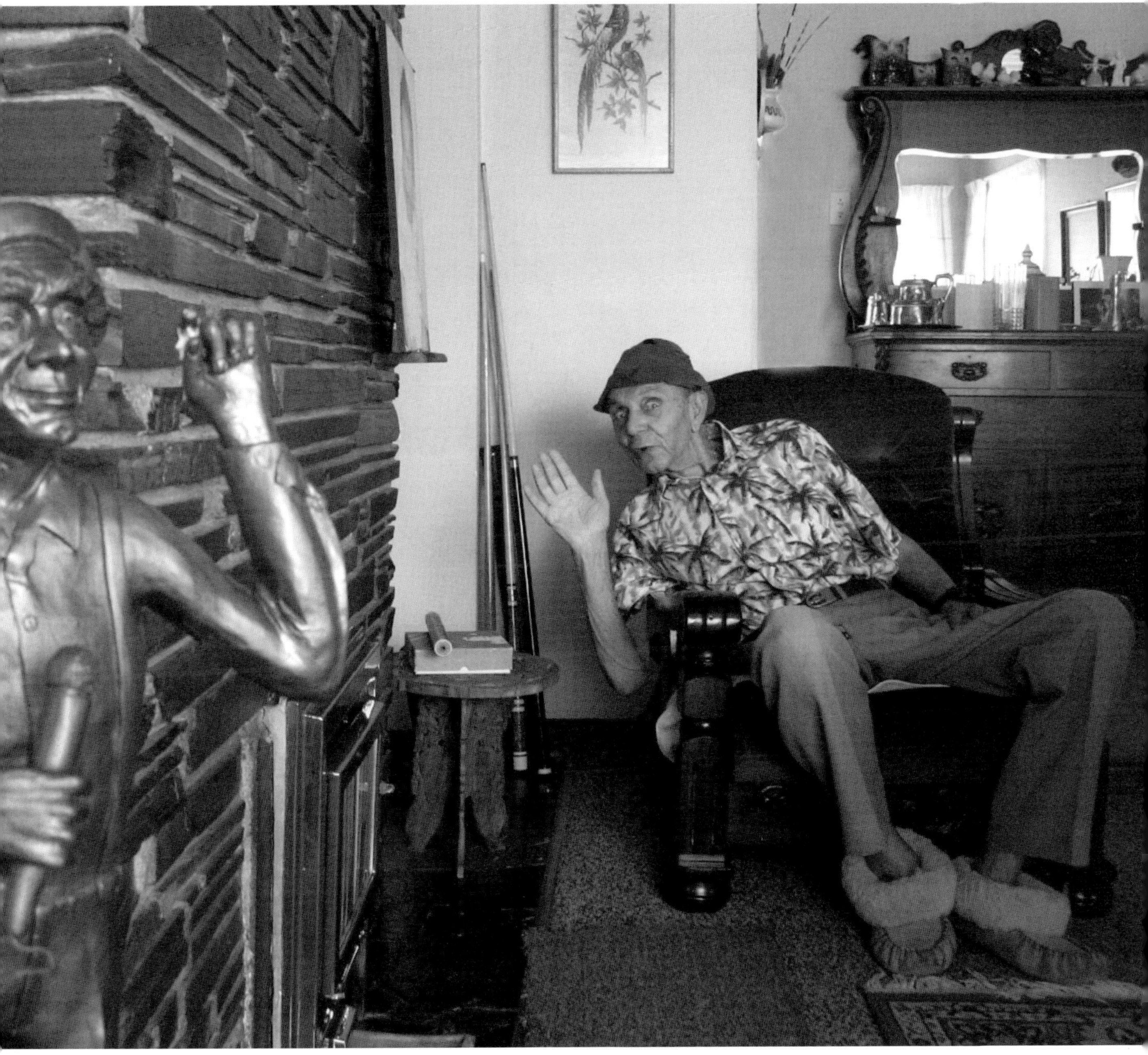

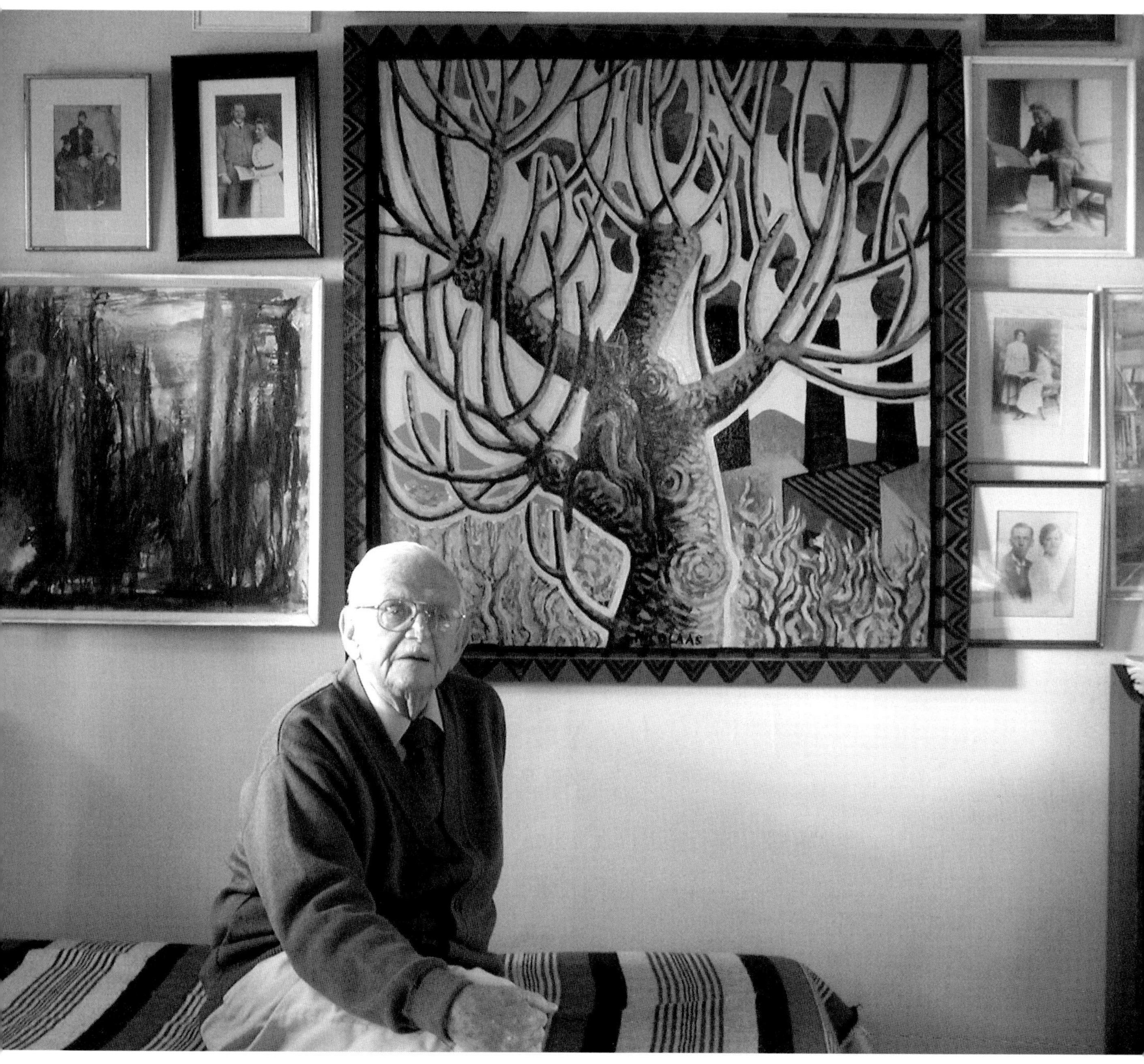

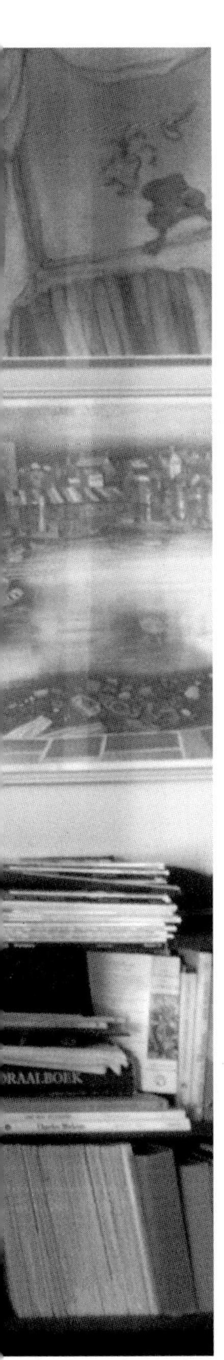

Pieter de Villiers

(2004)

Die komponis, musikus en begeleier Pieter de Villiers is veral bekend vir sy toonsetting van Boerneefgedigte, waarvan daar tien siklusse verskyn het.

As composer, musician and accompanist Pieter de Villiers has received recognition for the ten song cycles he composed from poems of the Afrikaans poet Boerneef.

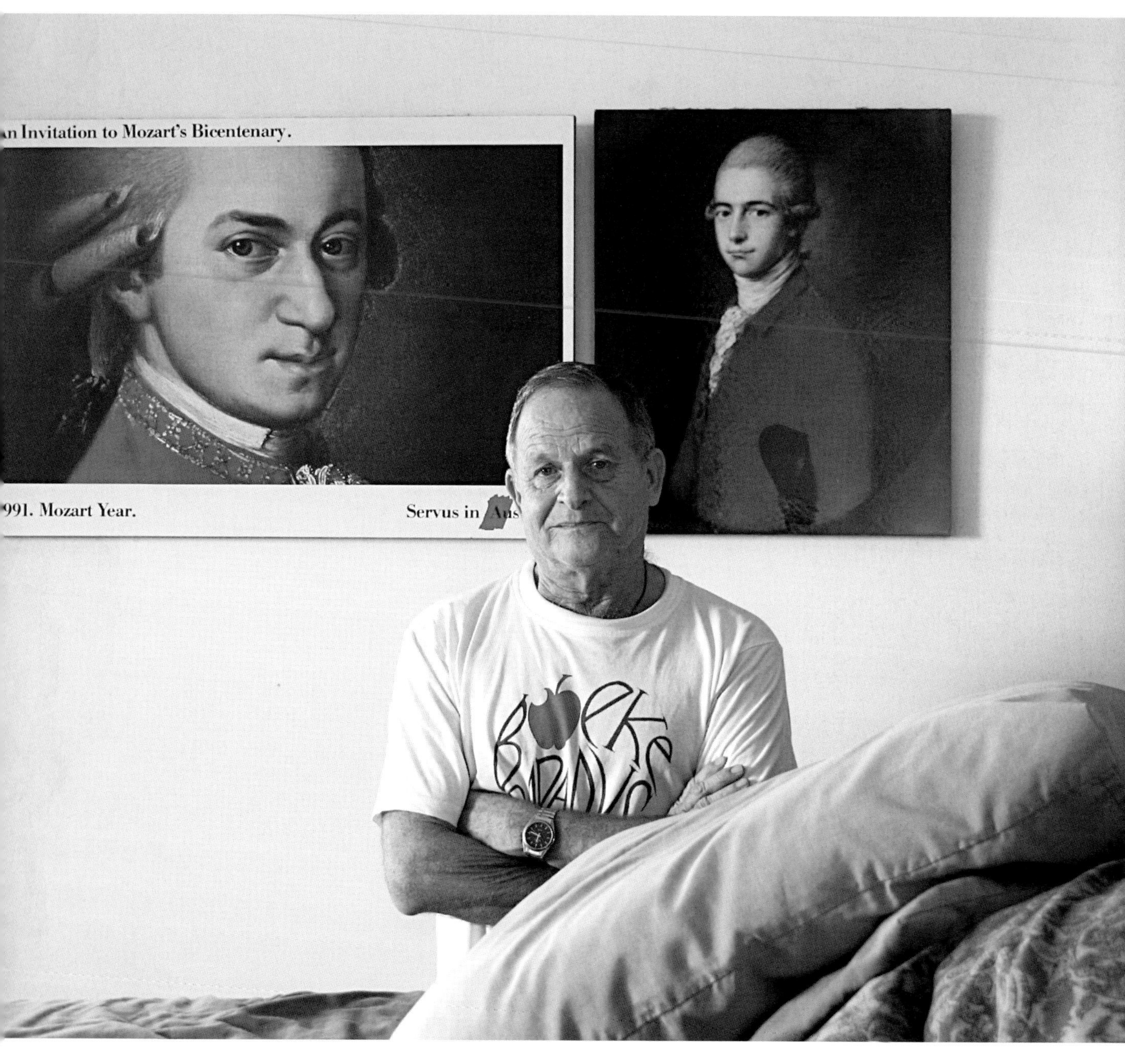
n Invitation to Mozart's Bicentenary.
991. Mozart Year.
Servus in Aus

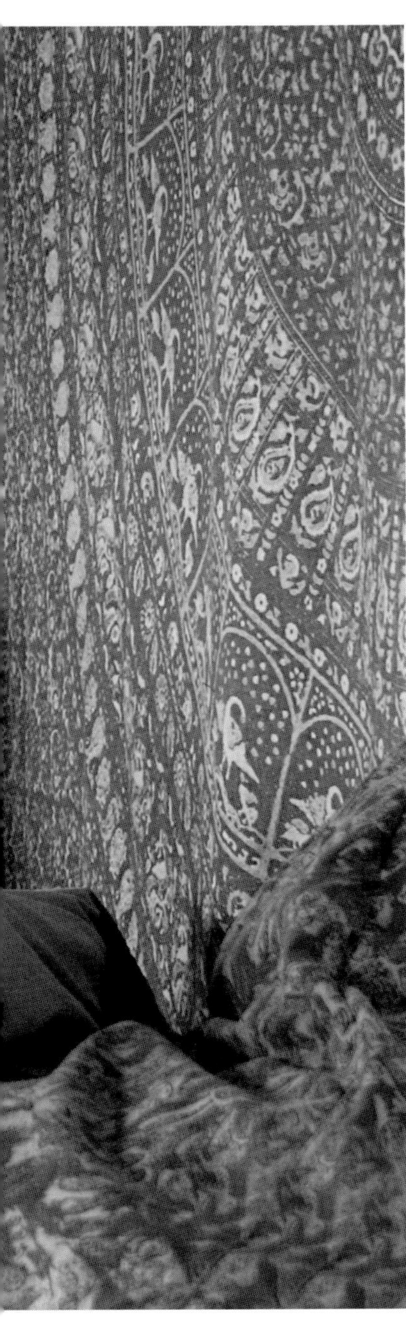

Philip de Vos

(selfportret – 2006)

Philip de Vos, 'n gebore Bloemfonteiner, was eers taalonderwyser, maar as sanger het hy ook bekendheid verwerf met die meer as 40 karakterrolle wat hy in verskeie operas vertolk het. Hy tree dikwels op as vertolker van die toonsettings wat Albie Louw van sy versies gemaak het. Sedert 1984 skryf hy stories en lawwe versies vir kinders van 8 tot 88 en werk gereeld saam met die illustreerder Piet Grobler. Fotografie is sy ander belangstelling en al sy foto's van mense in hulle eie milieu word met 'n handgehoude kamera met 28 mm-lens in swart en wit en met natuurlike lig geneem.

Philip de Vos was born in Bloemfontein and trained as language teacher. Apart from the more than 40 character roles which he performed in various operas, he also regularly performs his own poems which have been set to music by Albie Louw. Since 1984 he has written stories and light verse for children of 8 to 88. His work is often illustrated by Piet Grobler. His other interest is photography and all his black and white photographs of celebrities are taken with a hand-held camera with a 28 mm lens, using natural light.

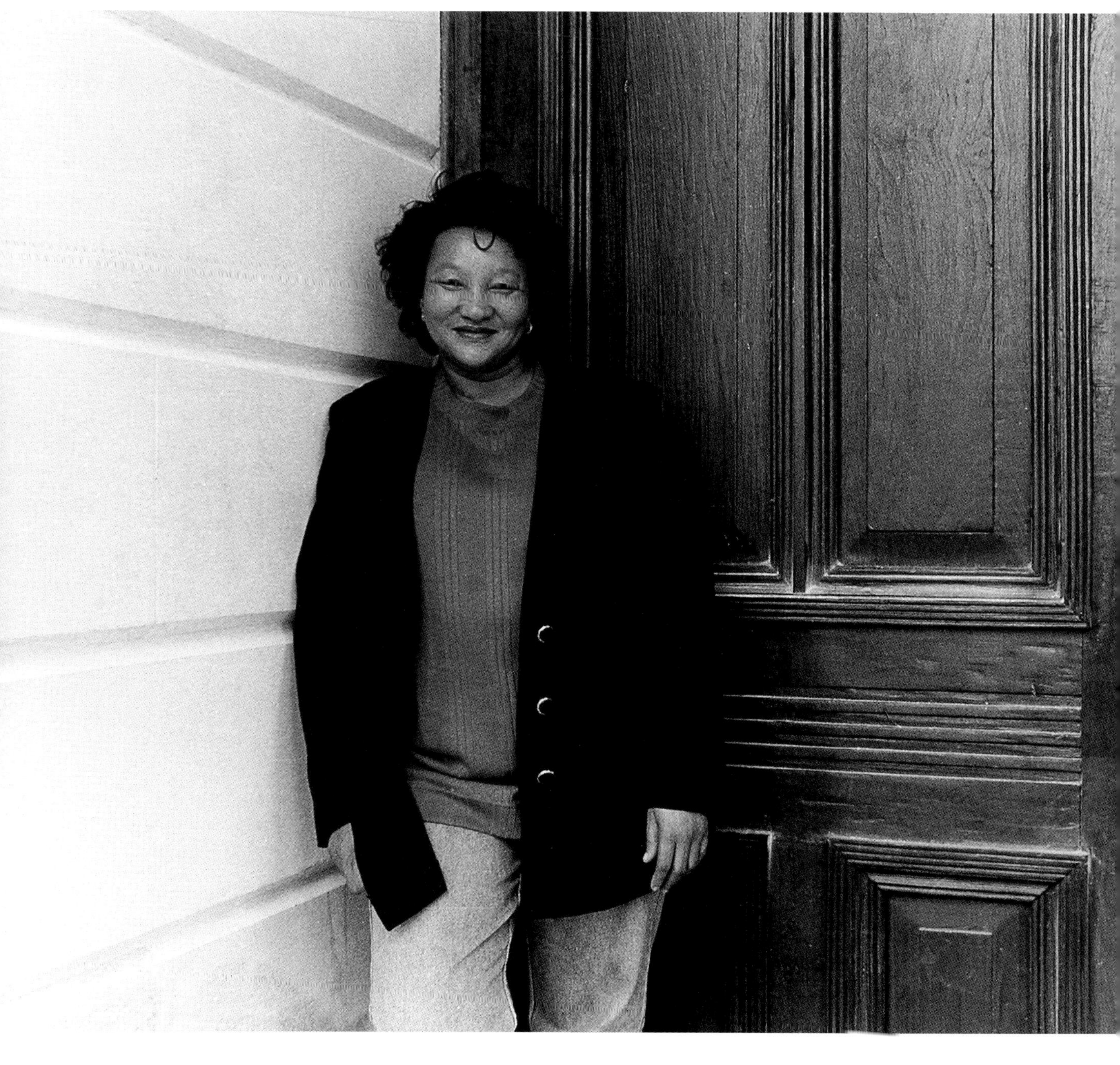

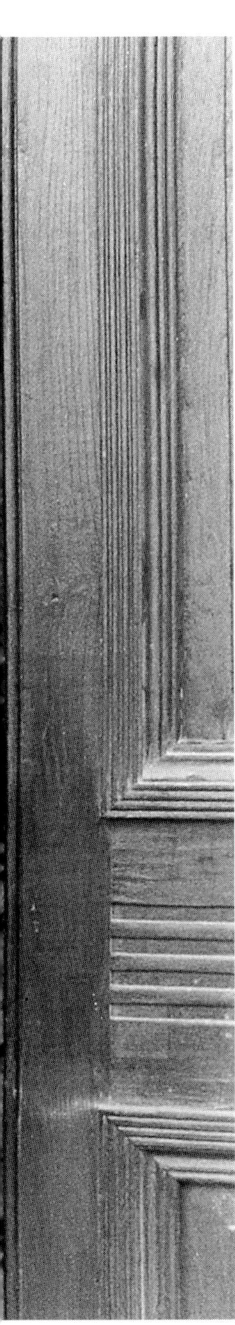

E.K.M. Dido

(1998)

Dido het vier romans op haar kerfstok. Na 'n lang loopbaan in verpleging wy sy haar tans aan deeltydse konsultasiewerk en aan skeppende skryfwerk. Sy het 'n besondere belangstelling in die bevordering van 'n leeskultuur op die platteland. Sy is sekerlik die mees produktiewe bruin skryfster in Afrikaans.

She has written four novels. After a long nursing career she now devotes her time to part-time consultation work and creative writing. She is dedicated to developing a reading culture in rural areas and is undoubtedly the most productive coloured female author of Afrikaans literature.

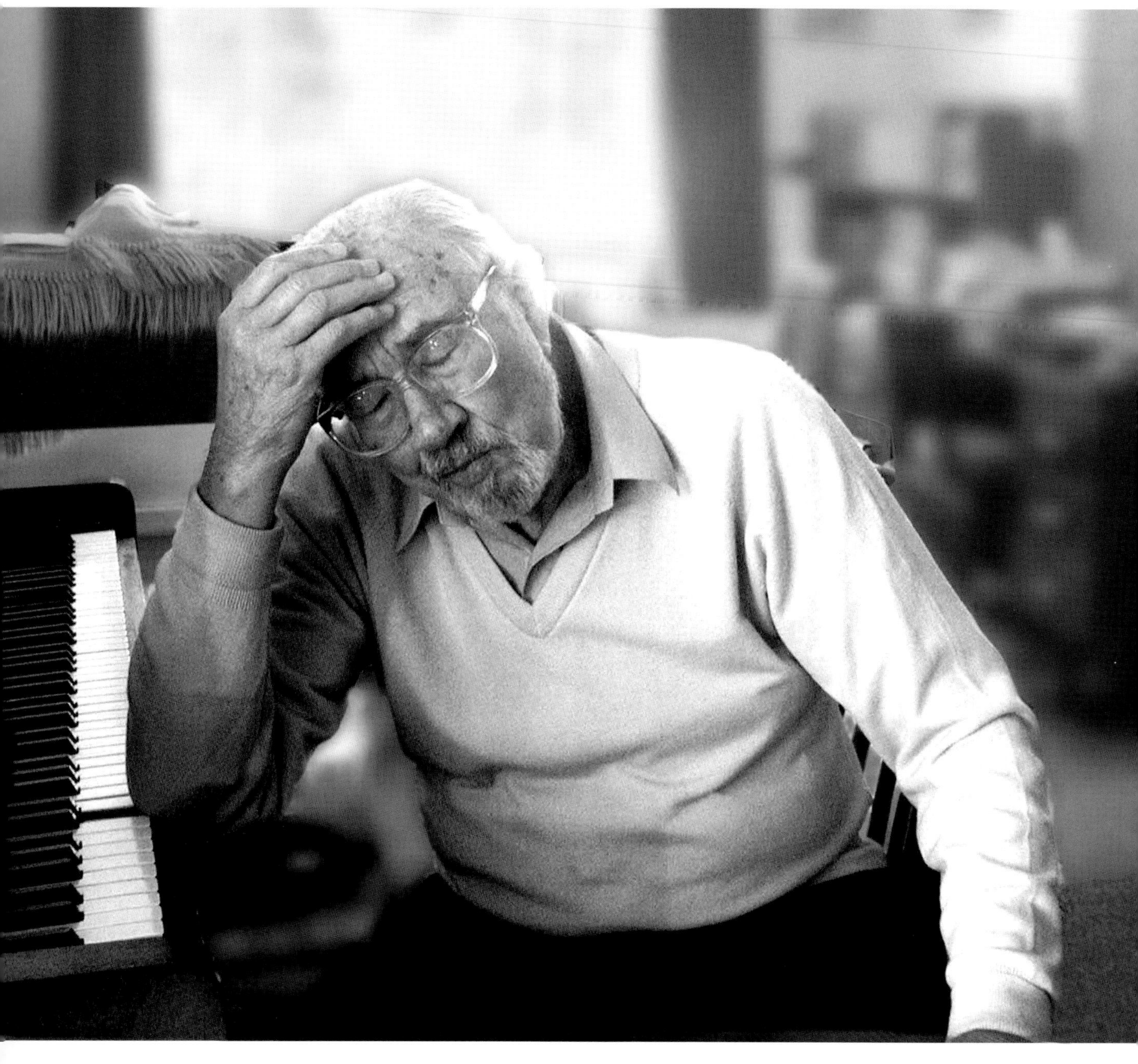

Hubert du Plessis

(2005)

Die gevierde Suid-Afrikaanse komponis en pianis se werk dek verskillende genres: musiek vir kinders, kamermusiek, koormusiek, kunsliedere en simfonieë. Hy was vir 25 jaar dosent in musiek aan die Universiteit van Stellenbosch.

The works of the acclaimed South African composer and pianist include a large variety of genres: children's music, chamber music, choir music, lieder and symphonies. He lectured music and composition at the University of Stellenbosch for 25 years.

Max du Preez

(2005)

Joernalis, skrywer en politieke kommentator. Hy was vanaf 1988 redakteur van die eerste Afrikaanse anti-apartheidskoerant, *Vrye weekblad*. Sy boek *Oranje blanje blues* (2005) skets die lewensloop van hierdie koerant totdat dit na ses jaar gedwing is om te sluit.

Max du Preez is an acclaimed journalist, author and political commentator. He founded the first anti-apartheid Afrikaans newspaper, *Vrye weekblad*, in 1988. His book *Oranje blanje blues* (2005) follows the life of this maverick Afrikaans newspaper until its final issue six years later when it was forced to close down.

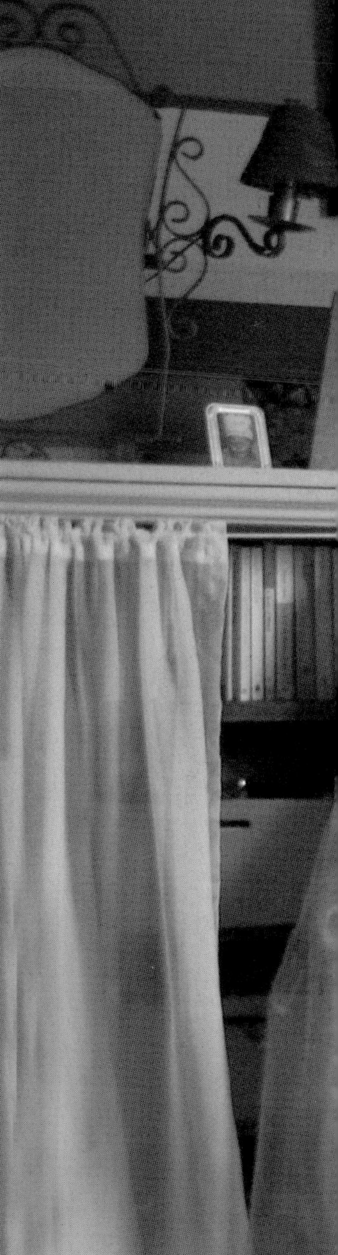

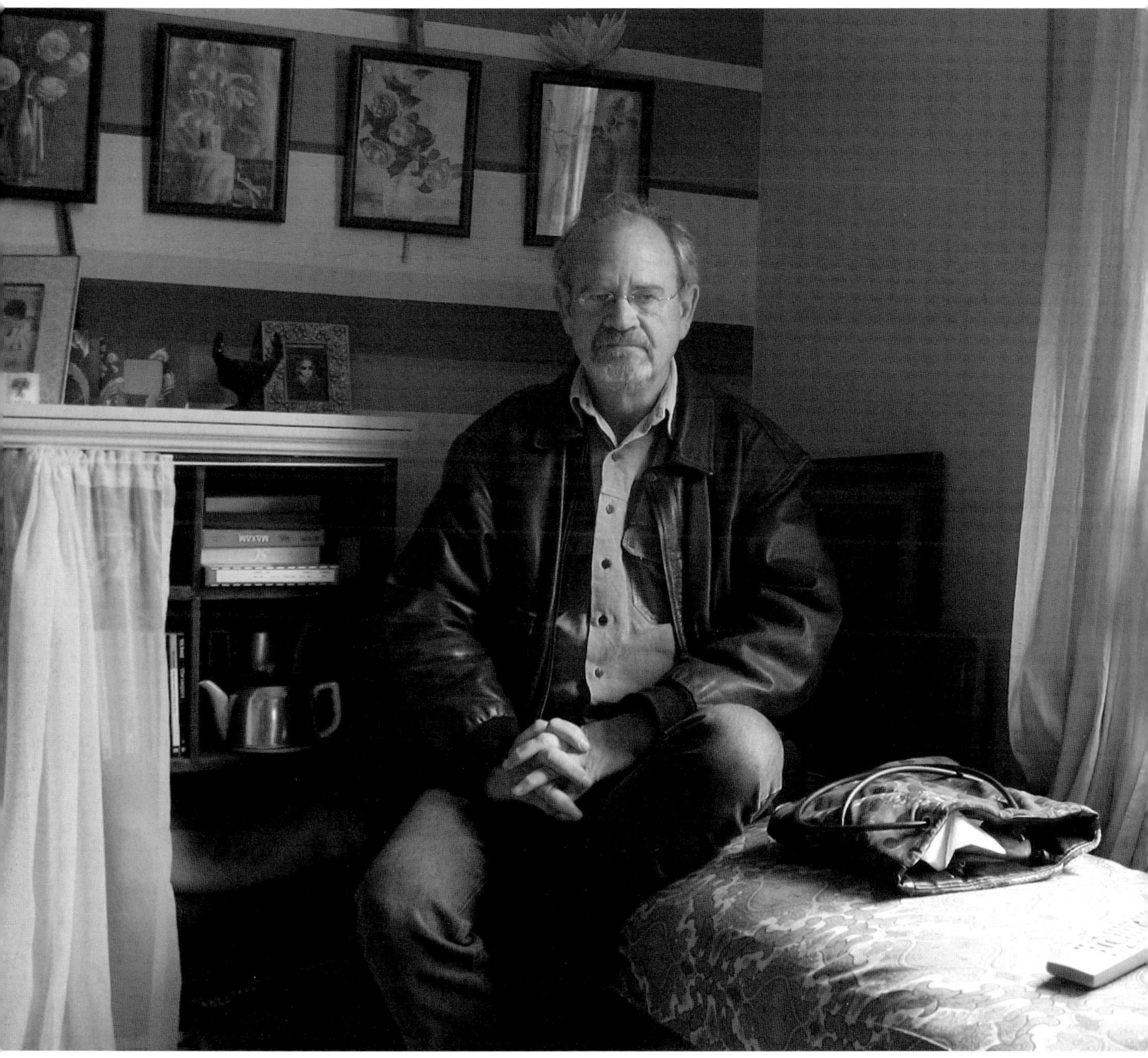

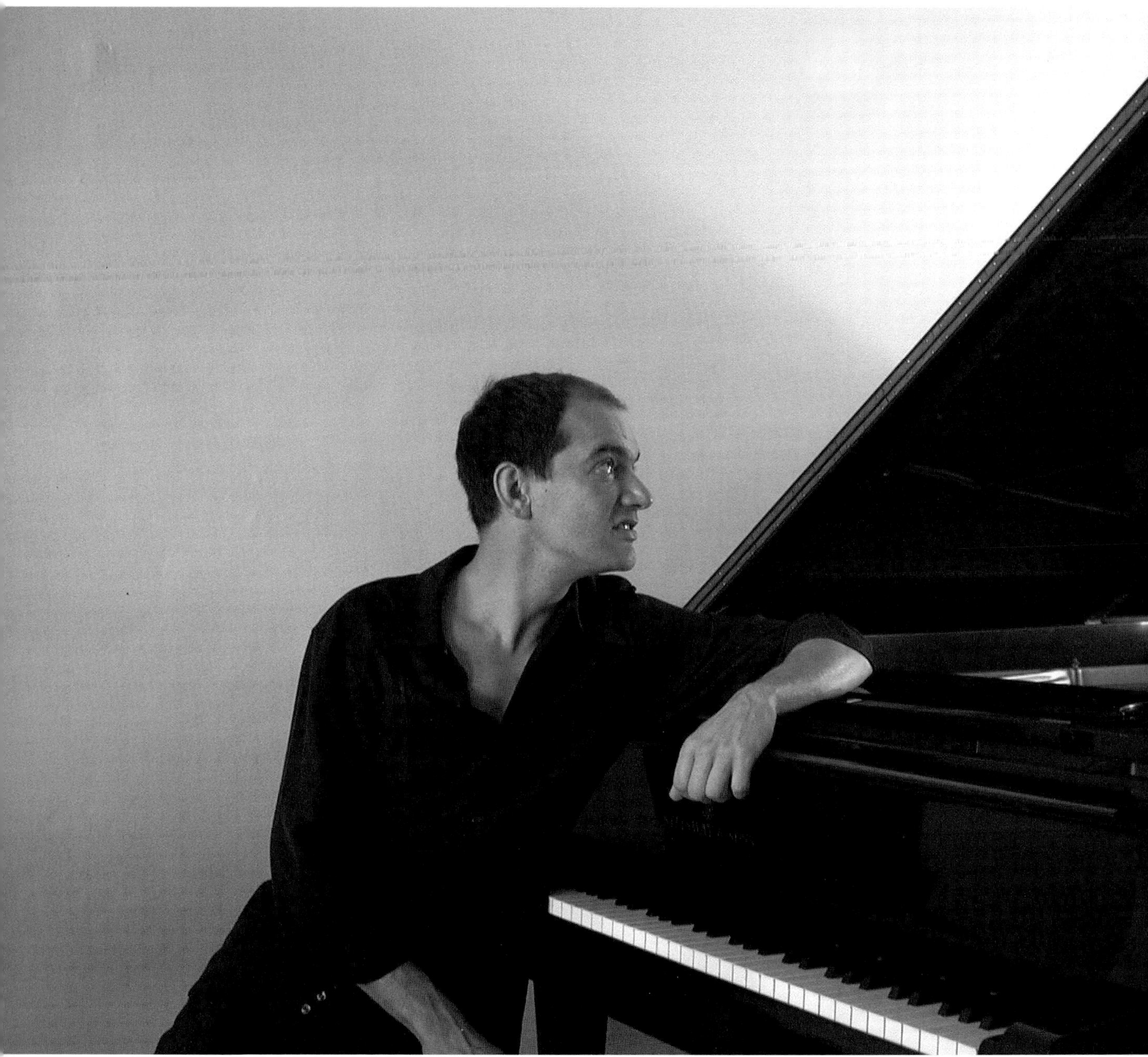

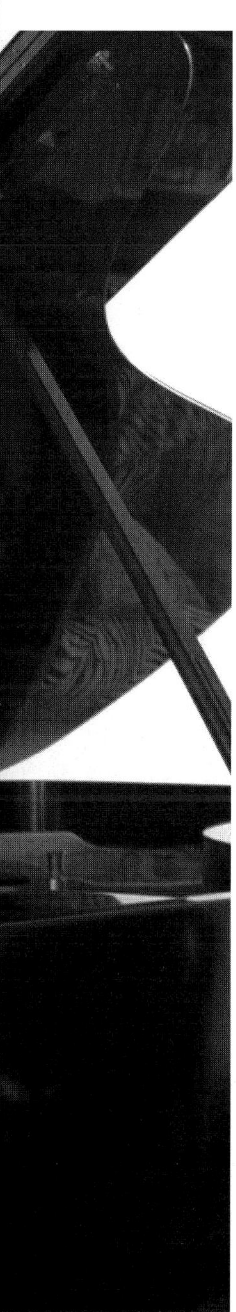

Francois du Toit

(2003)

Hy is een van ons mees begaafde pianiste en is bekend vir sy optredes in kamermusiek. Hy tree reeds van 15-jarige ouderdom af as solis saam met orkeste op.

Francois du Toit is acknowledged as one of South Africa's finest pianists. Du Toit is also a chamber musician and music educator. He is an acclaimed soloist and has performed with orchestras since the age of 15.

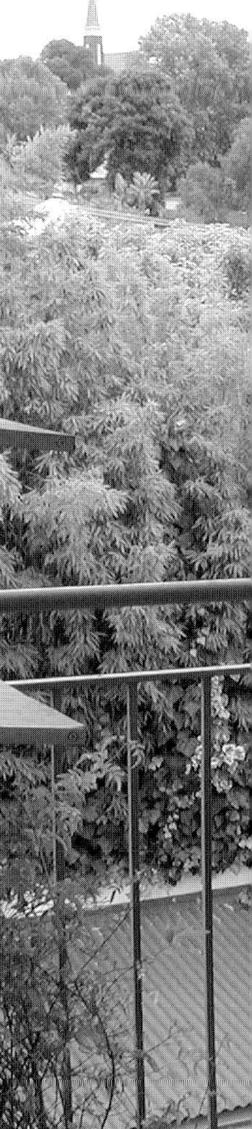

Jannie du Toit

(1999)

Sanger en liedjieskrywer wat bekend is vir sy optredes saam met Christa Steyn.

Singer and songwriter, he is well-known for his performances with the pianist Christa Steyn.

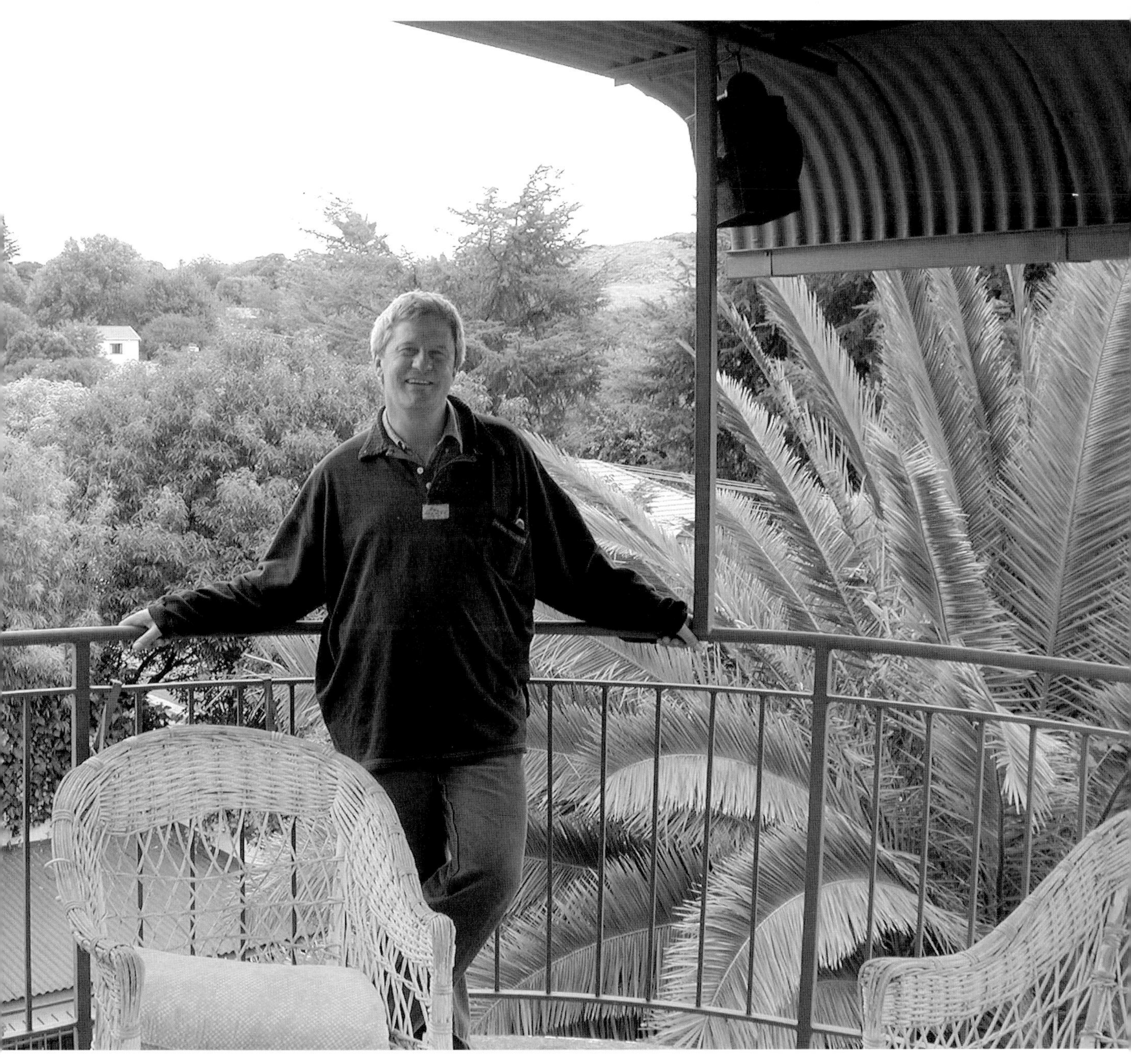

Nellie du Toit

(2005)

Die sopraan Nellie du Toit het meer as 30 operarolle vertolk in haar lang loopbaan. Sy het die Nederburg Operaprys drie maal verower en was in 1970 'n finalis in die wêreldwye Madama Butterfly-kompetisie in Tokio. In 1998 het die Universiteit van Stellenbosch 'n eredoktorsgraad in musiek aan haar toegeken.

The soprano Nellie du Toit has a repertoire of more than 30 opera roles and was a finalist in the Madama Butterfly competition in Tokyo. In 1998 she was awarded an honorary doctorate by the University of Stellenbosch for her contribution to music.

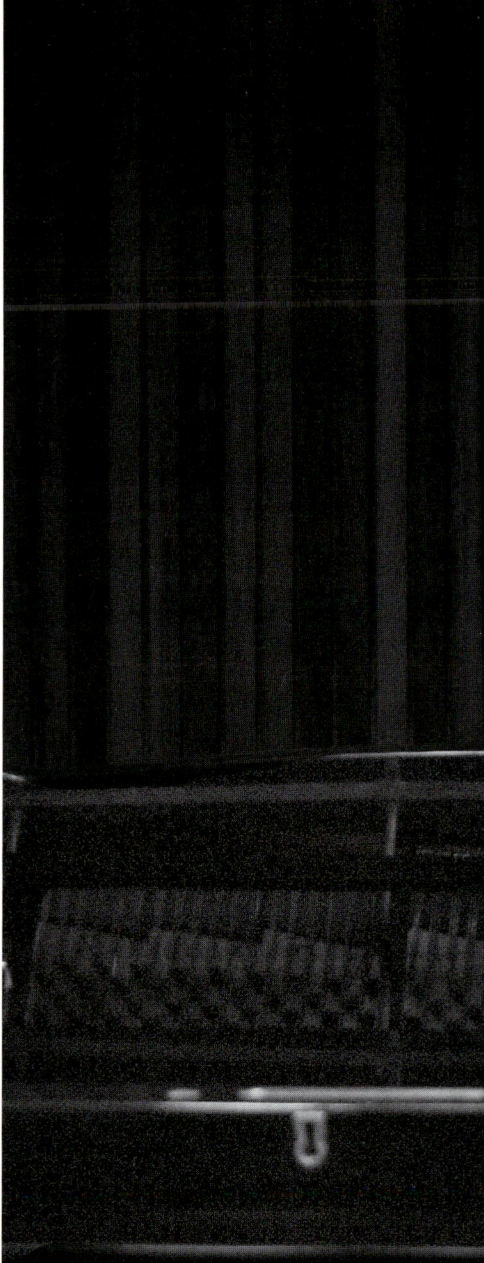

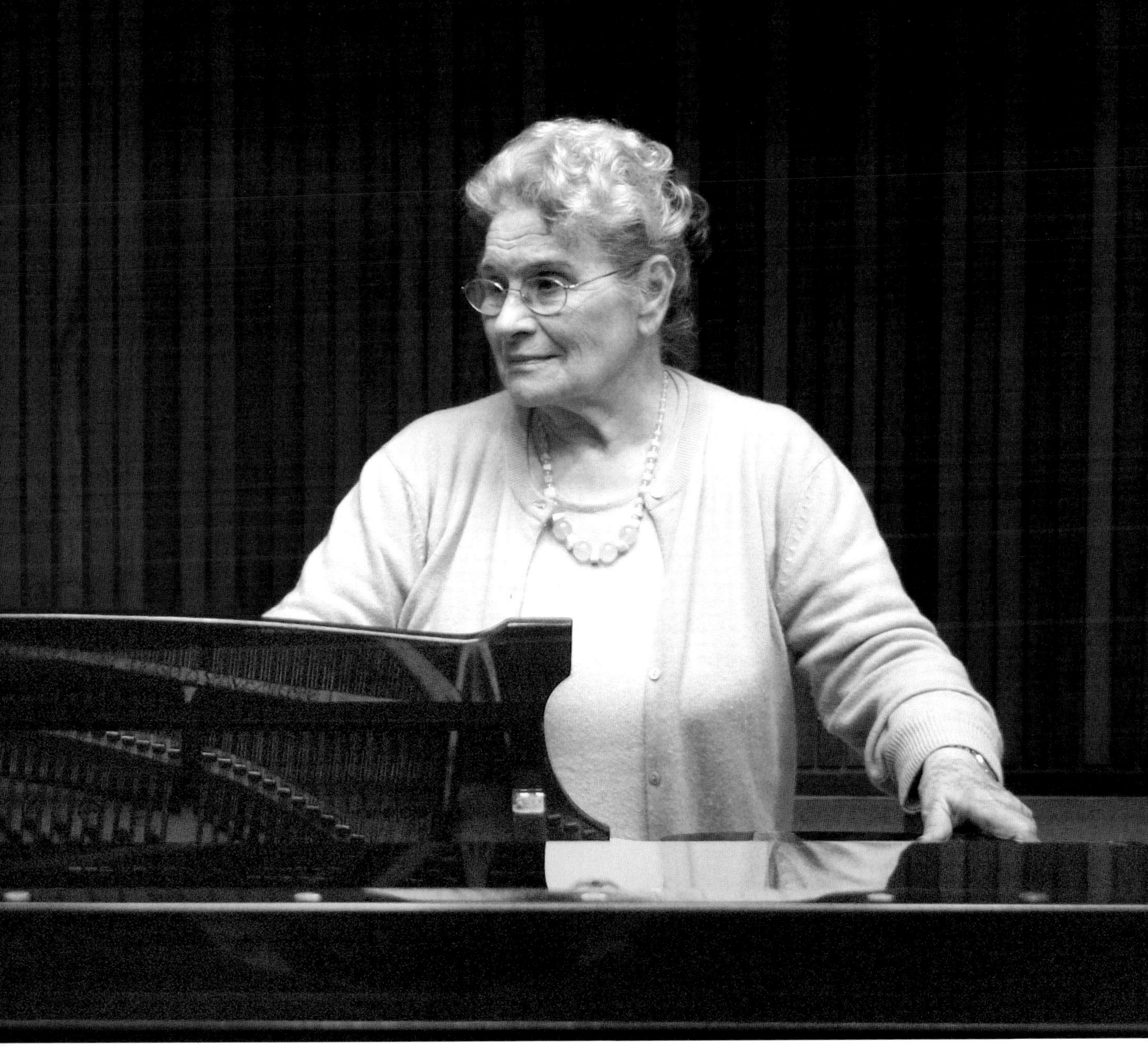

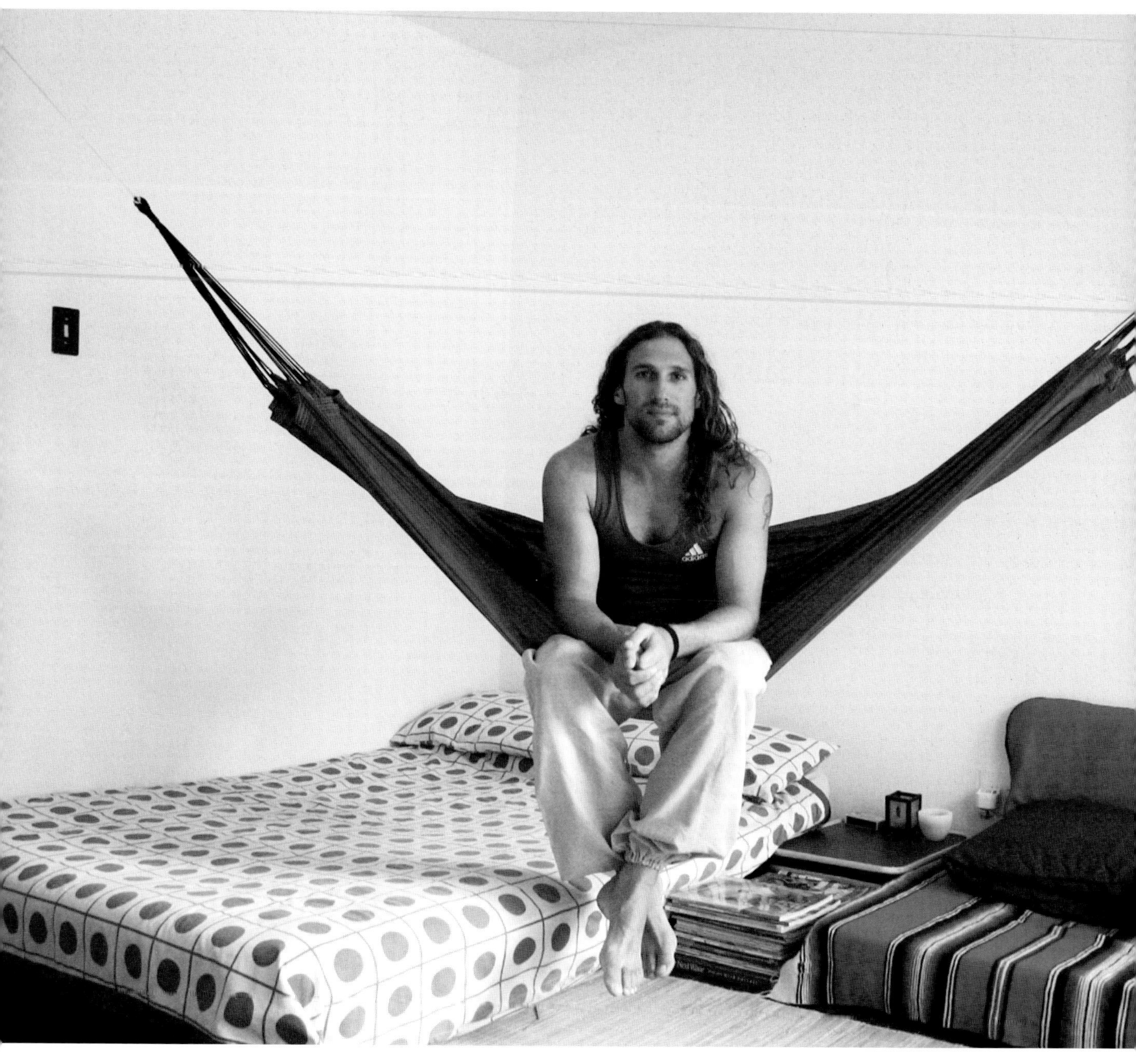

Jan Ellis

(2005)

Verhoog- en televisieakteur wat reeds as veertienjarige die titelrol in die rolprent *Fiela se kind* (1987) vertolk het.

Stage and screen actor since his first performance at the age of fourteen in the title role of the film *Fiela se kind* (1987).

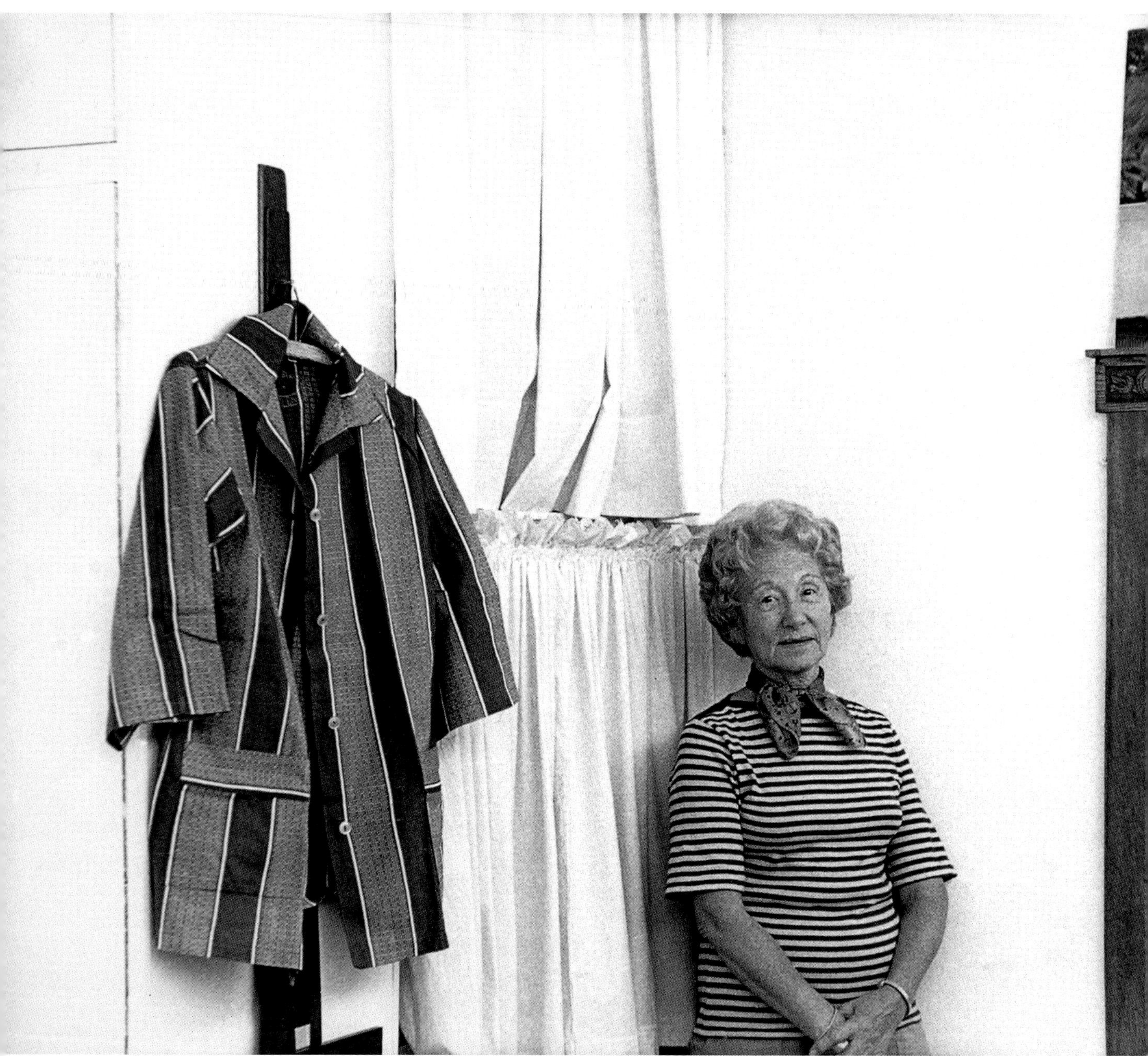

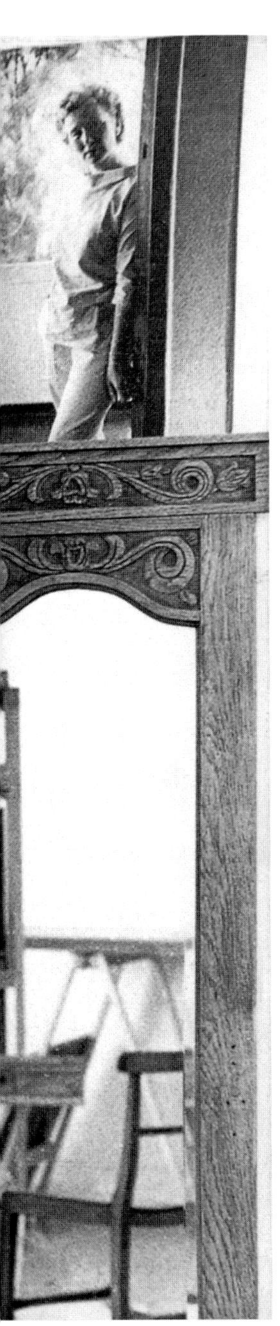

Eleanor Esmonde-White

(1975)

Esmonde-White het muurbehangsels vir talle openbare geboue ontwerp. Sy het vir etlike jare op die Griekse eiland Korfu gewoon. Esmonde-White se sentrale tema is die vrou in 'n wye verskeidenheid houdings en handelinge.

Esmonde-White designed tapestries for many public buildings. She lived on the Greek island of Corfu for a number of years. Many of her works are centred on women in their daily lives and activities.

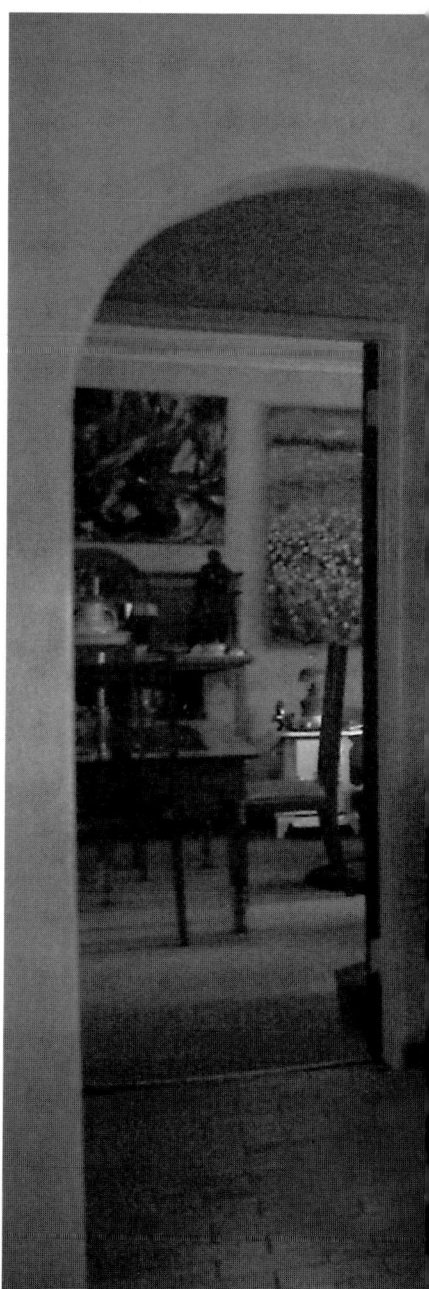

Louis Esterhuizen & Marlise Joubert

(2005)

Die skrywersegpaar Louis Esterhuizen en Marlise Joubert, wat saam die Protea Boekwinkel op Stellenbosch bestuur. Esterhuizen is digter asook een van die stigters van die gewilde literêre Bekgevegte. Benewens haar digkuns geniet Joubert ook erkenning vir haar prosawerke en radiodramas.

Writers Louis Esterhuizen and Marlise Joubert together manage Protea Bookshop in Stellenbosch. Esterhuizen is a poet as well as co-founder of the popular Afrikaans poetry slams, Bekgevegte. Apart from her poetry Joubert has also received recognition for her prose works and radio plays.

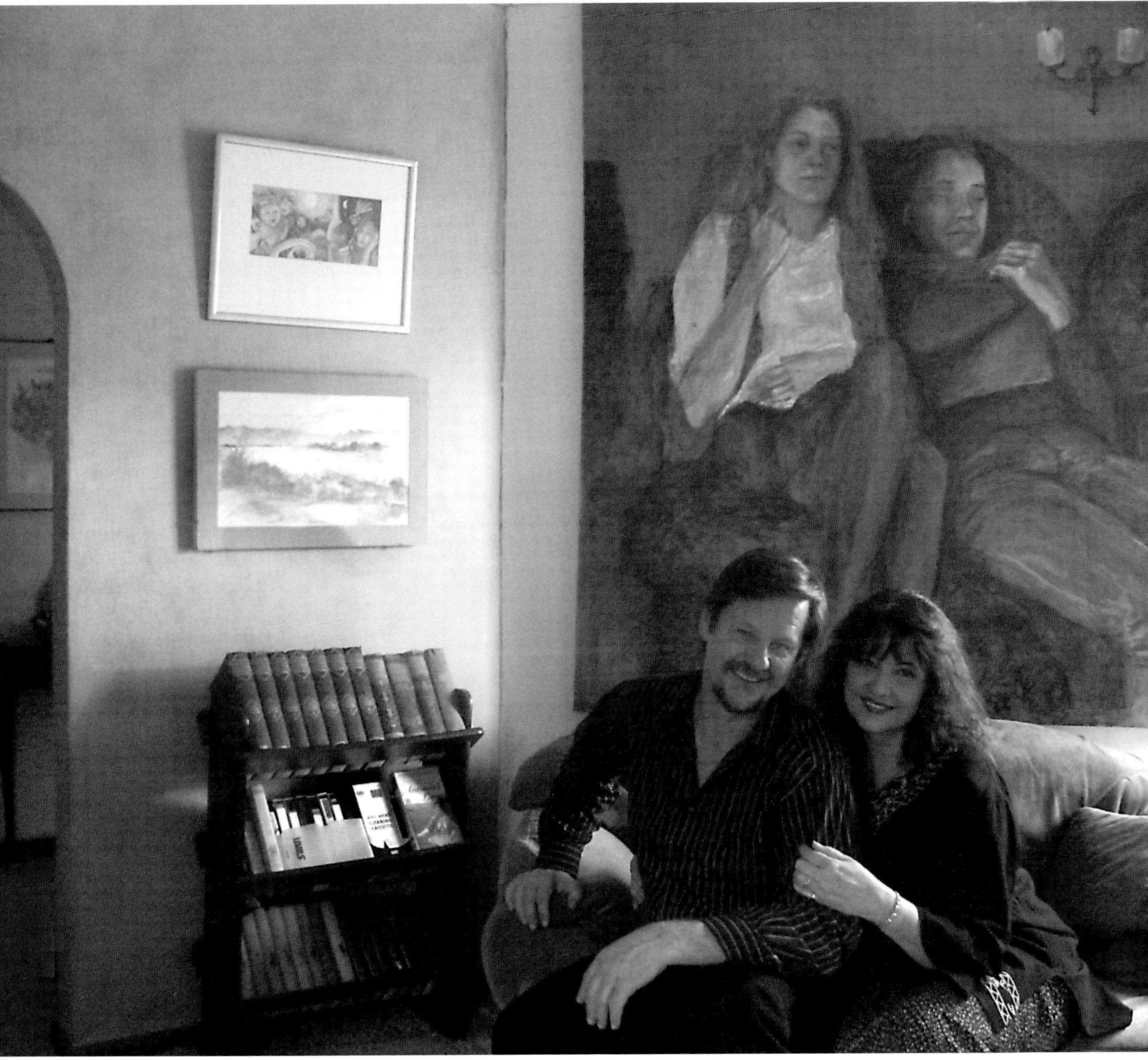

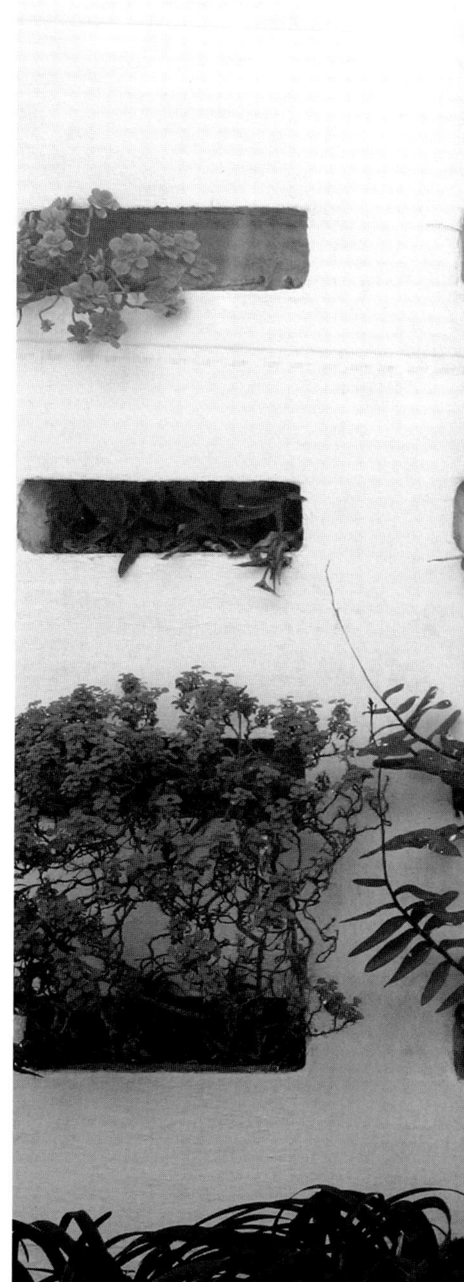

Gawie Fagan & Gwen Fagan

(2005)

Die argitek en seiljagveteraan Gawie Fagan en sy vrou Gwen. Gawie Fagan het saam met Gwen (wat navorsing doen) reuse restourasieprojekte aangepak, soos die Kasteel in die Moederstad en Kerkstraat in Tulbagh ná die aardbewing van 26 September 1969. Die egpaar het saam geskryf aan *Kerkstraat in 't Land van Waveren* (1974) wat oor dié restourasiewerk handel. Gwen was ook die skrywer van *Roses at the Cape of Good Hope* (1988) terwyl Gawie die foto's geneem het.

The veteran yachtsman and architect, Gawie Fagan and his wife, Gwen (who conducts research), have been involved in large-scale restoration projects such as the Castle in Cape Town and Church Street, Tulbagh, after the earthquake of 26 September 1969. Gwen is co-author of *Kerkstraat in 't Land van Waveren* (1974) and author of *Roses at the Cape of Good Hope* (1988), while Gawie was responsible for the photographs.

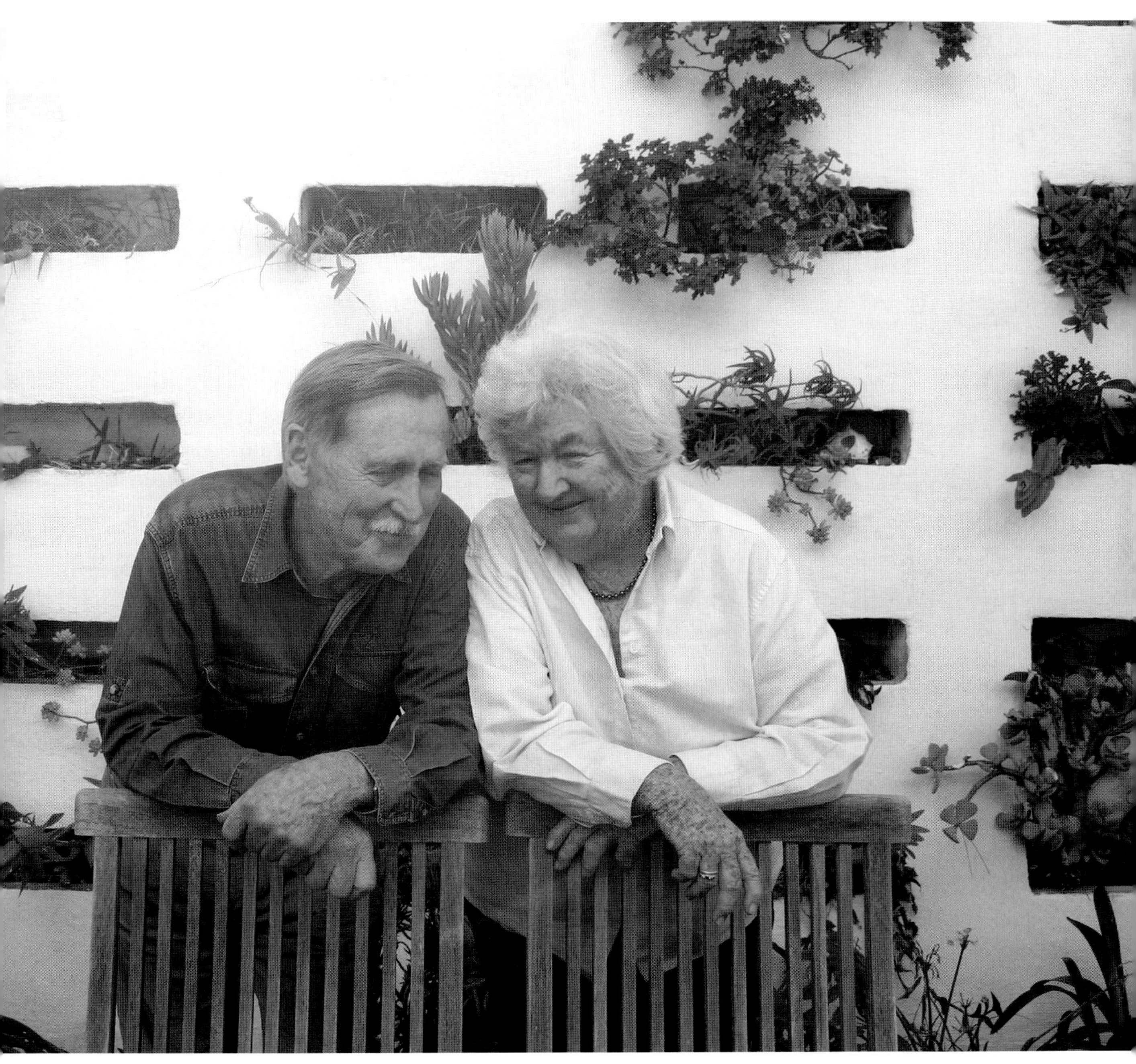

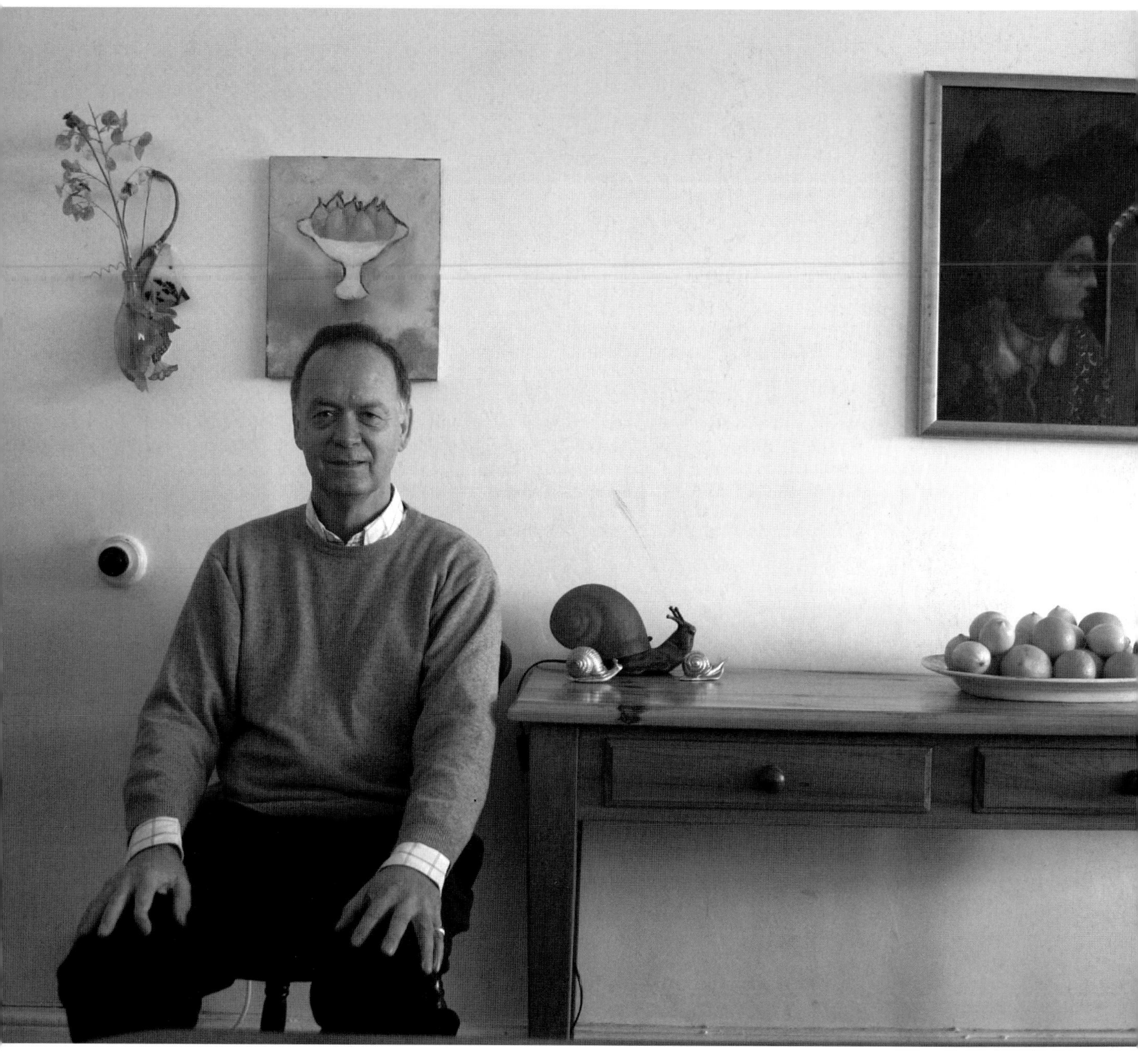

Gus Ferguson

(2005)

Gus Ferguson, van nering apteker, is alombekend as hoof van die uitgewery Snail Press wat die werk van baie nuwe digters publiseer. Hy is self ook digter en spotprenttekenaar.

Gus Ferguson, a pharmacist by profession, is well-known as publisher and owner of Snail Press which publishes the poetry of various upcoming poets. He is also poet and cartoonist.

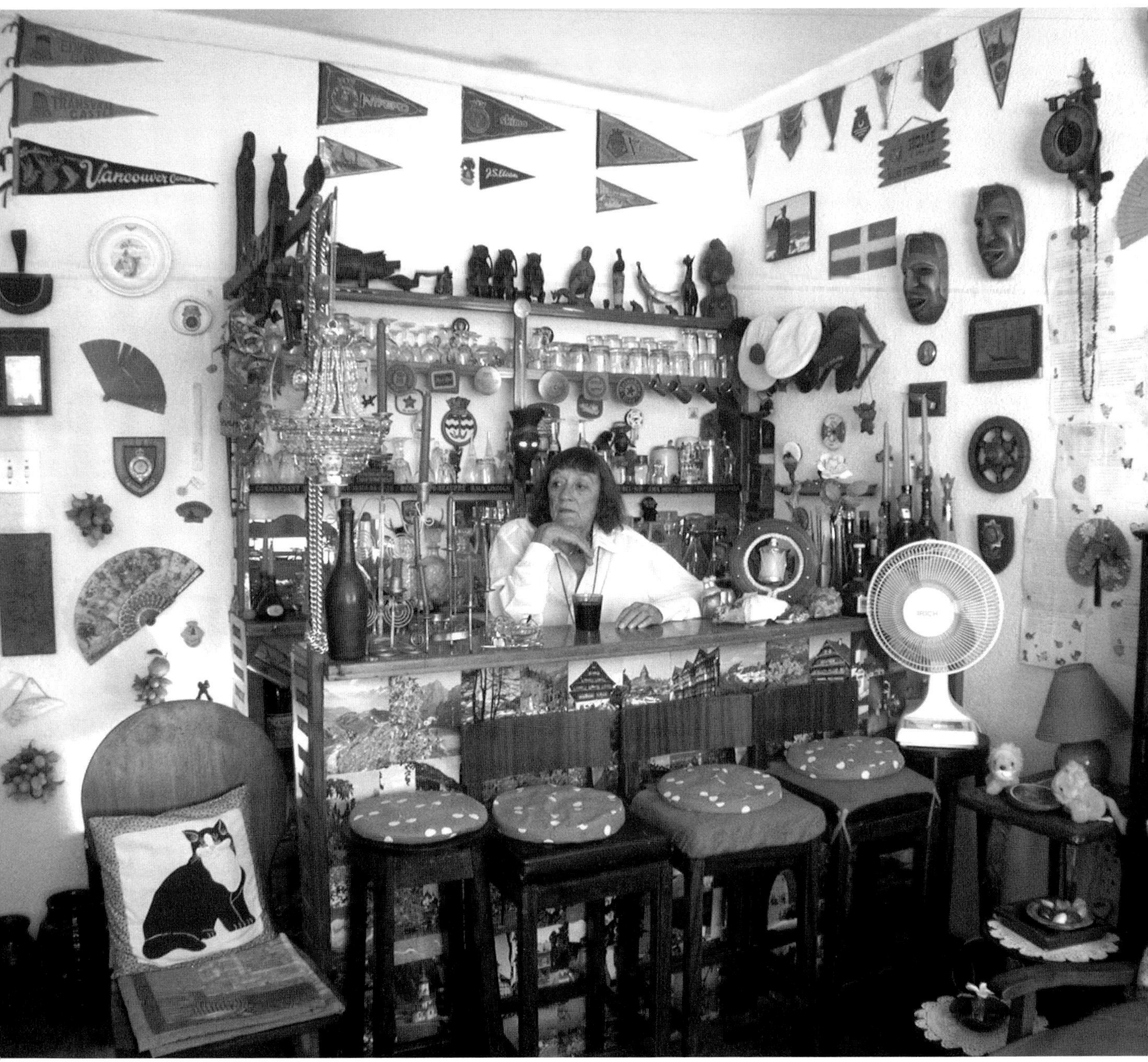
Vancouver

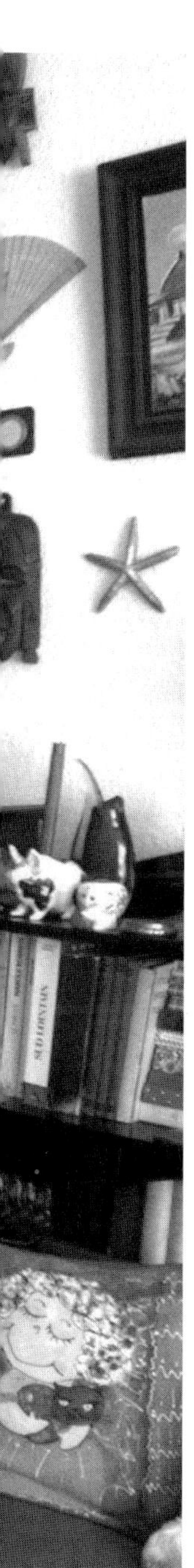

Nerina Ferreira

(2004)

Nerina Ferreira is 'n opgeleide voetheelkundige, maar is veel bekender as aktrise en vertaler. Onder haar vertalings tel talle toneelwerke en kinderboeke, soos die gewilde Pippie Langkous-reeks. Sy is 'n kleindogter van president Steyn van die Vrystaat.

Chiropodist, actress and translator. She translated numerous plays and children's books into Afrikaans, inter alia the popular Pippi Longstocking series. She is a granddaughter of President Steyn of the Orange Free State.

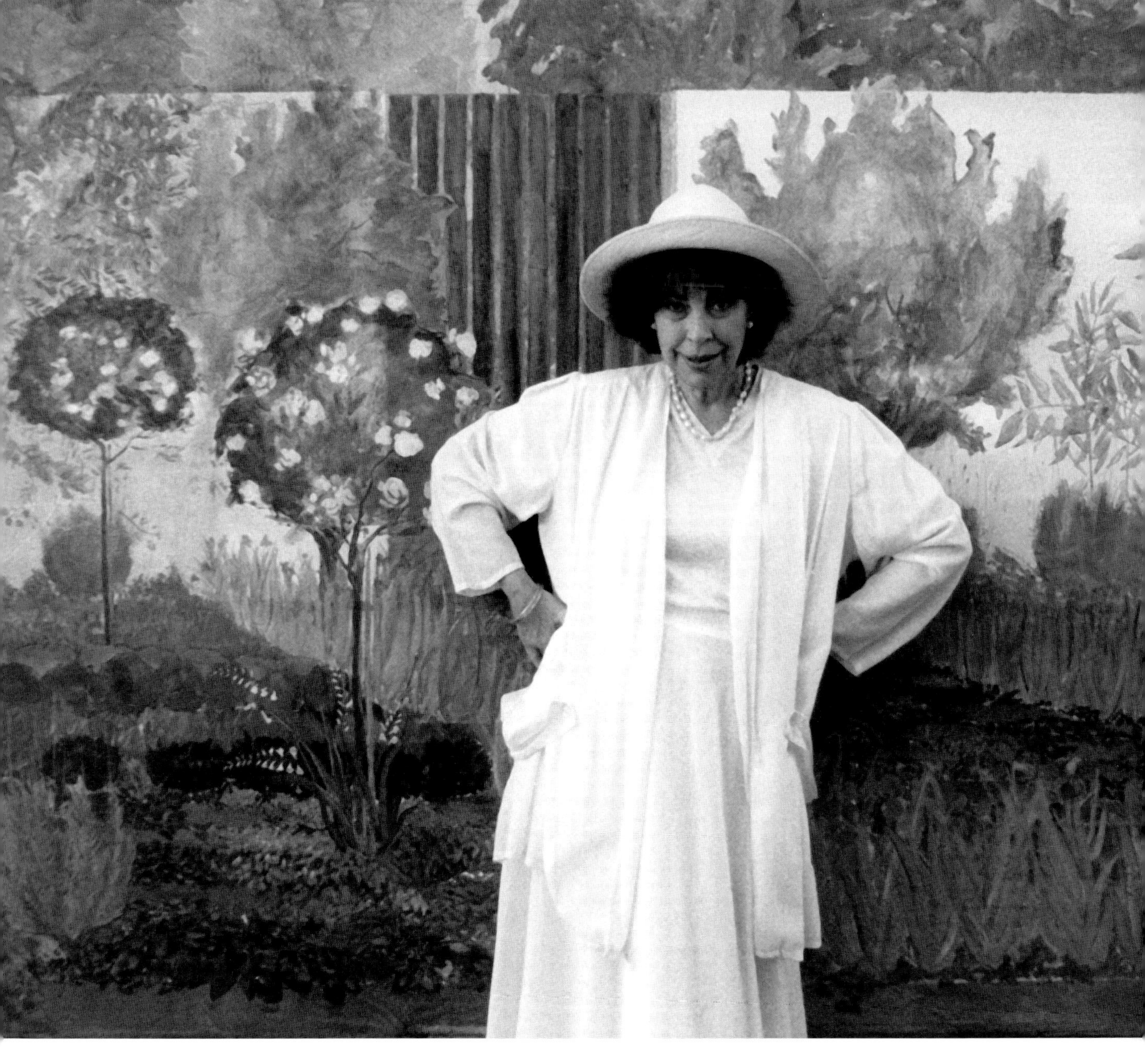

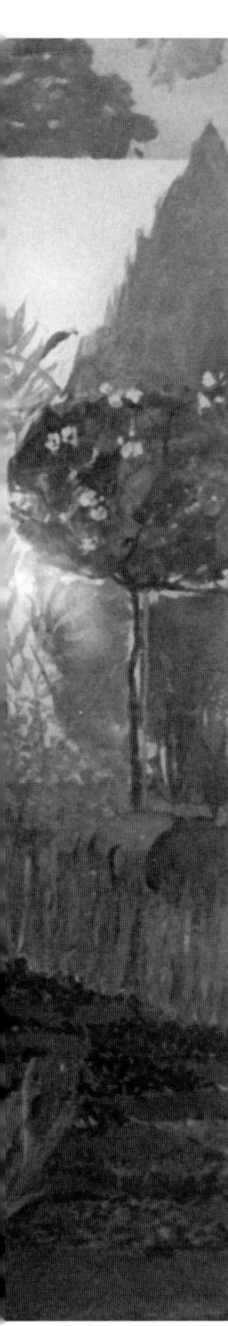

Acáma Fick

(2000)

Acáma Fick was verantwoordelik vir meer as 50 eerste uitvoerings van Suid-Afrikaanse koorwerke en was onder andere vir agt jaar dirigent van die Stellenbosse Universiteitskoor en vir tien jaar van die Stellenbosch Camerata.

Acáma Fick is a distinguished South African choral conductor and choirs under her direction were responsible for first performances of more than 50 South African choral works. She was the conductor of the Stellenbosch University Choir and the Stellenbosch Camerata for eight and ten years respectively.

Pieter Fourie

(2005)

Pieter Fourie is dramaturg, regisseur en toneelspeler. Hy is die stigters-uitvoerende direkteur van die KKNK. In 2003 is die Hertzogprys aan hom toegeken vir sy hele drama-oeuvre. Van sy bekendste dramas is *Faan se trein*, *Ek, Anna van Wyk*, *Mooi Maria* en *Elke duim 'n koning*.

Playwright, producer and actor Pieter Fourie was also founder director of the KKNK. In 2003 he received the Hertzog Prize for his contribution to drama. Amongst his plays are *Faan se trein*, *Ek, Anna van Wyk*, *Mooi Maria* en *Elke duim 'n koning*.

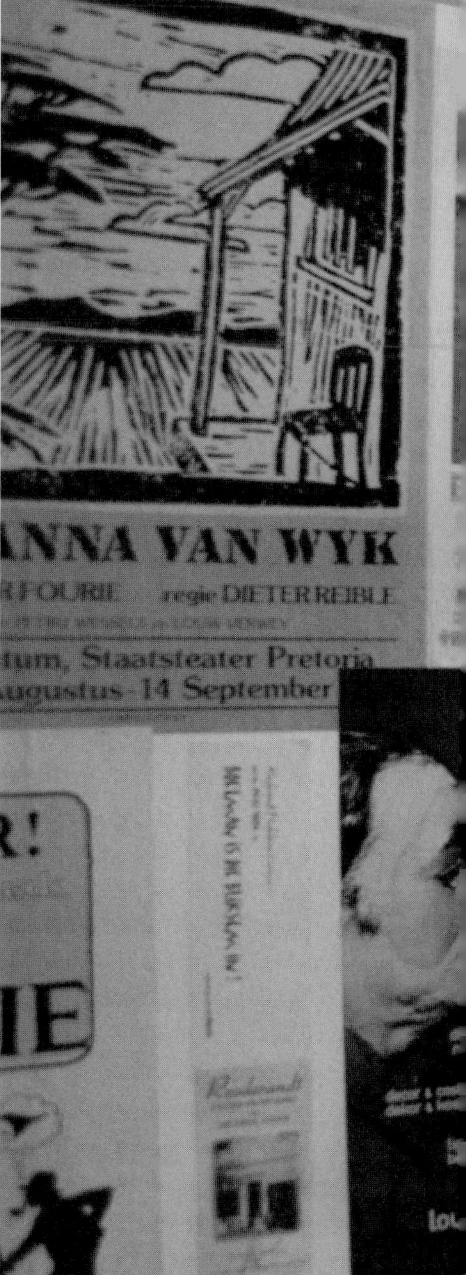

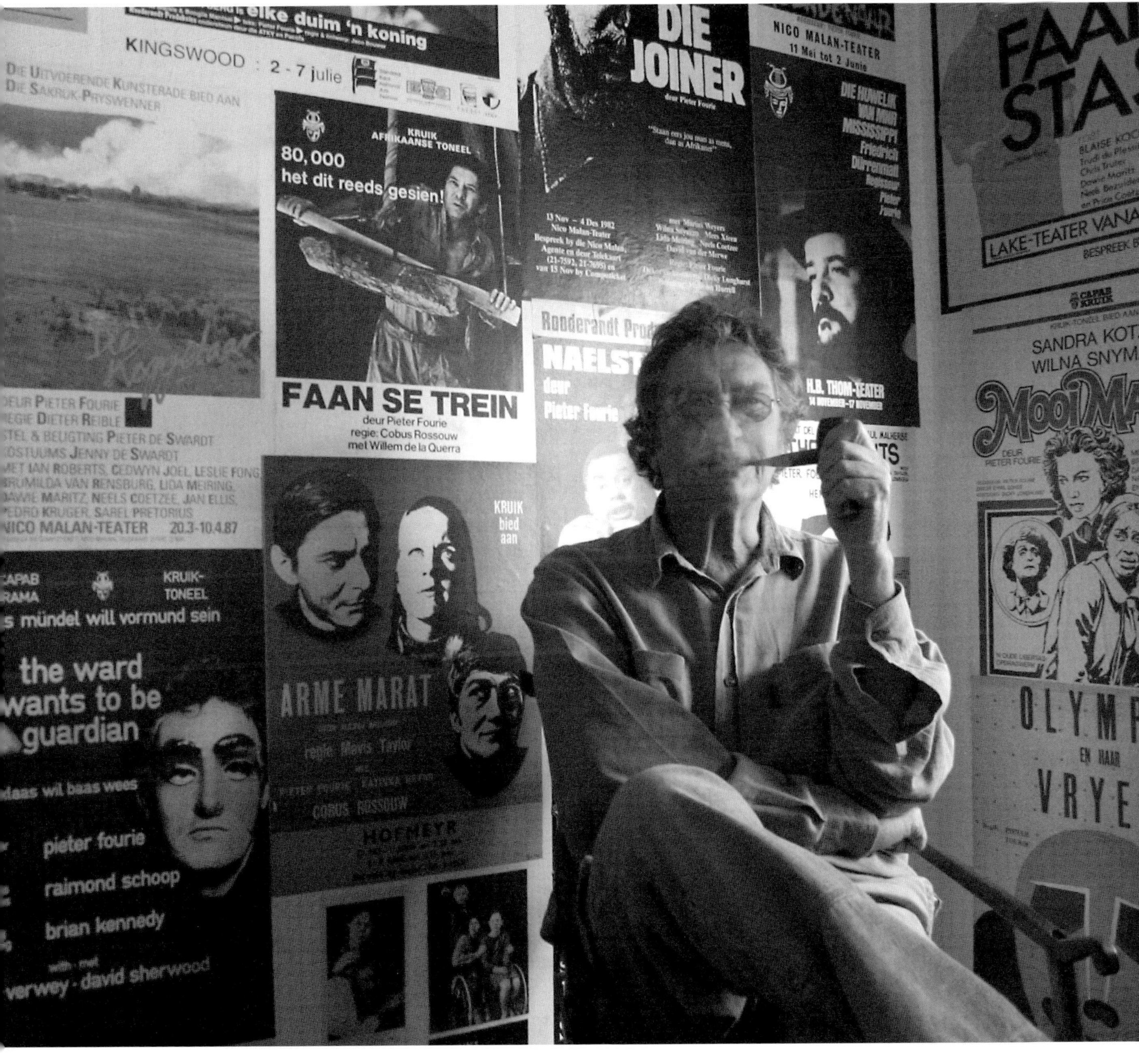

elke duim 'n koning
KINGSWOOD : 2 - 7 julie
DIE UITVOERENDE KUNSTERADE BIED AAN
DIE SAKRUK-PRYSWENNER
KRUIK AFRIKAANSE TONEEL
80,000 het dit reeds gesien!
FAAN SE TREIN
deur Pieter Fourie
regie: Cobus Rossouw
met Willem de la Querra
DIE JOINER
deur Pieter Fourie
NICO MALAN-TEATER
11 Mei tot 2 Junie
Friedrich Dürrenmatt
H.B. THOM-TEATER
deur
Pieter Fourie
DEUR PIETER FOURIE
REGIE DIETER REIBLE
KOSTUUMS JENNY DE SWARDT
NICO MALAN-TEATER 20.3-10.4.87
KRUIK-TONEEL
the ward wants to be guardian
pieter fourie
raimond schoop
brian kennedy
with · met
david sherwood
KRUIK bied aan
ARME MARAT
regie Mavis Taylor
COBUS ROSSOUW
HOFMEYR
DEUR PIETER FOURIE
EN HAAR

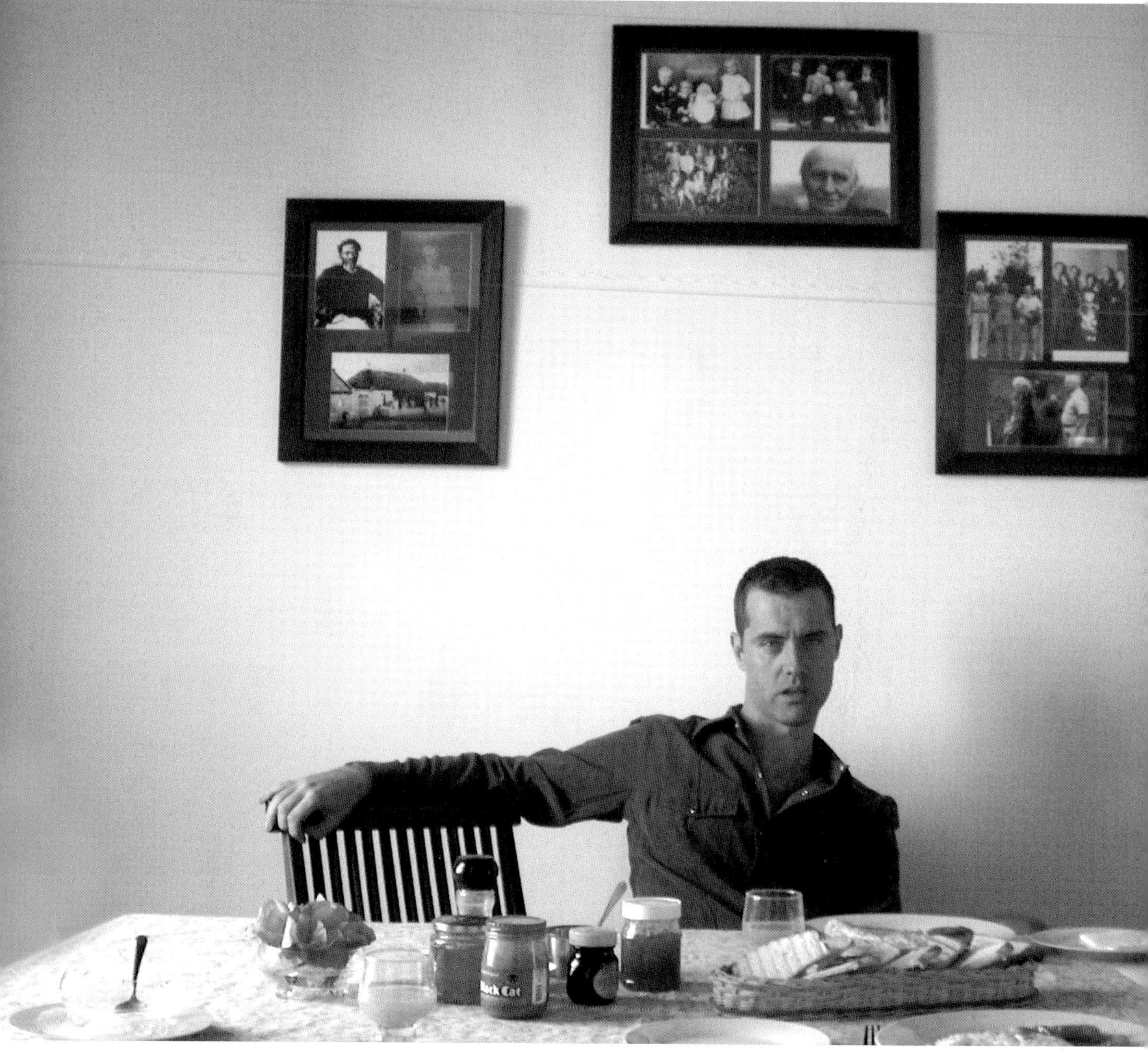

Jens Friis

(2004)

Advokaat, reisiger, fotograaf, joernalis, redakteur van die koerant *Philippolis Pos(t)*, en mede-eienaar van 'n gastehuis in dié dorp.

Advocate, traveller, photographer, journalist, editor of the newspaper *Philippolis Pos(t)* and co-owner of a guesthouse in the town of Philippolis.

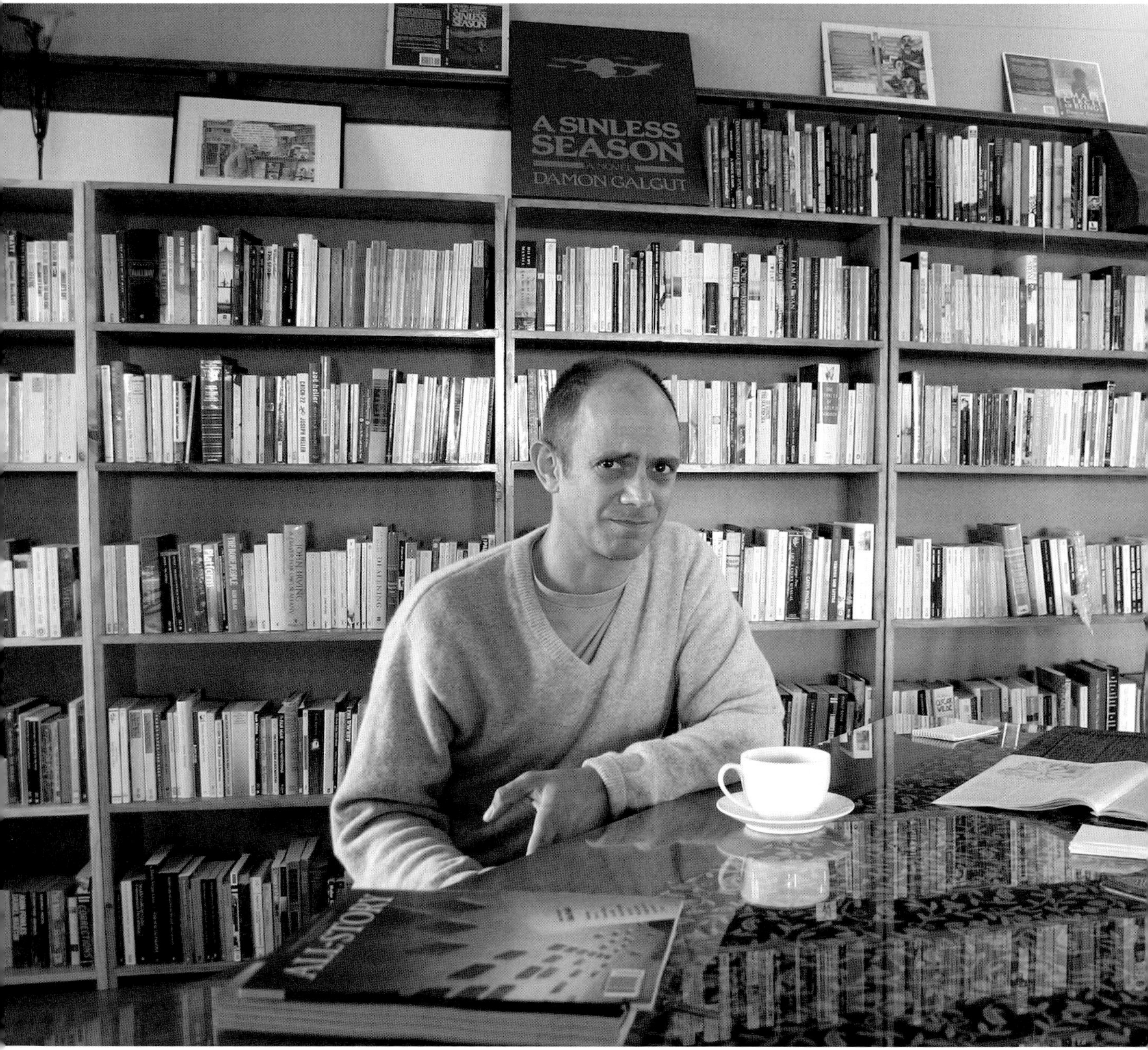
A SINLESS SEASON
A NOVEL
DAMON GALGUT
CATCH 22
JOSEPH HELLER
JOHN IRVING
Platform
THE BONE PEOPLE
ALL-STORY

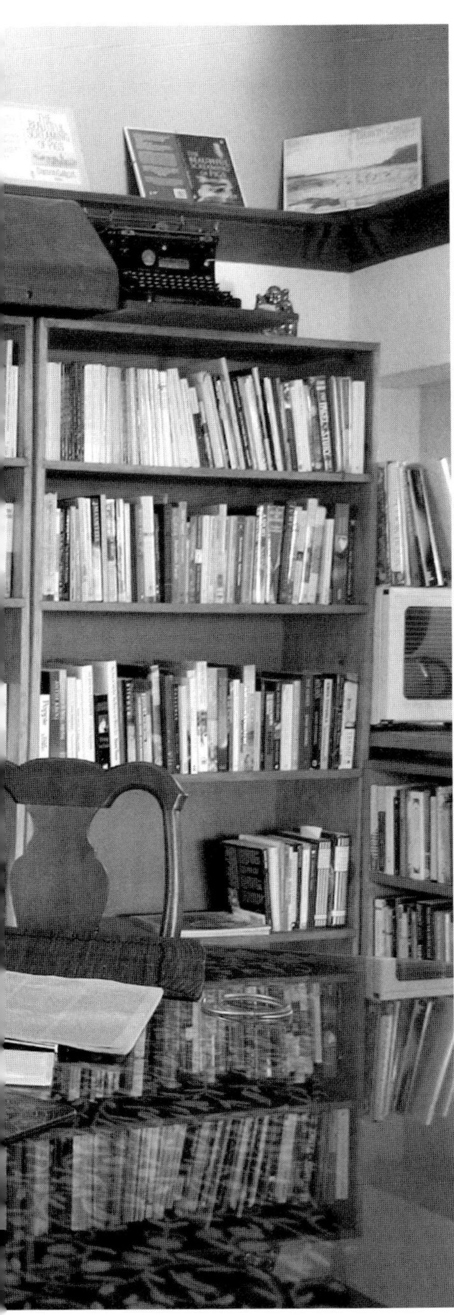

Damon Galgut

(2005)

Damon Galgut het sy eerste roman, *A sinless season,* op 17-jarige ouderdom geskryf en in 2003 was sy roman *The good doctor* op die kortlys vir die gesogte Booker-prys.

Damon Galgut wrote his first novel, *A sinless season* (1982), at the age of 17. In 2003 his novel, *The good doctor*, was shortlisted for the prestigious Booker Prize.

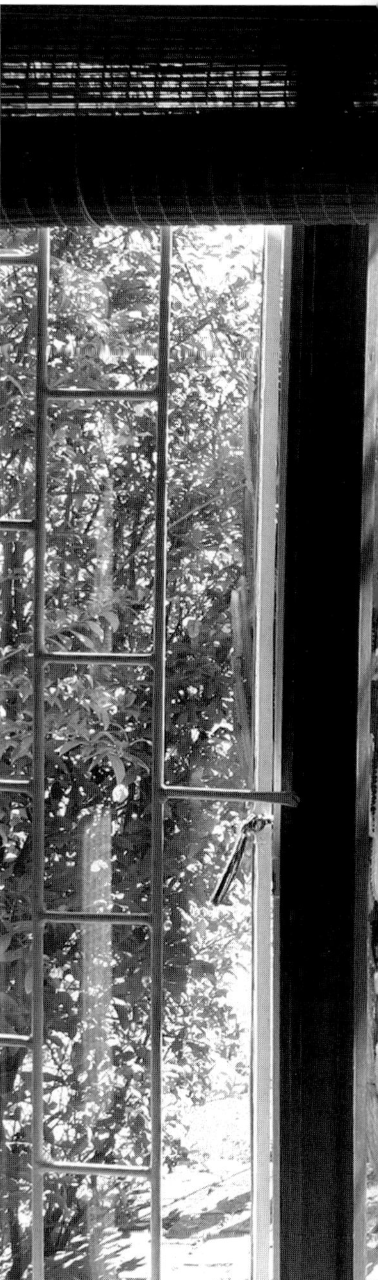

Hermann Giliomee

(2005)

Politieke skrywer en historikus Hermann Giliomee was medestigter van *Die Suid-Afrikaan*. Hy is die skrywer van *Die Afrikaners – 'n biografie* (2004).

Hermann Giliomee co-founded *Die Suid-Afrikaan*, an Afrikaans opinion journal. He is also the author of several titles, including *The Afrikaners – biography of a people* (2003).

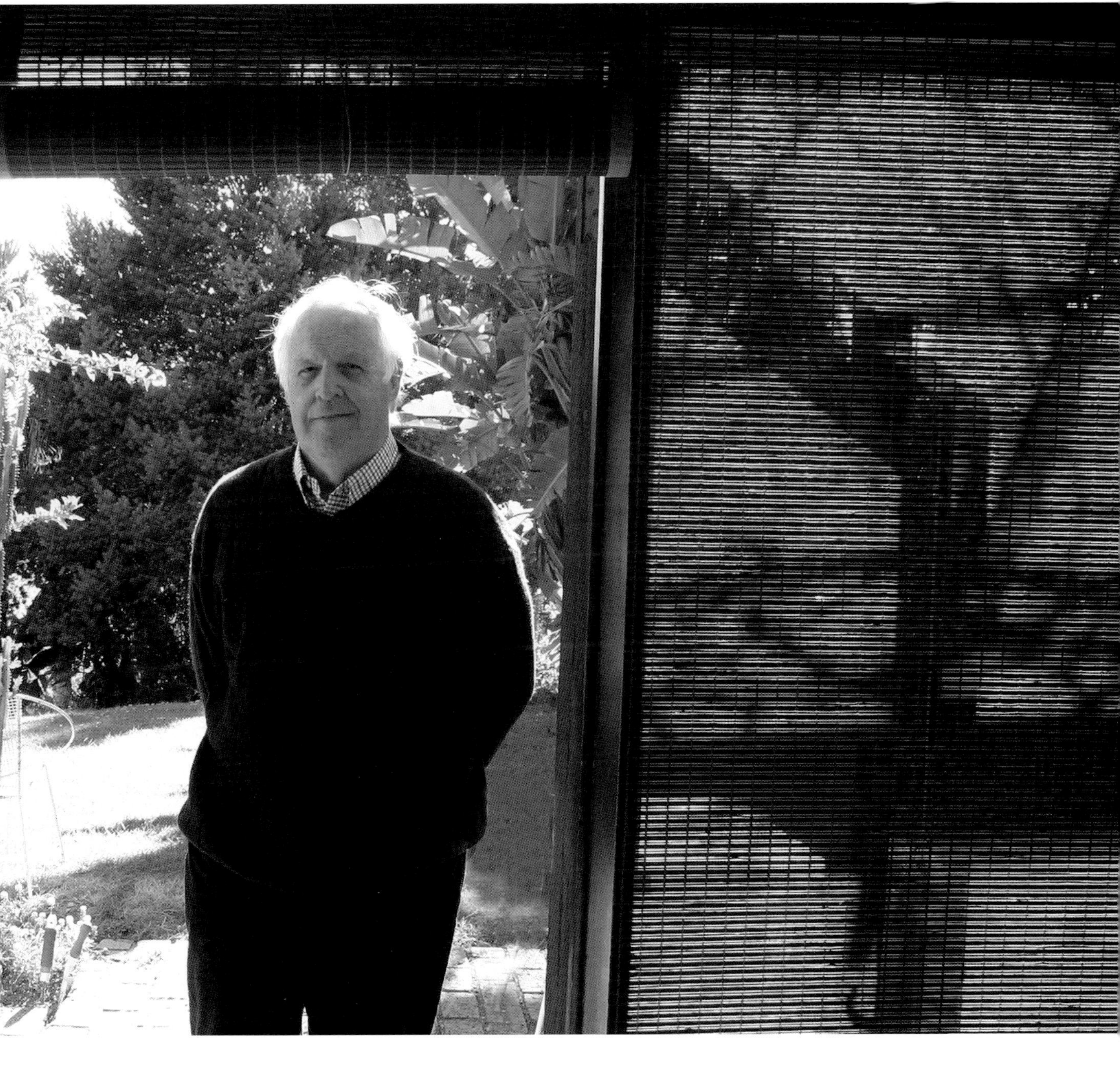

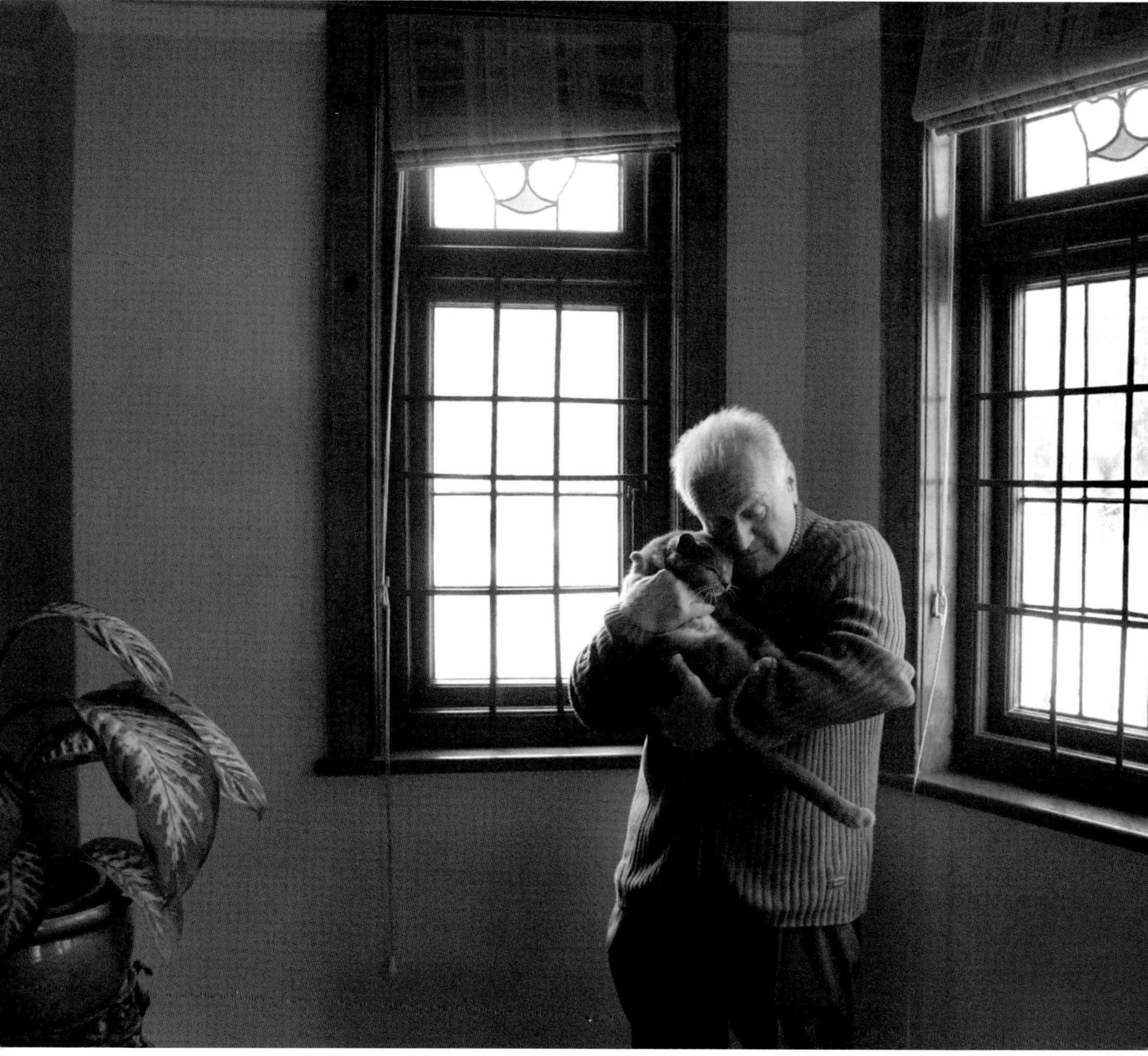

Angelo Gobbato

(2005)

Dié Italiaans-gebore bas-bariton en regisseur het in 2005 as Hoof Uitvoerende Beampte van Kaapstad Opera uitgetree en is tans Direkteur van die Operaskool van die Universiteit van Kaapstad. Hy is drie keer met die Nederburg Operaprys beloon, asook met die Cavaliere nell'Ordine del Merito alla Repubblica Italiana deur die Italiaanse regering. 'n Eredoktorsgraad in musiek is deur die Universiteit van Kaapstad aan hom toegeken.

Italian-born bass-baritone and director Angelo Gobbato retired in 2005 as Chief Executive Officer of Cape Town Opera and is at present Director of the Opera School at the University of Cape Town. He has thrice been awarded the Nederburg Opera Prize. Other awards include the Cavaliere nell'Ordine del Merito alla Repubblica Italiana presented by the Italian Government. He has received an honorary doctorate in music from the University of Cape Town.

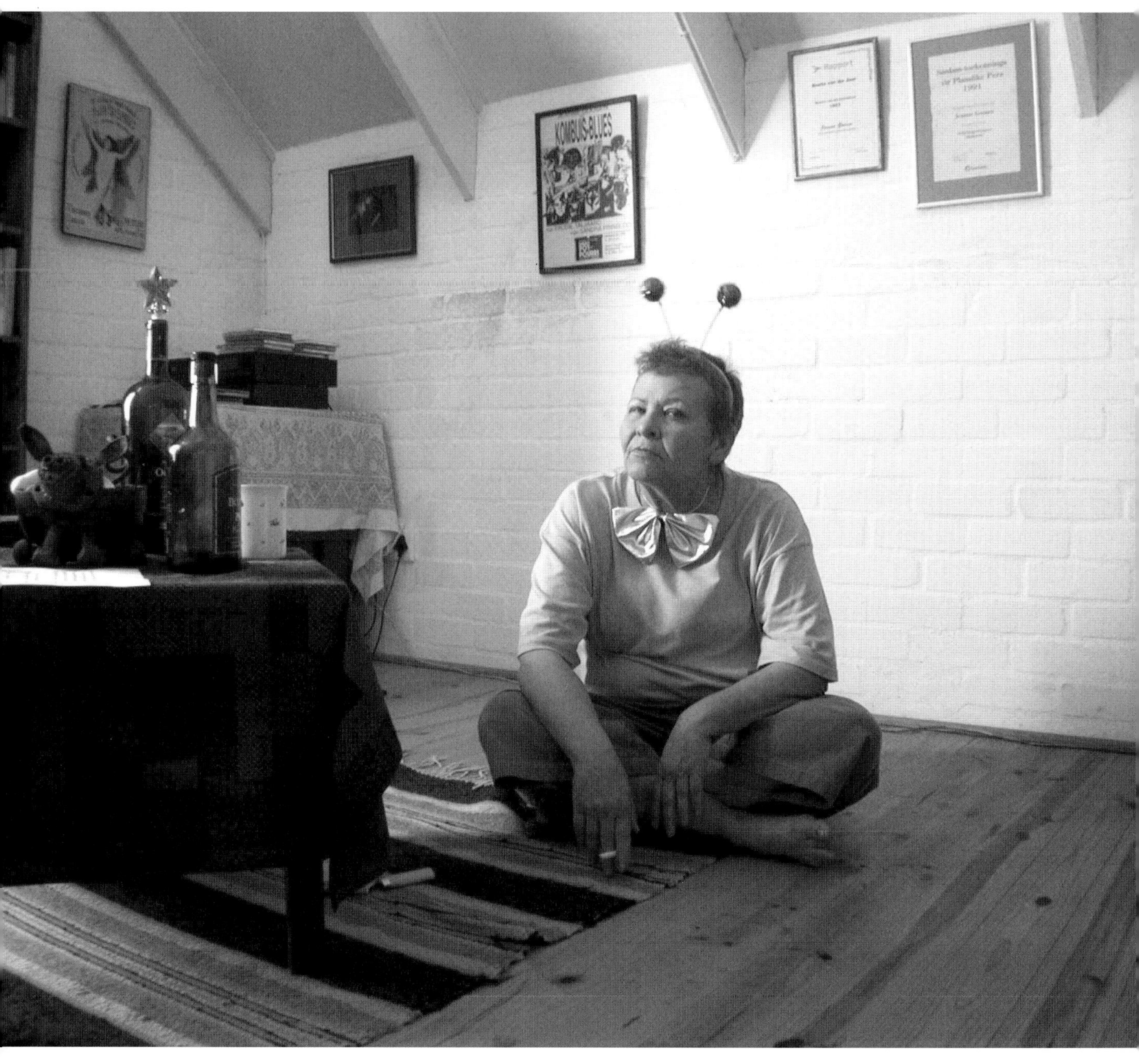
KOMBUIS-BLUES

Jeanne Goosen

(2004)

Die skrywer Jeanne Goosen is een van die veelsydigste én omstrede rubriekskrywers in Afrikaans. Sy debuteer in 1971 as digter en skryf ook toneelstukke, kortverhale en romans.

Jeanne Goosen is one of the most versatile and controversial columnists of all Afrikaans authors. She has published poetry, plays, short stories and novels.

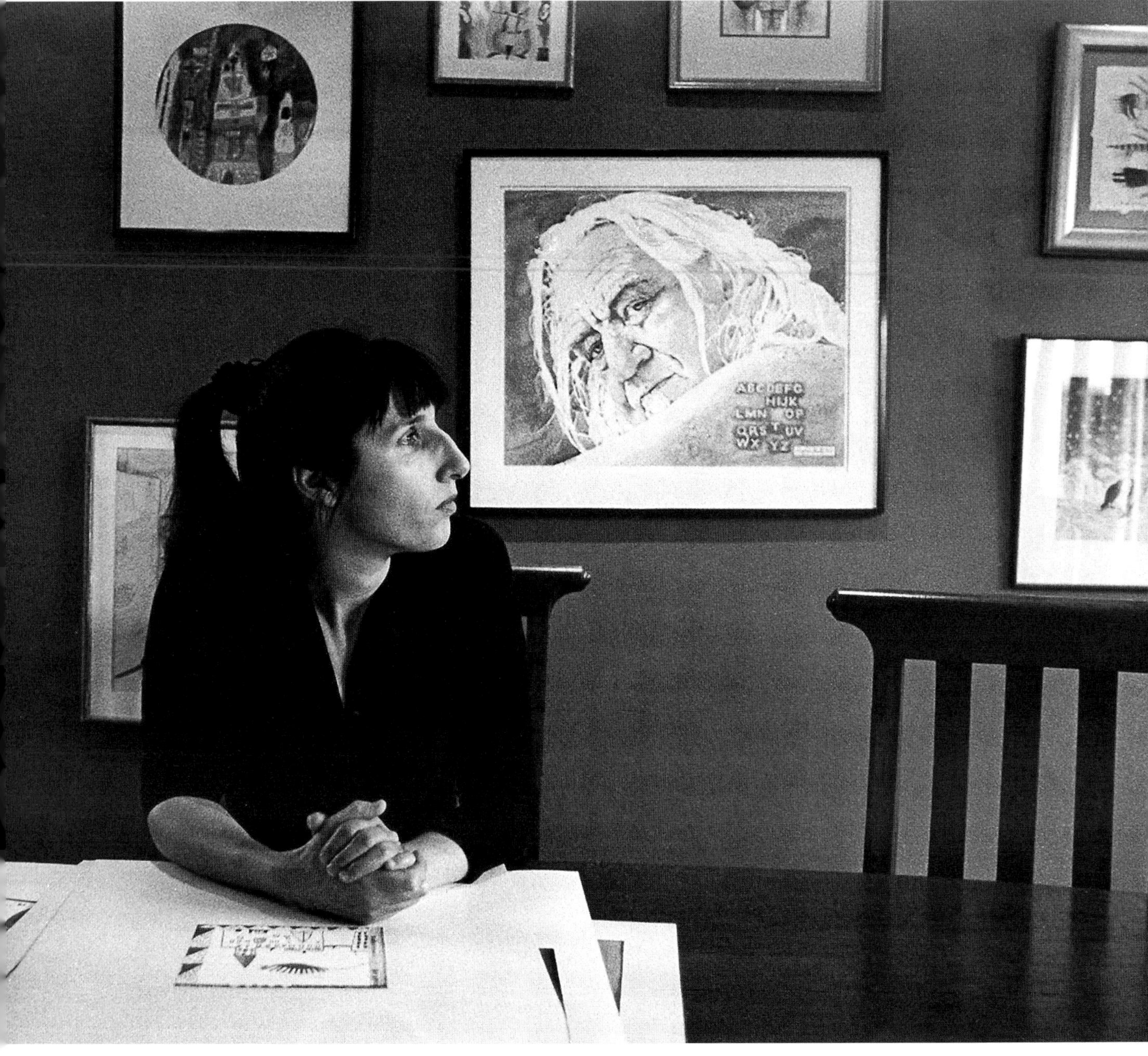

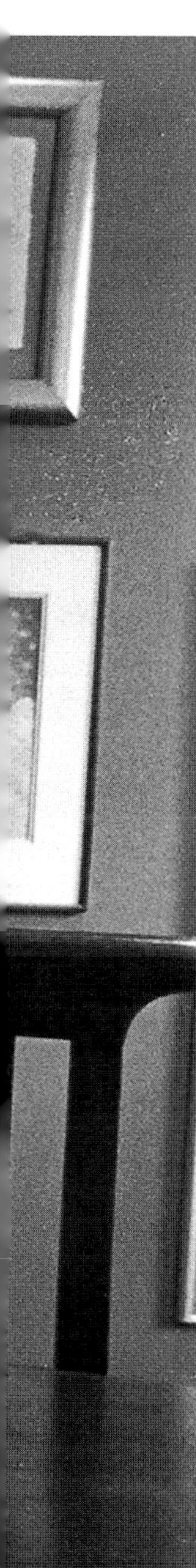

Rachelle Greeff

(1998)

Sy is die skrywer van kortverhale en romans en is sedert 1986 'n vryskut-joernalis. Van haar kortverhale is reeds in Duits, Engels, Nederlands, Sweeds en Deens vertaal en sy het al etlike pryse vir haar werk ontvang.

Author of short stories and novels, Rachelle has been a freelance journalist since 1986. Her short stories can be found in many anthologies and some of her work has been translated into German, English, Dutch, Swedish and Danish.

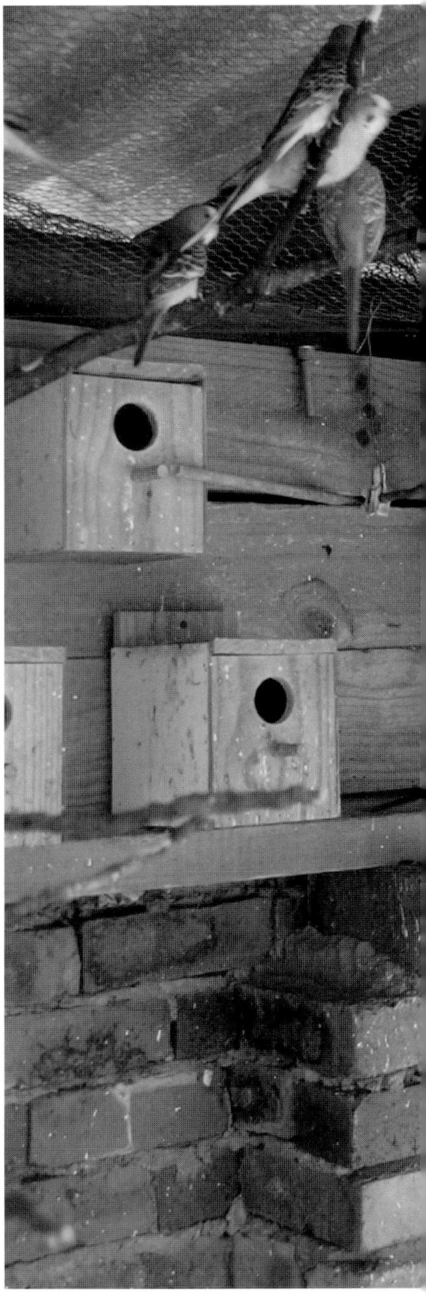

Eduard Greyling

(2005)

Bekende solo-balletdanser van die 1970's en 1980's en vir 17 jaar die dansmaat van Phyllis Spira. Greyling gee tans onderrig in die Benesh-bewegingsnotasiesisteem by die Dansskool van die Universiteit van Kaapstad.

Well-known solo ballet dancer of the 1970s and 1980s. He partnered Phyllis Spira for 17 years. He now teaches Benesh Movement Notation at the University of Cape Town School of Dance.

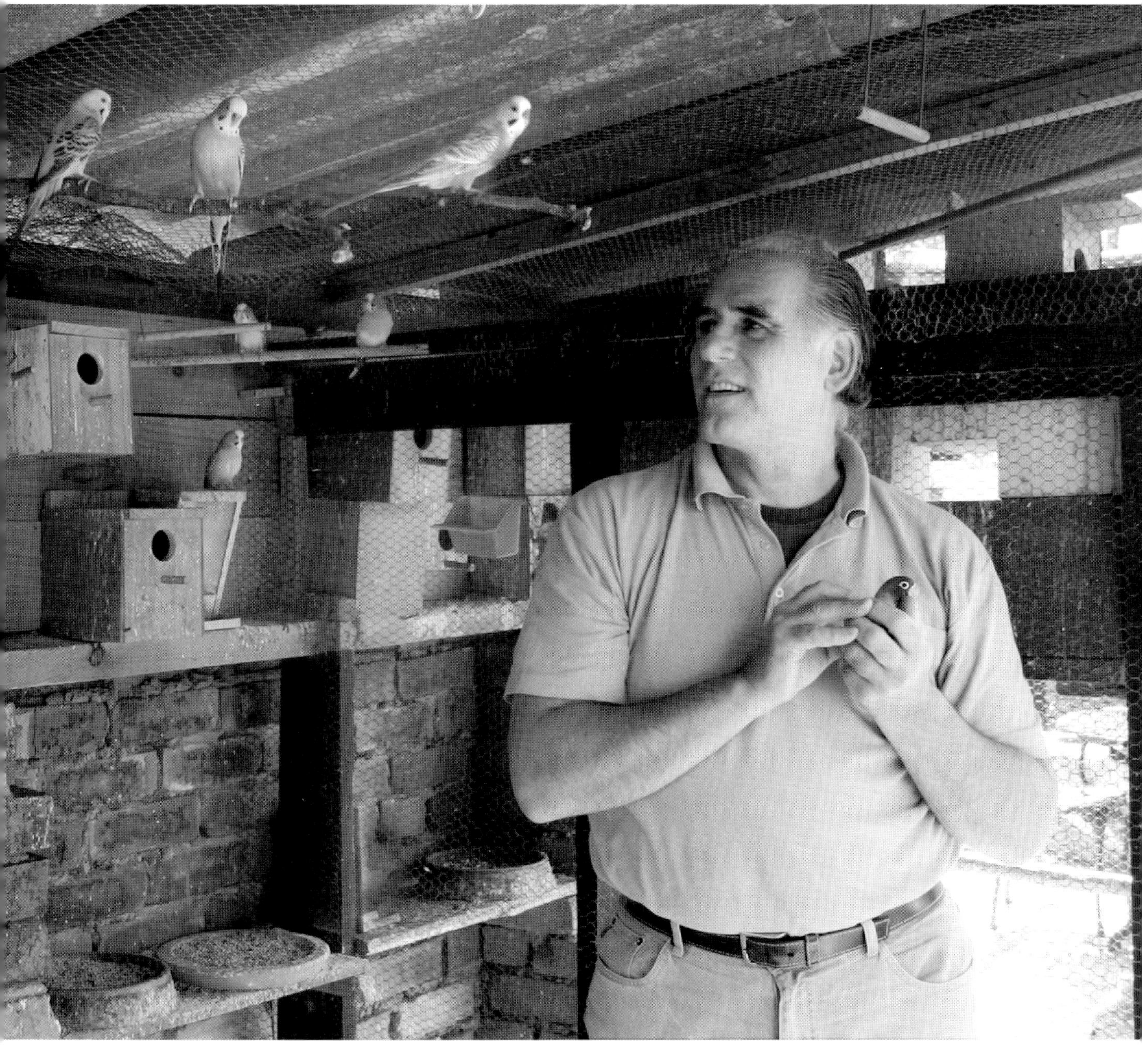

Piet Grobler

(1998)

Grobler het reeds talle plaaslike en oorsese toekennings vir sy illustrasiewerk ontvang, onder andere die Tienie Holloway-medalje in 1997 en die Franse Octogone de Chêne-prys in 1999 vir die *Karnaval van die diere* met Philip de Vos se teks. Hy teken graag Westerse metafisiese wesens soos engele, geeste en beskermheiliges – dikwels saam met diere en voëls en met 'n humoristiese aanslag.

Piet Grobler is a locally and internationally awarded illustrator. He received, among others, the Tienie Holloway-medal and was awarded the Octogone de Chêne in France for *Carnival of the animals* with text written by Philip de Vos. He loves to portray Western metaphysical beings such as saints, angels and spirits in ordinary African situations and the approach is often humorous.

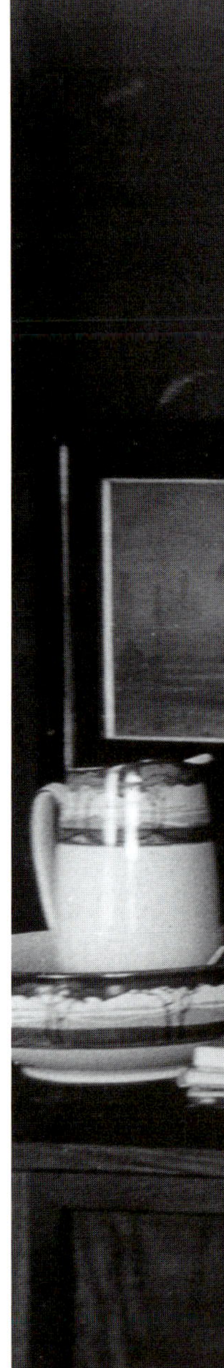

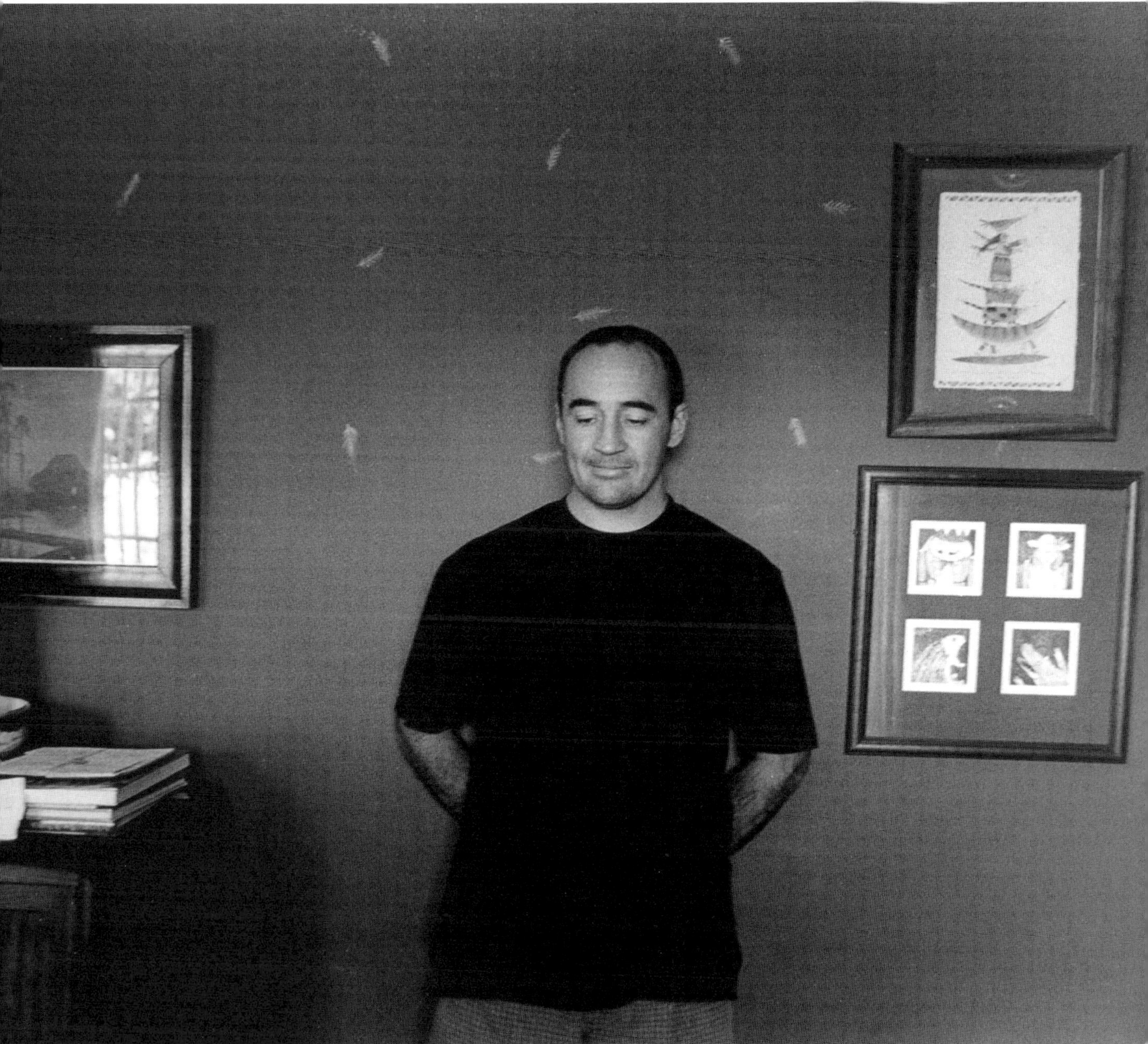

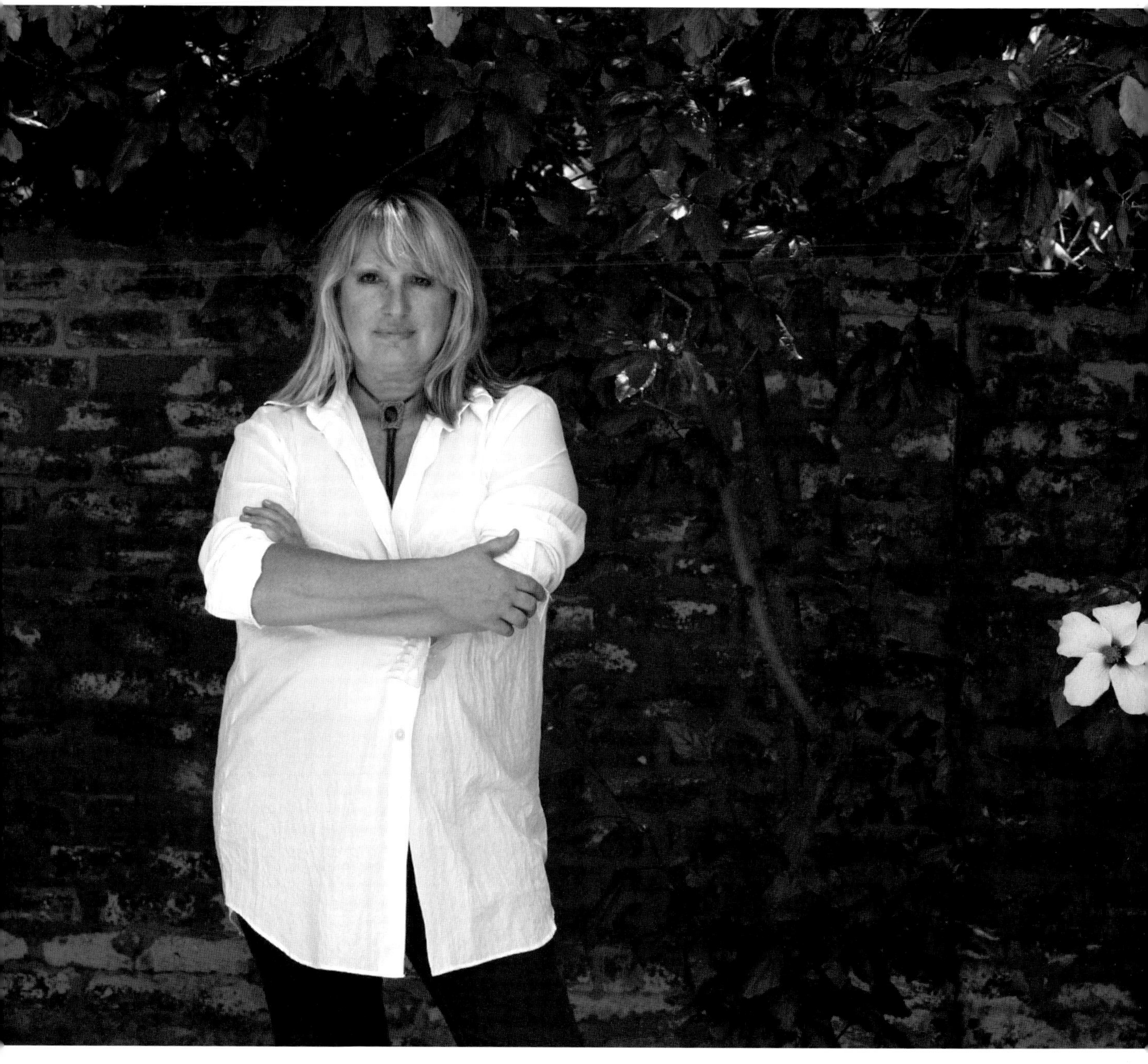

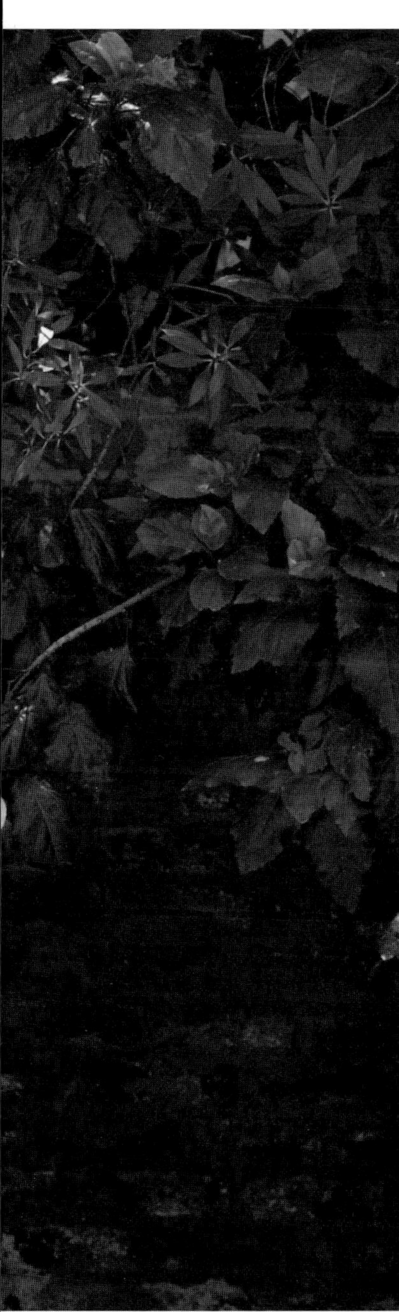

Mynie Grové

(2005)

Gewilde sangeres van haar eie komposisies en ook dié van ander liedjieskrywers.

Popular singer of her own compositions and those of other songwriters.

Joan Hambidge

(1998)

Joan Hambidge is 'n bekende en bekroonde digter wat reeds 17 digbundels gepubliseer het. 'n Keur uit haar werk, *Die buigsaamheid van verdriet*, verskyn in 2004. Sy is ook bekend as teoretikus en kritikus. Sy skryf 'n postmodernistiese roman, *Die Judaskus* (1998), en ook parodieë en hygromans soos *Swart koring* (1996) en *Die swart sluier* (1996). Sy is tans Direkteur van die Skool vir Tale en Letterkundes aan die Universiteit van Kaapstad.

Joan Hambidge is a prolific and prize-winning poet and a selection from her work, *Die buigsaamheid van verdriet*, was published in 2004. She is also a well-known critic and theorist. She wrote a postmodern novel, *Die Judaskus* (1998), and published parodies of popular love stories, entitled *Swart koring* (1996) and *Die swart sluier* (1996). She is currently Director of the School for Languages and Literatures at the University of Cape Town.

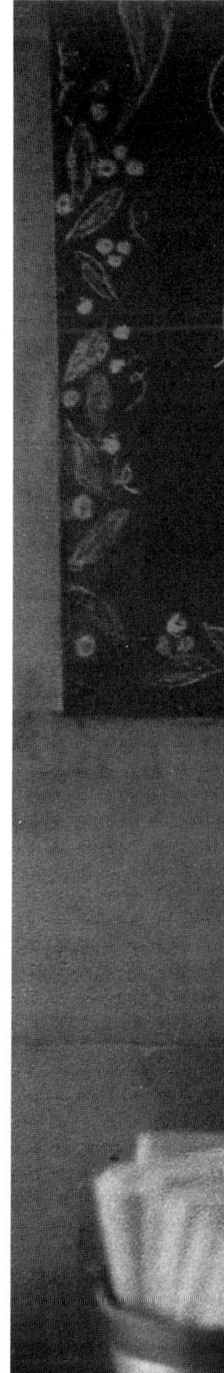

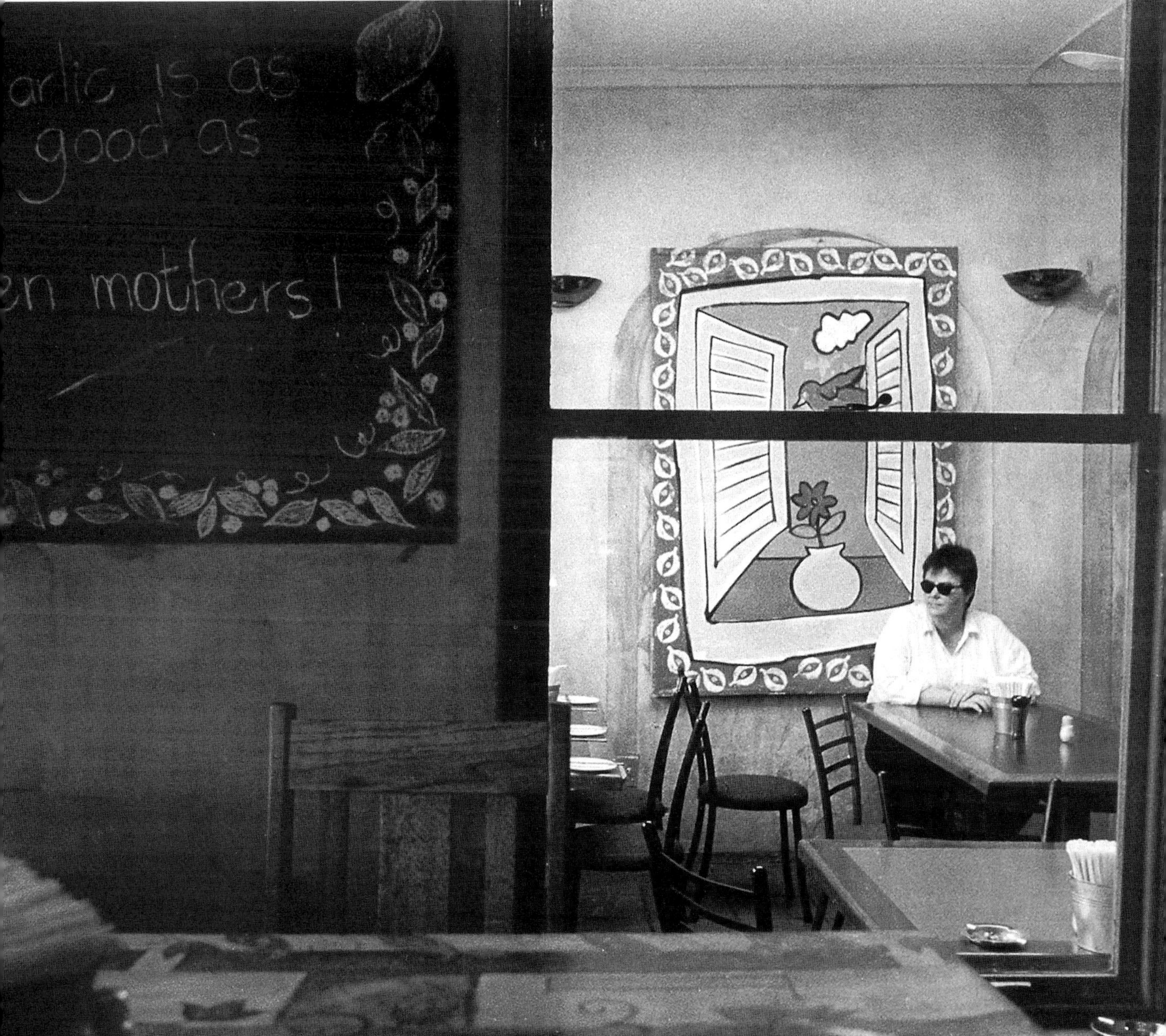
arlic is as
good as
en mothers!

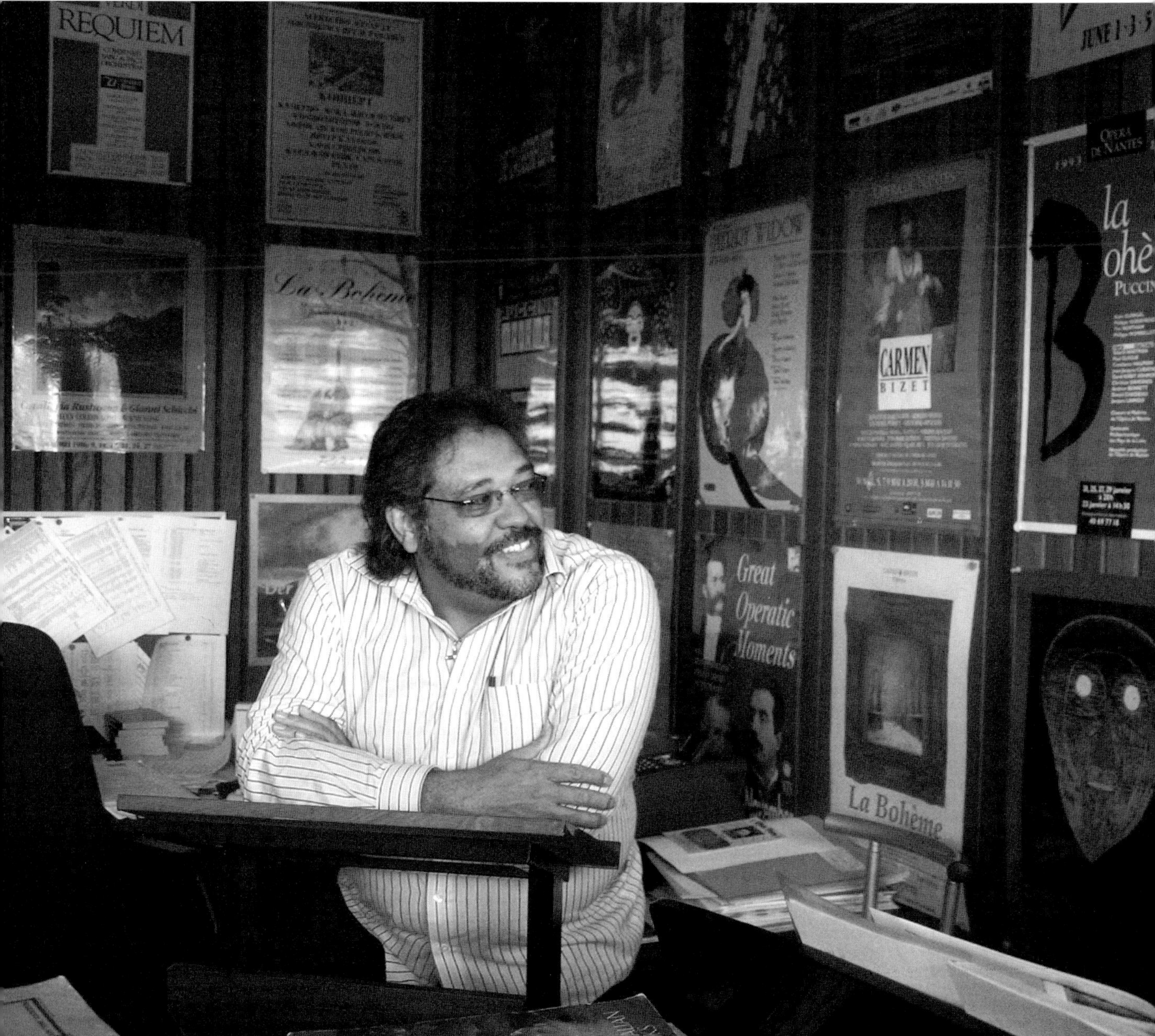
REQUIEM
La Bohème
CARMEN
BIZET
Great
Operatic
Moments
La Bohème
OPERA DE NANTES
la
Bohè
PUCCIN
JUNE 1-3-5

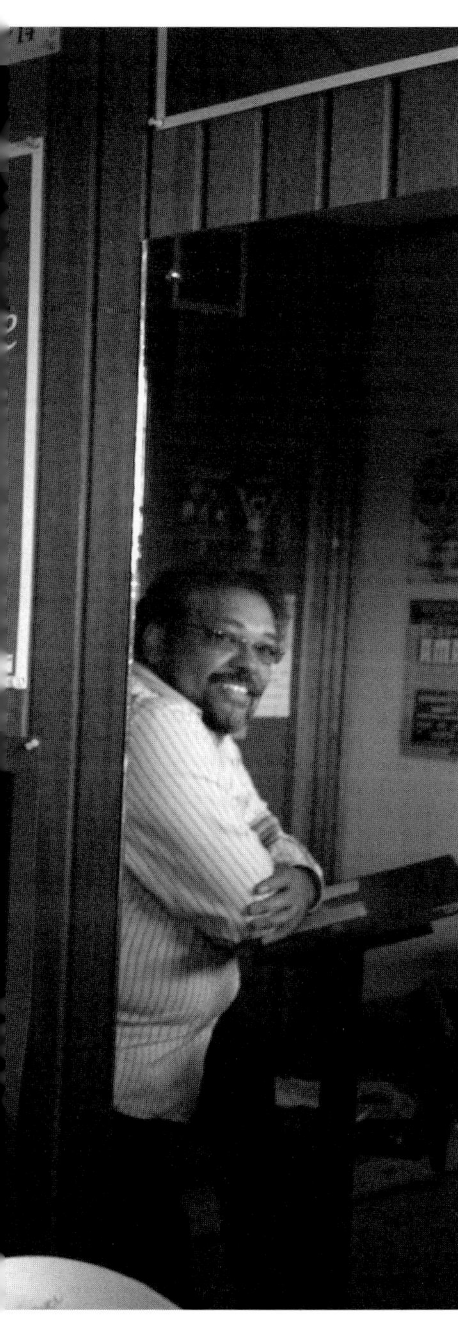

Sidwell Hartman

(2005)

Dié tenoor is in Distrik 6 gebore en is internasionaal bekend vir sy opera-optredes. Hy is tans medeprofessor in operastudies by die Kollege vir Musiek van die Universiteit van Kaapstad.

Born in District 6, Sidwell Hartman has been acclaimed locally and abroad for his opera roles as leading tenor. He is currently Associate Professor in Opera Studies at the College of Music of the University of Cape Town.

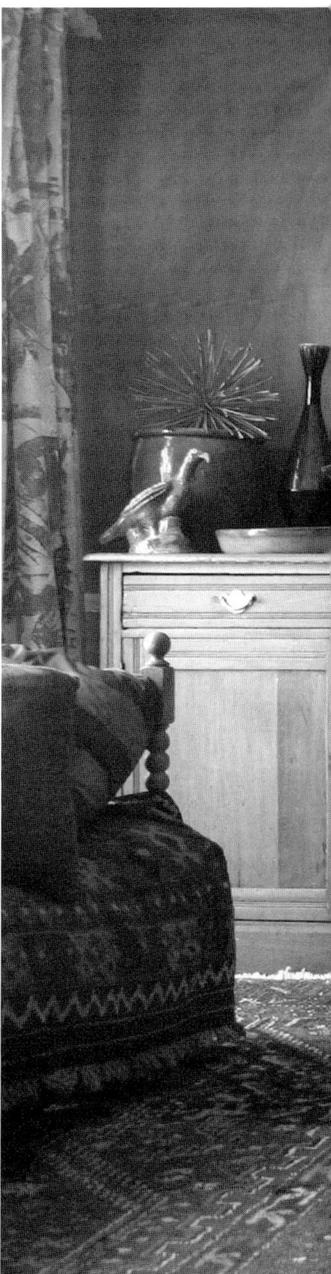

Hendrik Hofmeyr

(2005)

Na voltooiing van sy meestersgraad studeer en woon hy vir tien jaar in Italië waar hy komposisie, klavier en dirigeerkuns studeer. Hy is die wenner van verskeie internasionale komposisie-kompetisies en het in 2004 groot sukses met die monumentale werk *Sinfonia africana* behaal.

After completing his master's degree, Hendrik Hofmeyr lived in Italy for ten years where he studied piano, composition and conducting. He has won several international composition competitions and achieved great success with the monumental work *Sinfonia africana* in 2004.

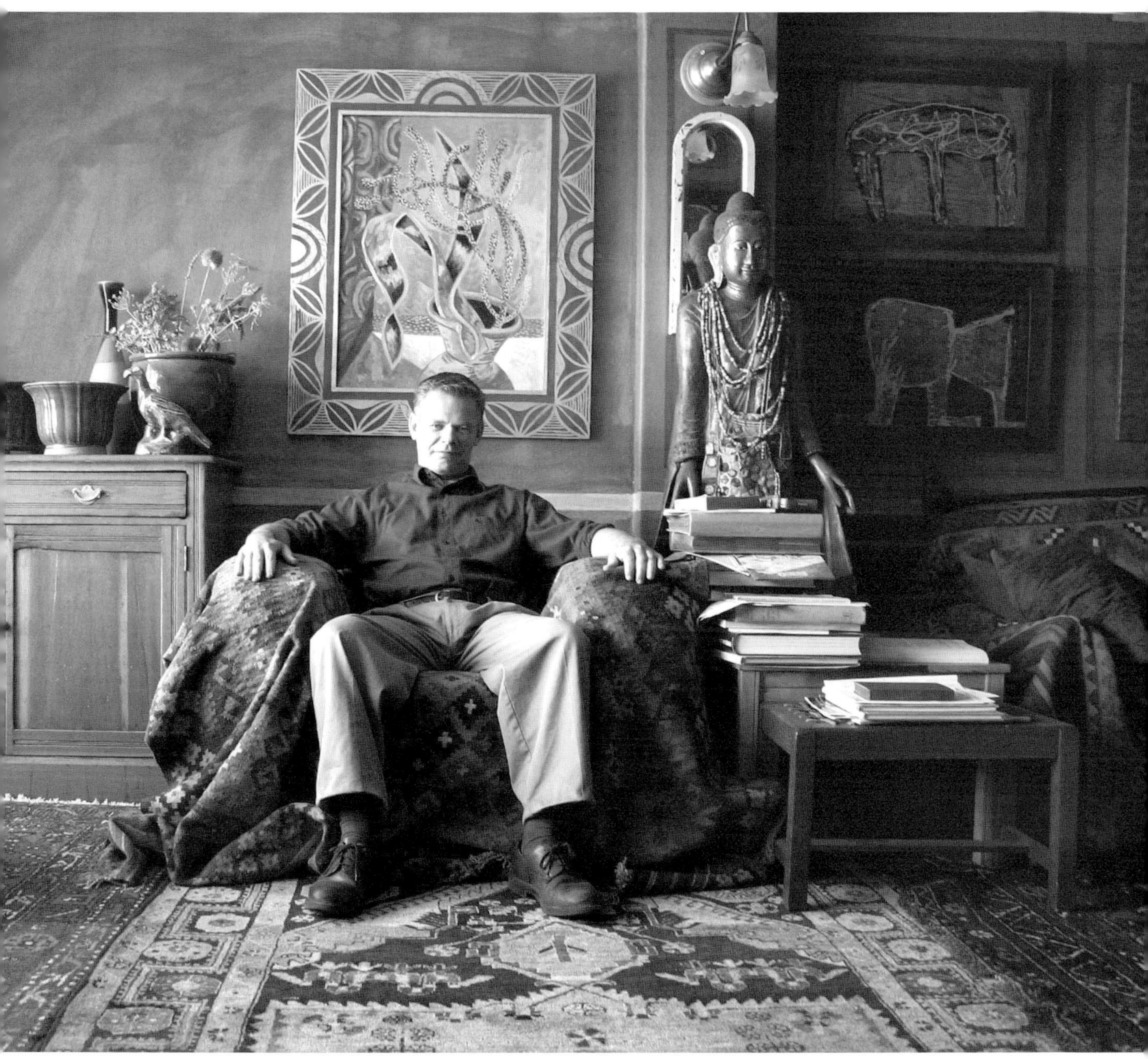

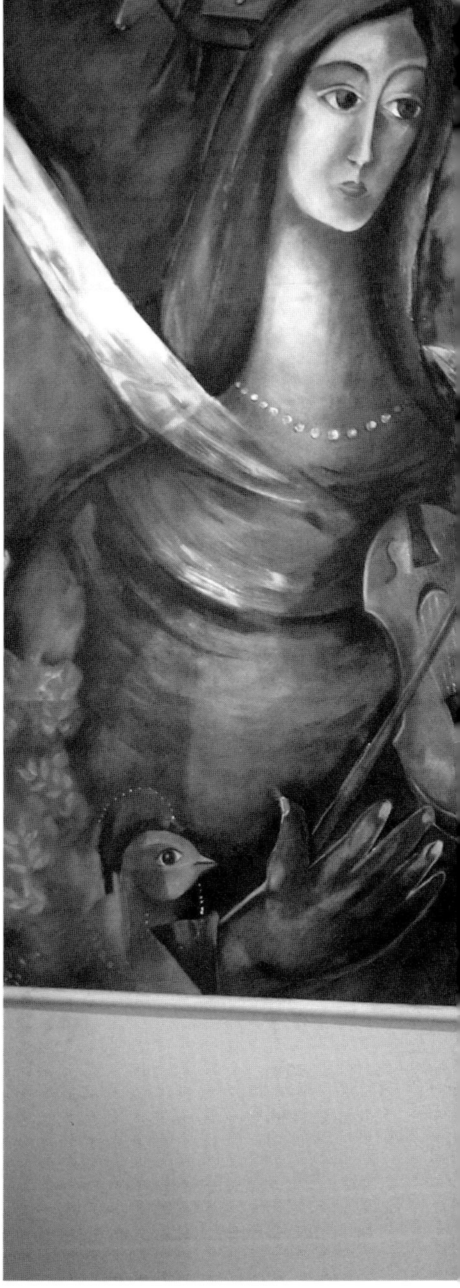

Laurinda Hofmeyr

(2005)

Pianis, sangeres en toonsetter van Afrikaanse gedigte.

Pianist and singer who is well-known for setting Afrikaans poetry to music.

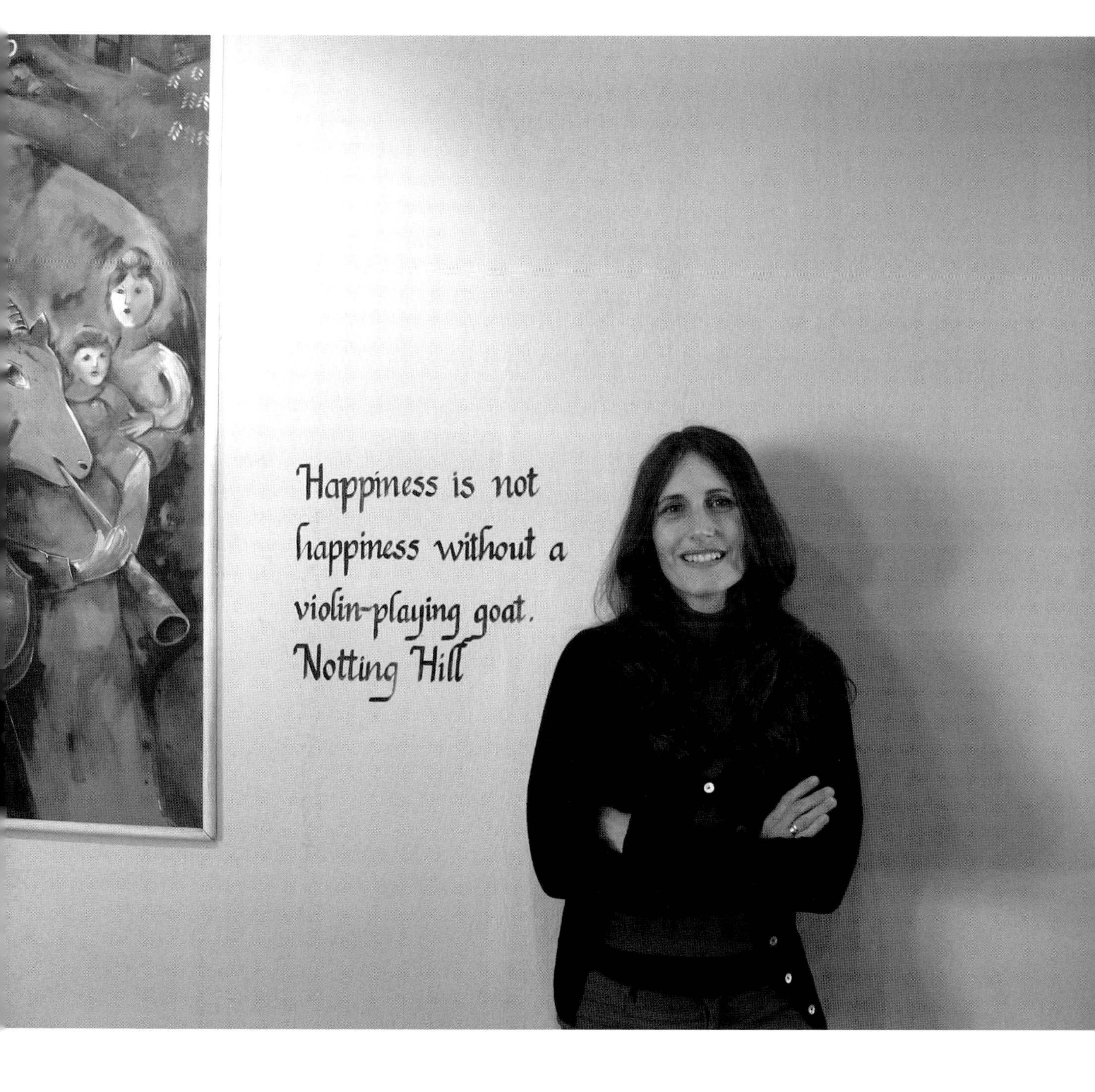
Happiness is not
happiness without a
violin-playing goat.
Notting Hill

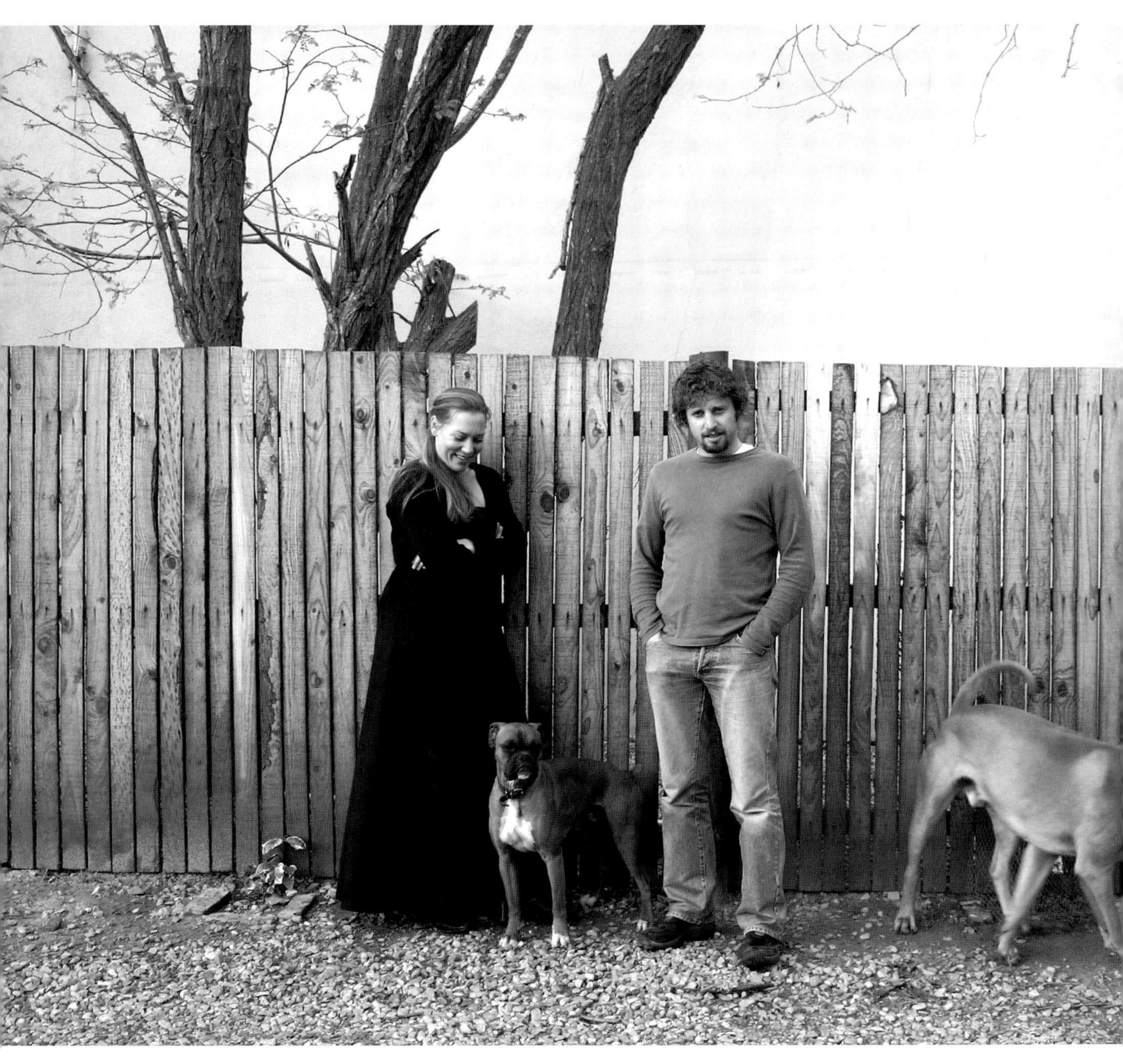

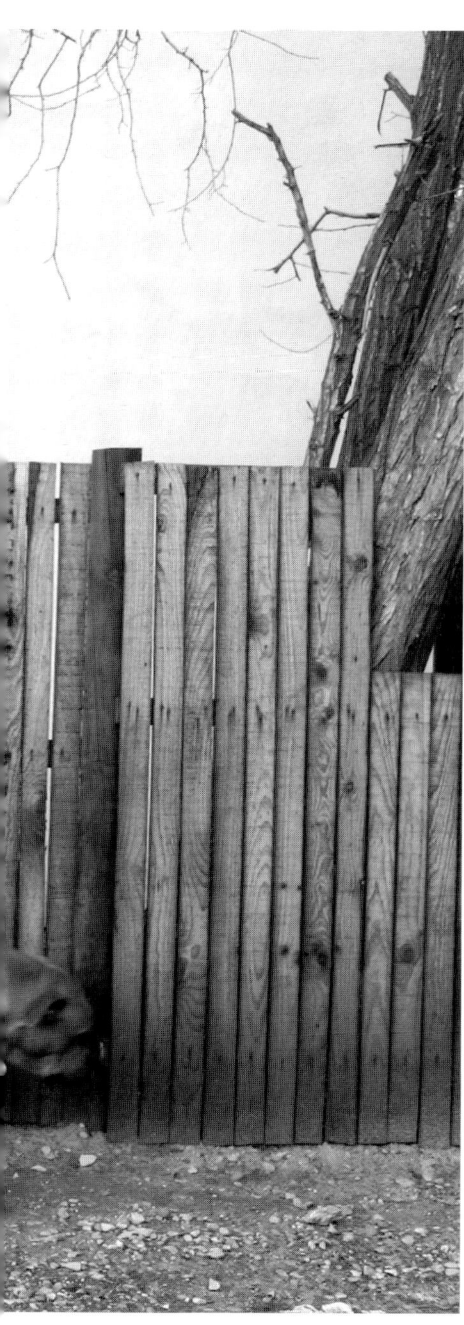

Nicole Holm & Francois Toerien

(2005)

Dié talentvolle egpaar se eerste optrede by die KKNK was *Boetie dit is tyd vir bid as 'n seekoeikoei op jou skoot kom sit*, saamgestel deur Juanita Swanepoel uit die tekste van Philip de Vos. Hulle het daarna saam opgetree in *Martjie* en *Jan en Jorie*. Nicole is ook bekend vir haar spel in *Yerma*, *Pas de deux* en *Maria de Buenos Aires*. Francois is gewild as aanbieder op kykNet en vir sy eie verhoogproduksie, *Die Francois Toerien Show*.

The talented acting couple Nicole Holm and Francois Toerien. Francois has presented television programmes on kykNet and stars in and produces the satirical *Die Francois Toerien Show*. Nicole won acclaim for her roles in *Yerma*, *Pas de deux* and *Maria de Buenos Aires* and won a *Fleur du Cap Award* in 2006.

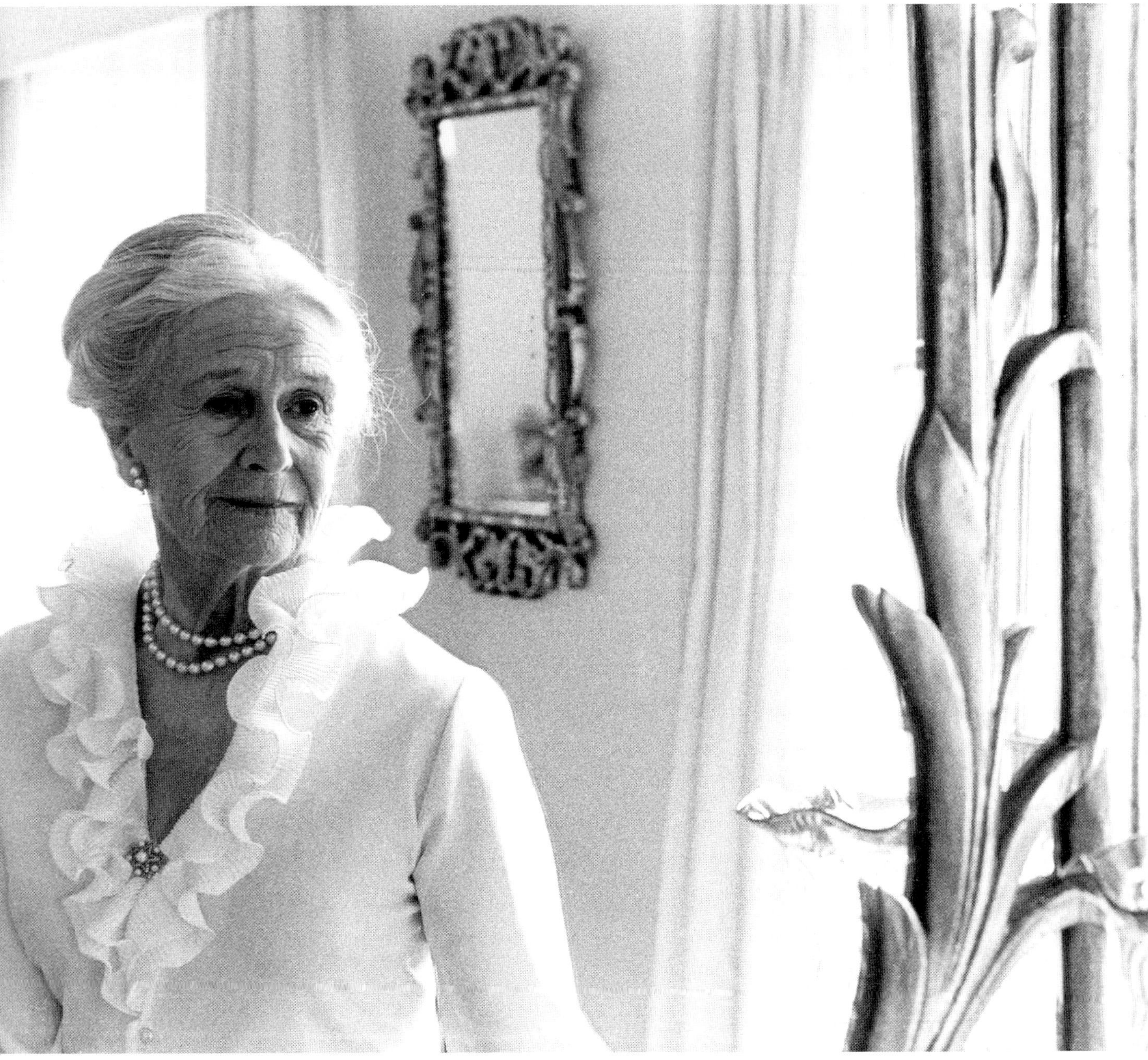

Dulcie Howes
(1908–1993)
(1985)

Doyenne en pionier van Suid-Afrikaanse ballet. Sy het self gedans en was tussen 1932 en 1952 choreograaf van 30 oorspronklike ballette soos *La Famille*, *Vlei Legend*, *Bach Suite* en *The Enchanted Well*.

Doyenne of ballet in South Africa, dancer and choreographer. Between 1932 and 1952, Dulcie Howes choreographed 30 original ballets such as *La Famille*, *Vlei Legend*, *Bach Suite* and *The Enchanted Well*.

Daniel Hugo & Carina Diedericks-Hugo

(2004)

Daniel is radio-omroeper, digter en vertaler van Nederlandse tekste. Hy is by RSG bekend vir literêre programme soos *Vers en klank* en *Leeskring*. Carina Diedericks-Hugo is uitgewer en skrywer van boeke vir tieners sedert 2001.

Daniel Hugo is a radio announcer, poet, author, translator of Dutch texts and editor of several poetry collections. In 1988 he accepted a position at RSG as producer of literary programs, among them *Vers en klank* and *Leeskring*. His wife Carina Diedericks-Hugo is an editor and has been writing children's books since 2001.

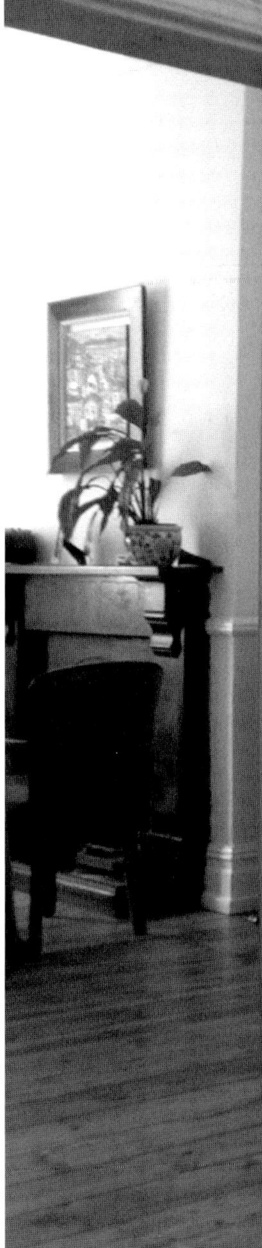

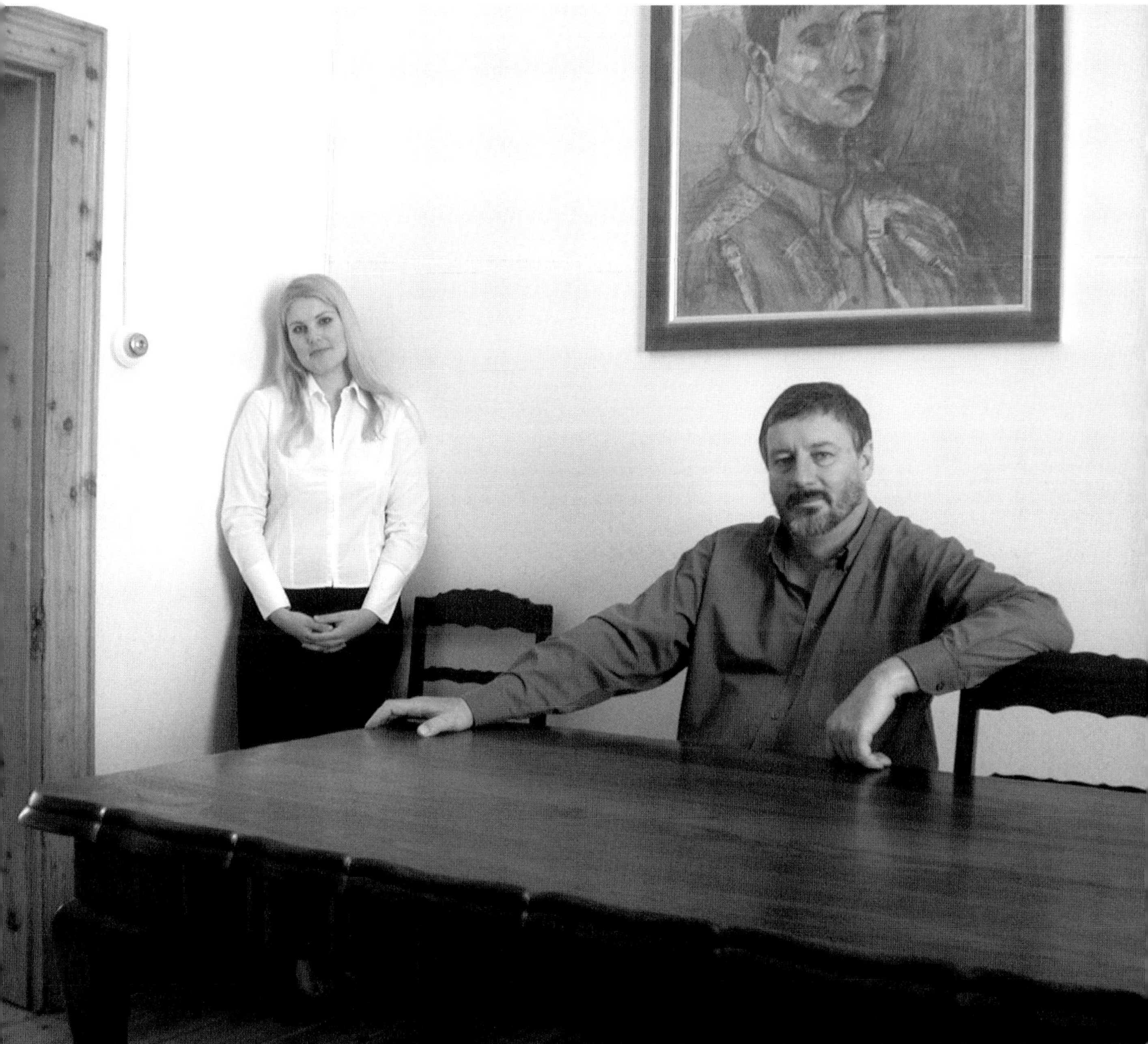

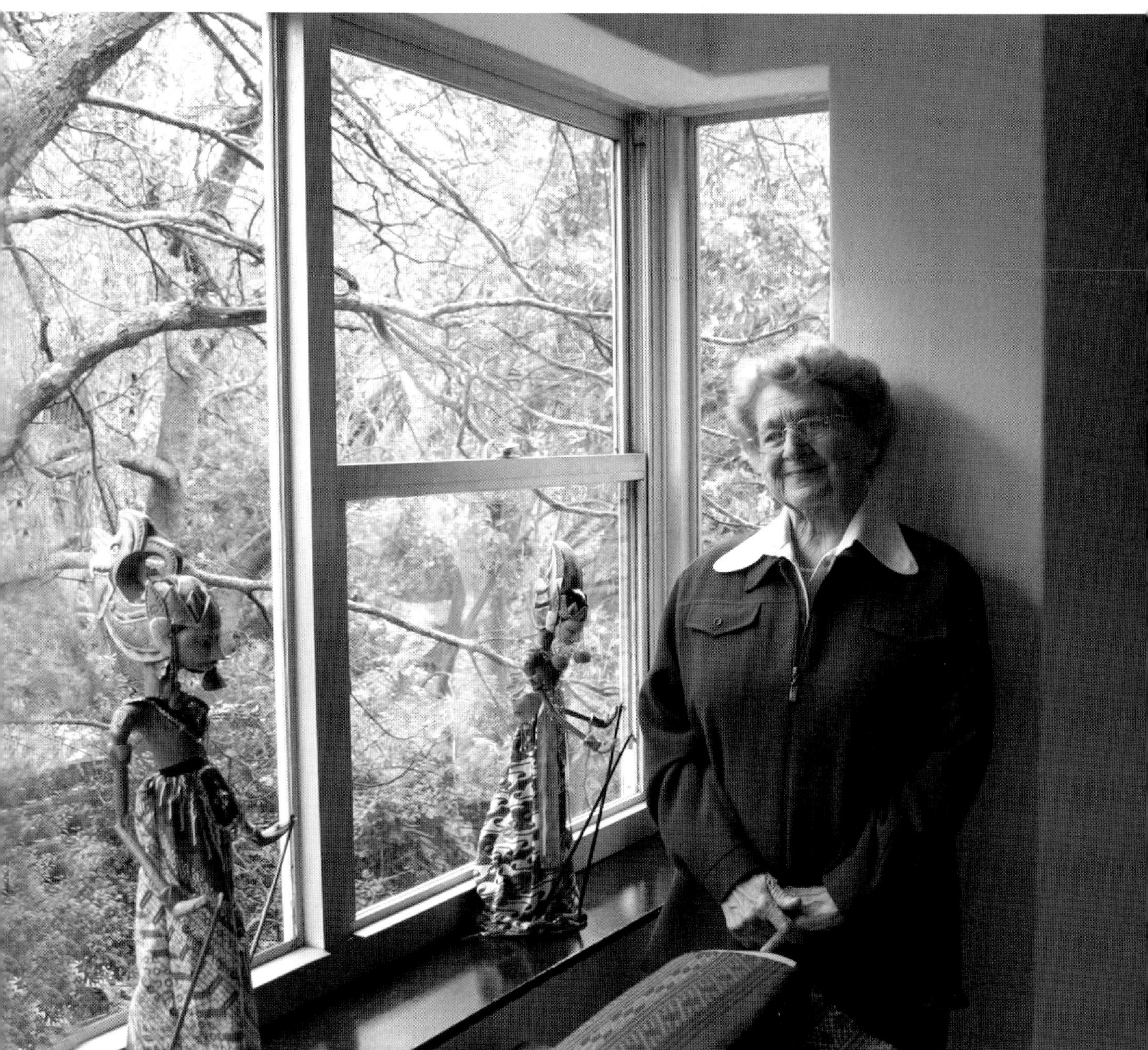

Elsa Joubert

(2005)

Elsa Joubert is 'n skrywer van reisverhale, romans en kortverhale. Haar boeke word geïnspireer deur Afrika en sy konflikte. *Die Swerfjare van Poppie Nongena* het haar wêreldroem gebring. Dit is in 13 tale vertaal en het haar die W.A. Hofmeyr-, Louis Luyt- en CNA-pryse besorg. In 1998 ontvang sy die Hertzogprys vir *Die reise van Isobelle*.

Her works are inspired by Africa and the conflicts of its recent history. She achieved international fame for her novel *Poppie* for which she received the W.A. Hofmeyr Prize, the Louis Luyt Prize and the CNA Prize. This novel was translated into 13 languages and was staged as a drama. In 1998 she received the Hertzog Prize for *Die reise van Isobelle,* which was also translated into English.

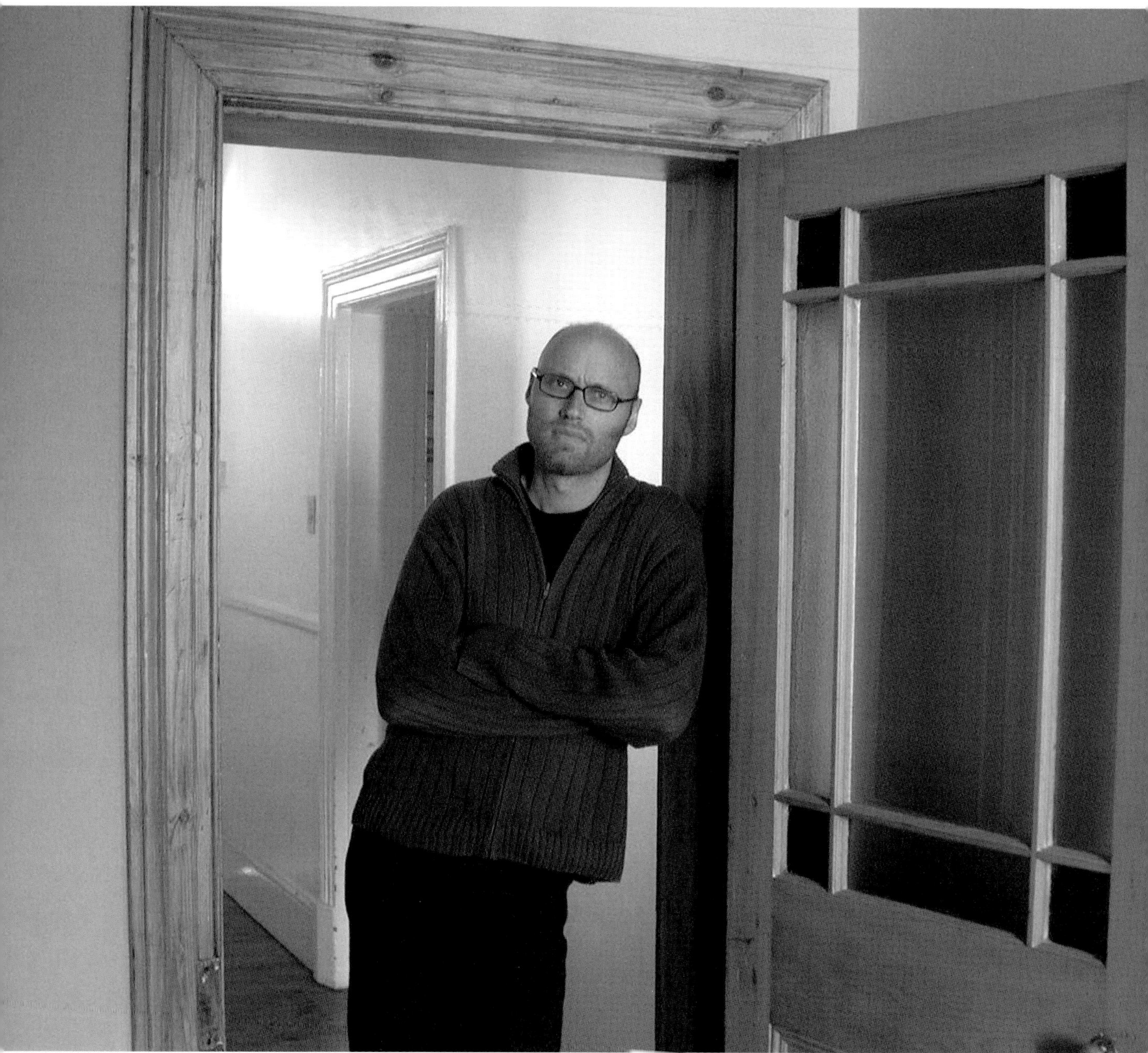

Anton Kannemeyer

(2004)

Onder die skuilnaam Joe Dog is hy een van die *strip*-kunstenaars van die gewraakte strokiesboek-reeks *Bitterkomix* met sy galbitter satire en sosiale kommentaar.

Under the pseudonym of Joe Dog he is one of the comic artists of the controversial *Bitterkomix* comic book series which is packed with satire and social commentary.

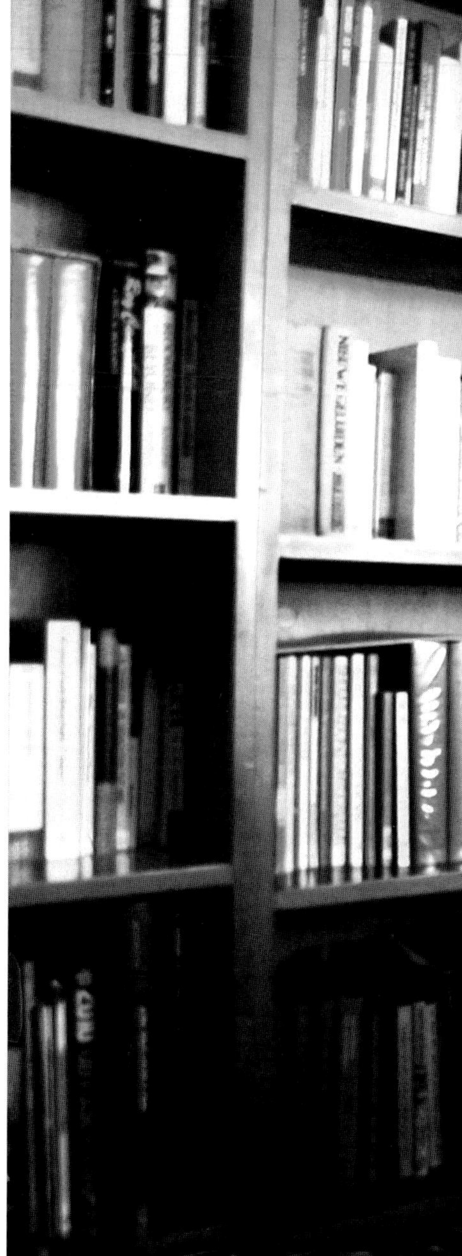

J.C. Kannemeyer

(2005)

Dié gevestigde literatuurhistorikus en kenner van die Afrikaanse letterkunde is veral bekend vir sy biografieë van Afrikaanse skrywers en vir sy literêre toere sedert 1993 met Wium van Zyl.

An authority on Afrikaans literature, Kannemeyer publishes books on the history of Afrikaans literature and biographies of writers. In 1993, John Kannemeyer and Wium van Zyl started organising literary tours.

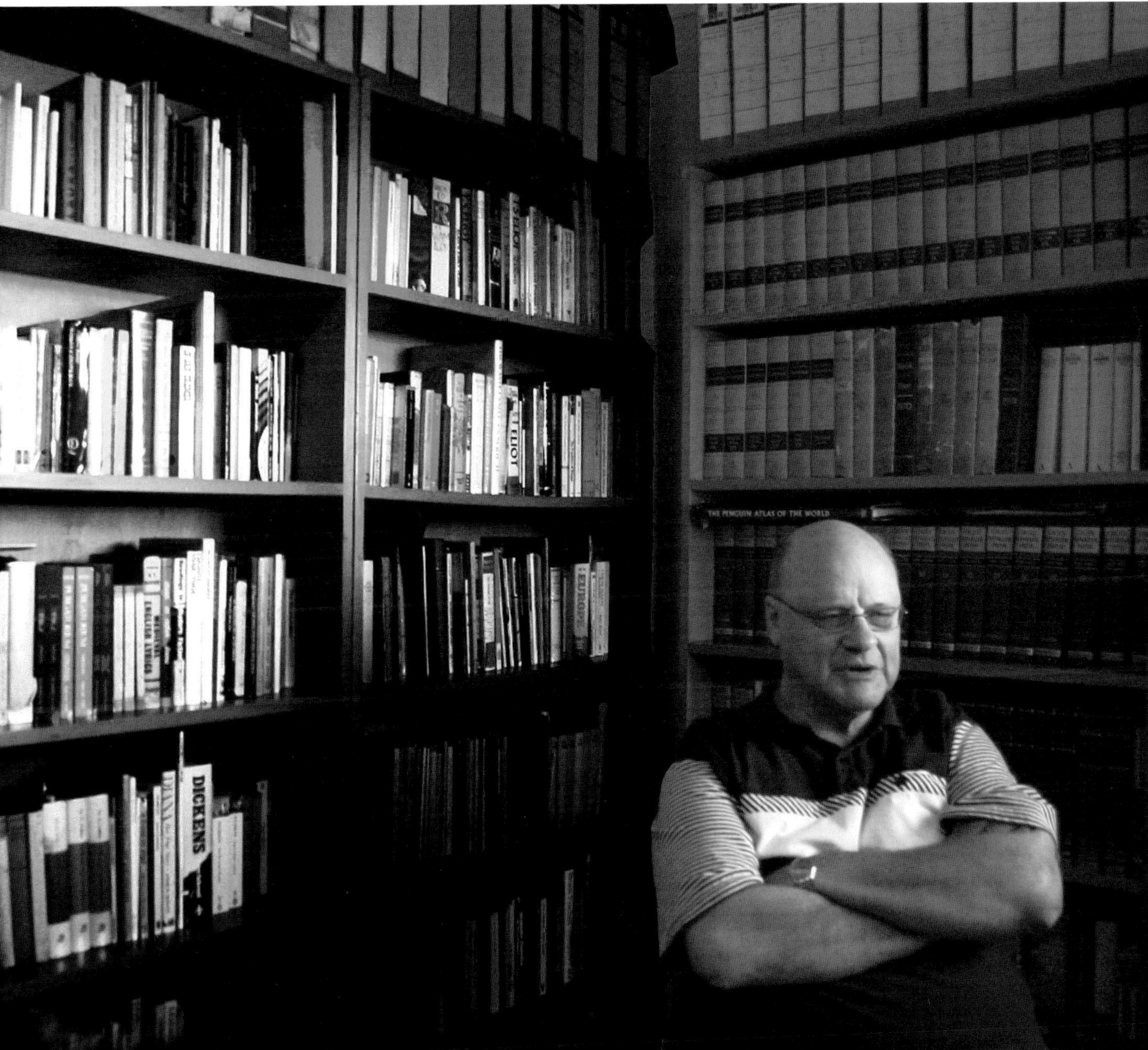
THE PENGUIN ATLAS OF THE WORLD
ELIOT
DICKENS

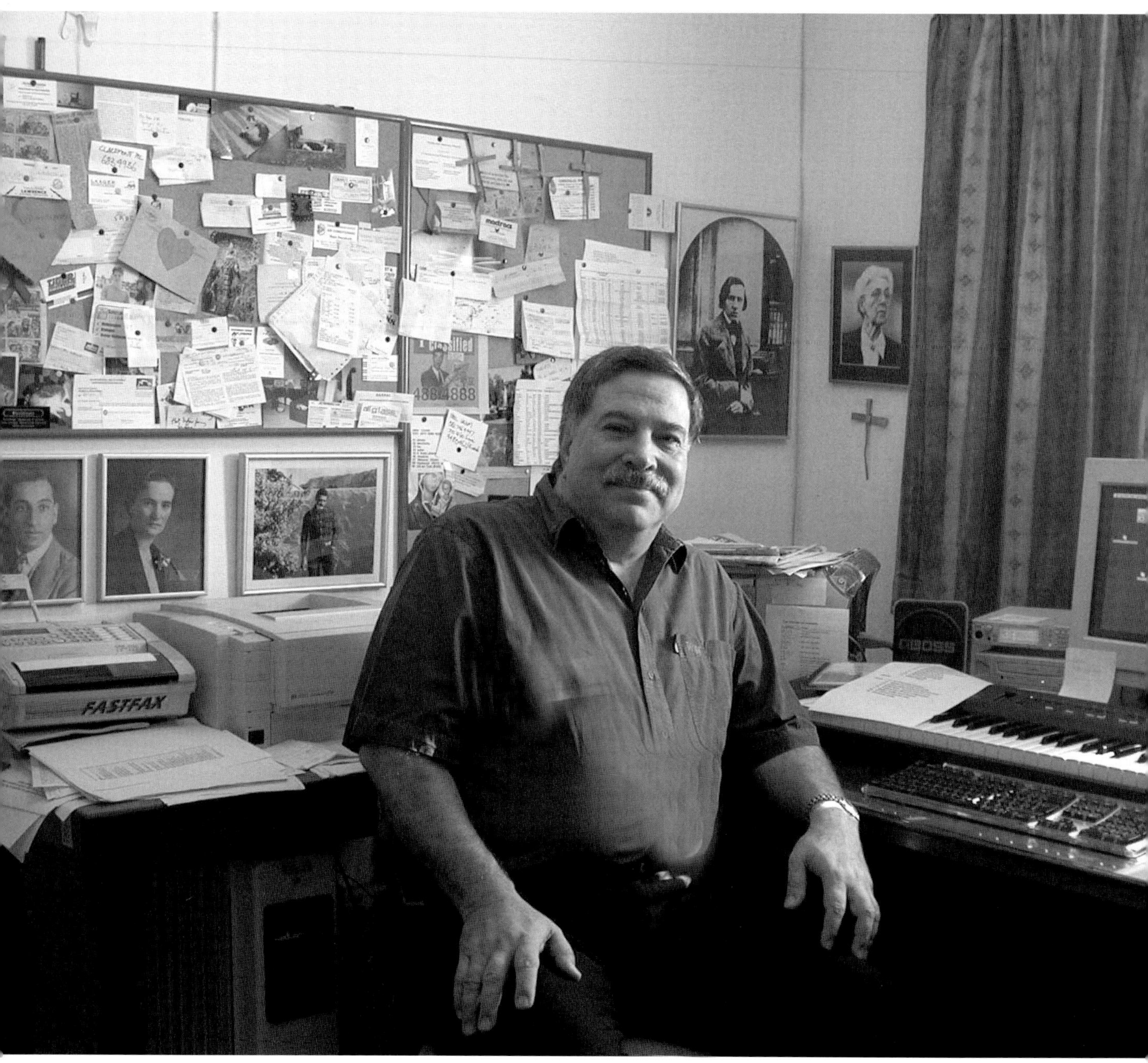
FASTFAX

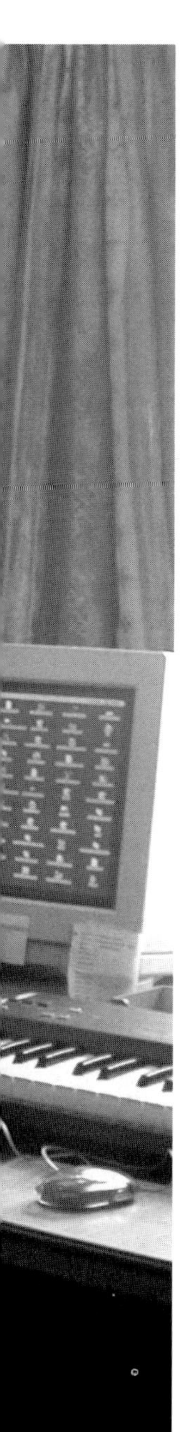

Peter Klatzow

(2003)

Klatzow is een van 'n klein groepie Suid-Afrikaanse komponiste wat wêreldwye erkenning kry. Hy het pryse in onder andere Spanje, Toronto en Stroud verower en sy werke is reeds in Europa en die VSA uitgevoer.

One of the few South African composers who enjoys international recognition, Peter Klatzow has won prizes in Spain, Toronto and Stroud and his works have been performed in Europe and the USA.

Theo Kleynhans

(2005)

Skilder, beeldhouer, skrywer en dramaturg. In 2005 is hy deur die KKNK-bestuur aangestel as kurator van die visuele kunste op die fees.

Playwright, sculptor, ceramist and curator. His work is represented in numerous private and public collections locally and overseas. In 2005 he was appointed as curator of visual arts for the KKNK.

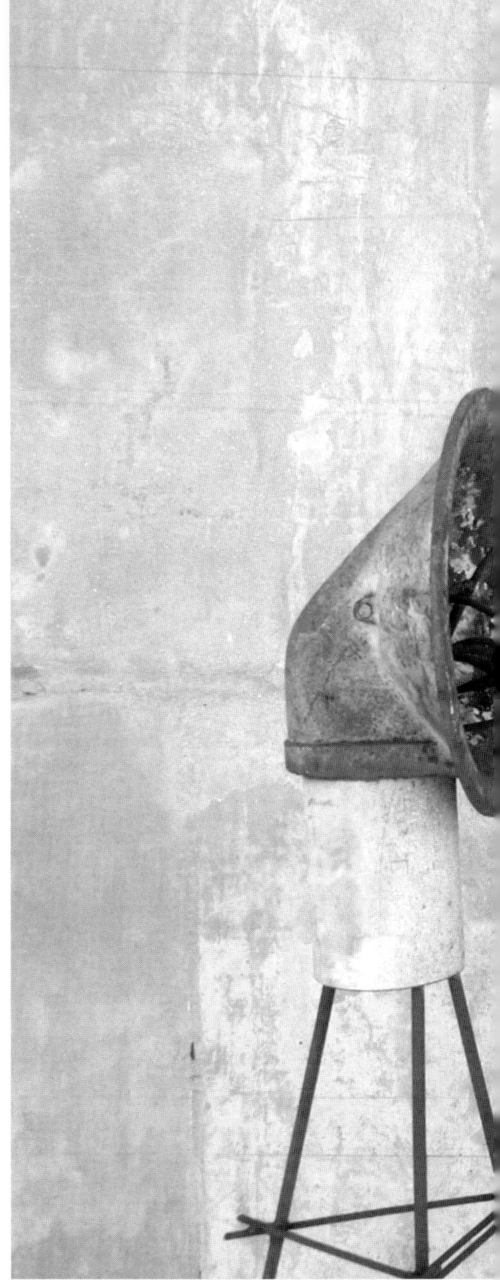

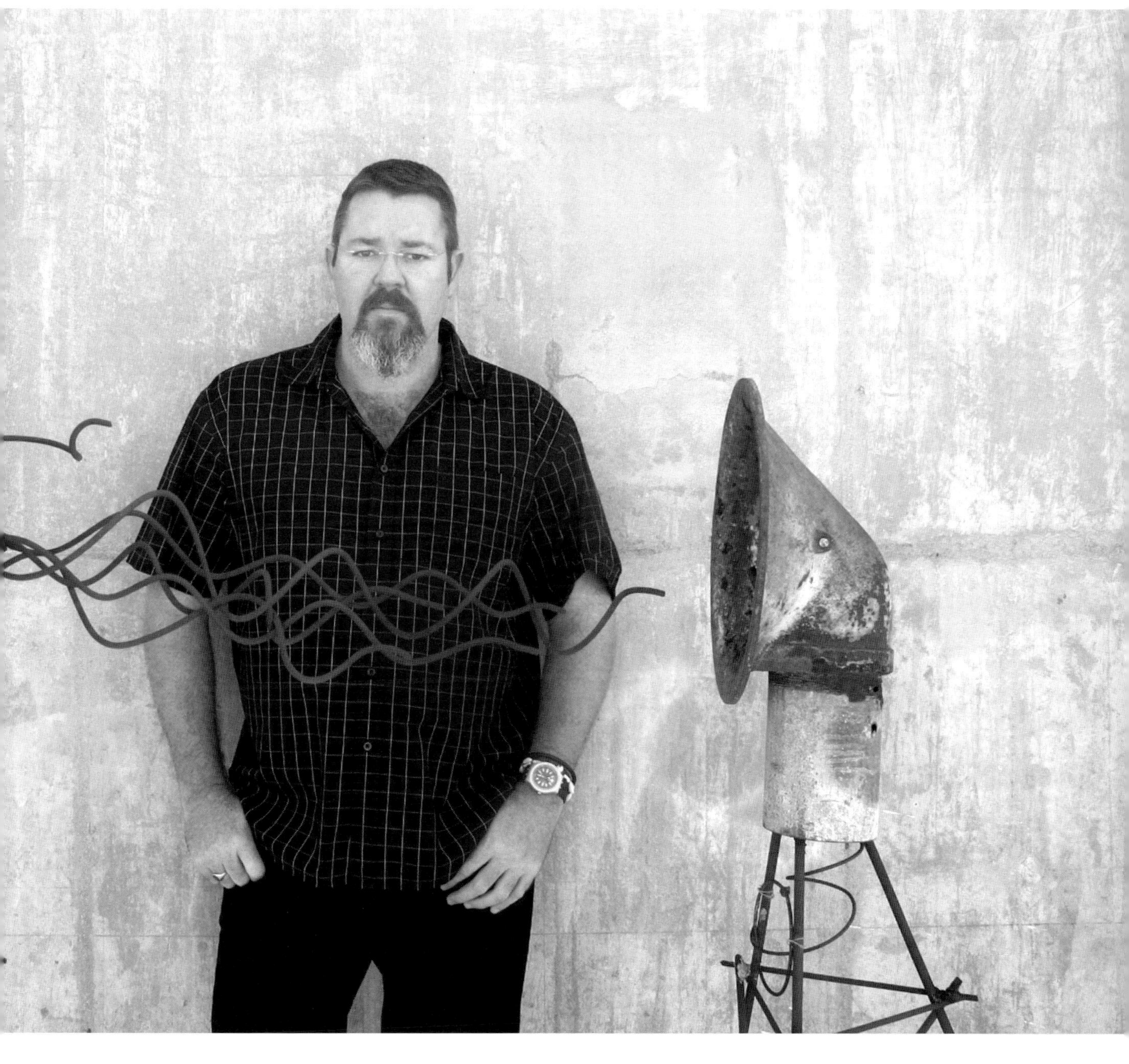

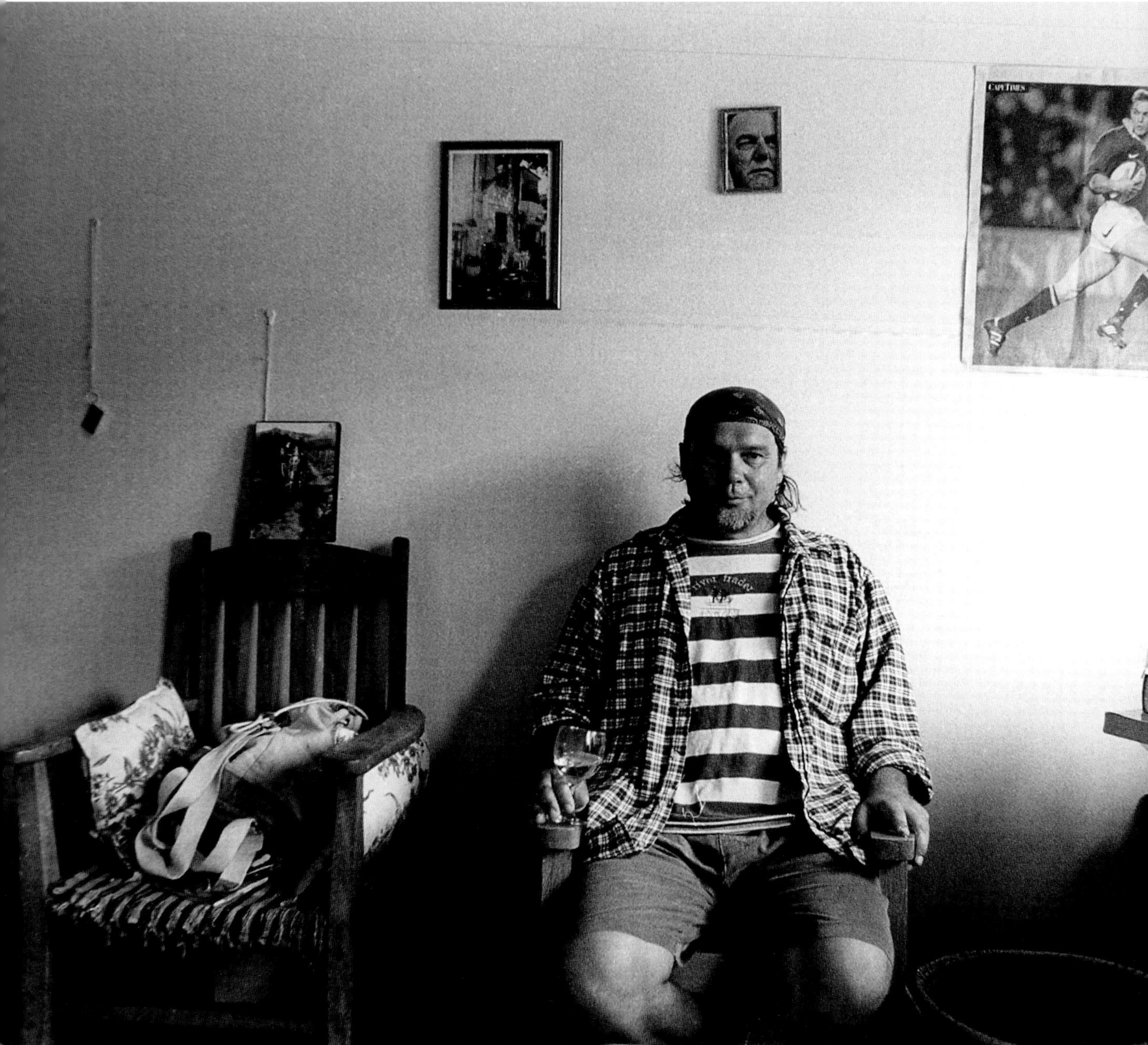

Koos A. Kombuis

(1998)

Ook bekend as André le Roux du Toit en André Letoit – skrywer, sanger, digter, rubriekskrywer en swerwer. Hy was een van die deelnemers aan die destydse *Voëlvry*-toer.

Poet, songwriter, novelist, columnist and singer. He was part of a group of maverick Afrikaans musicians who, under the collective name of *Voëlvry*, toured campuses across South Africa, and contributed to the liberation of Afrikaans from the shackles of its past.

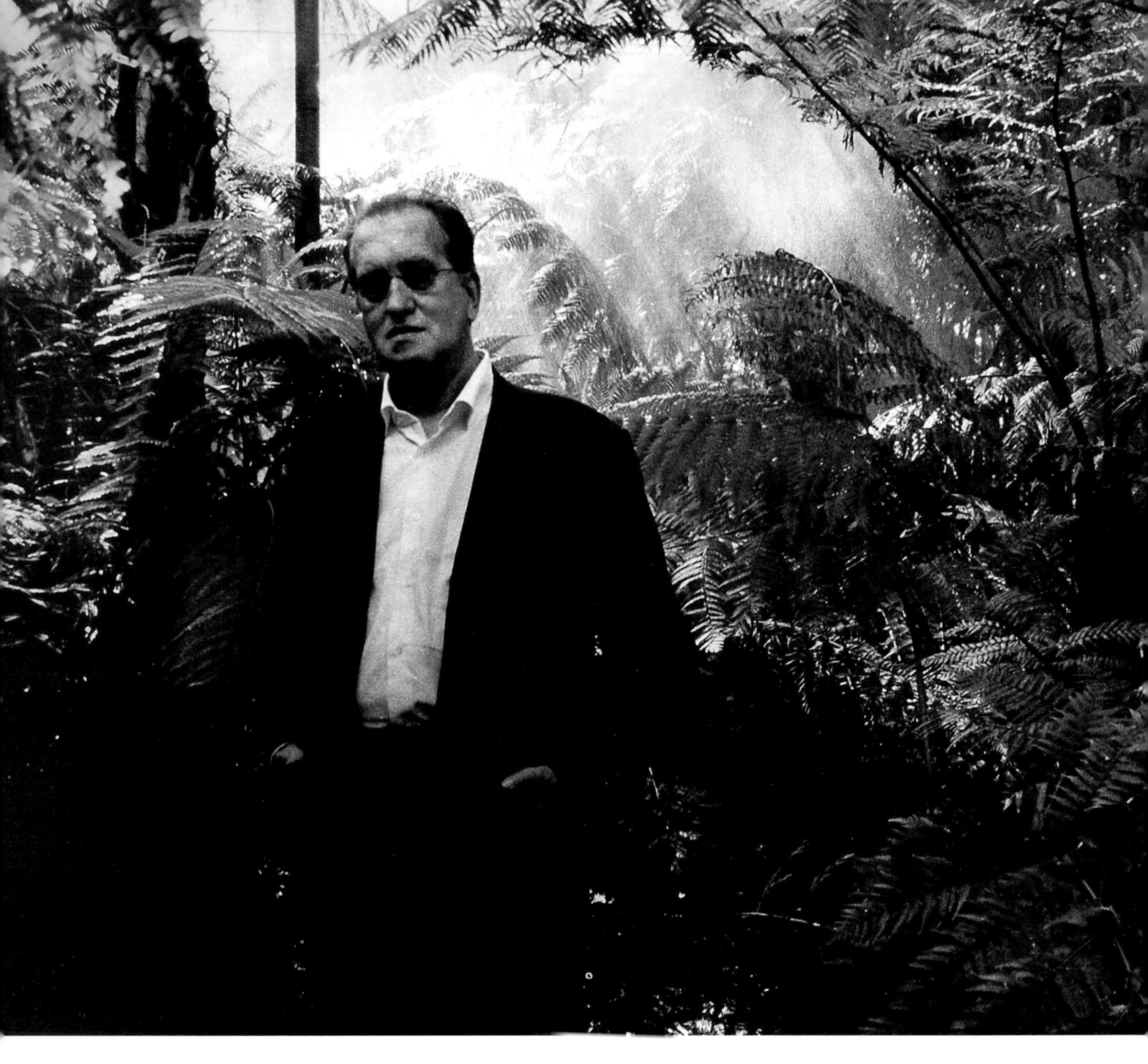

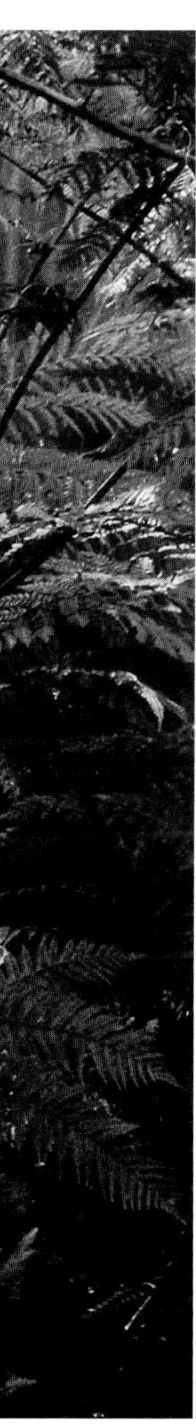

Gerrit Komrij

(2000)

Gerrit Komrij is in die Lae Lande bekend as digter, essayis, kritikus, roman- en toneelskrywer, vertaler en bloemleser. Hy is 'n vaste rubriekskrywer van die *NRC Handelsblad* waar hy ook gereeld aandag skenk aan die Afrikaanse poësie. Van 2000 tot 2004 was hy die Nederlandse hofdigter. Hy woon sedert 1984 in Portugal.

Gerrit Komrij is known in the Netherlands as poet, essayist, playwright, translator and compiler of anthologies of poetry, which include an anthology of Afrikaans poetry for the Dutch public. He was the Dutch poet laureate from 2000 to 2004. He lives in Portugal.

David Kramer

(2005)

Die rooivelskoenman het vroeër tekstielontwerp studeer, maar is veral bekend as satirikus, sanger, skrywer van blyspele soos *District Six – the musical*, *Ghoema* en *Kat and the Kings* saam met Taliep Petersen. Laasgenoemde is suksesvol op Broadway en Londen se Weseinde opgevoer en het twee Laurence Olivier-toekennings verower.

With his trademark red velskoens, bicycle and guitar, he has been an enduring figure on the South African music scene. In 1986 Kramer collaborated with Taliep Petersen in the highly acclaimed stage musical *District Six – the musical*. It was also with Petersen that he produced *Fairyland*, *Ghoema* and *Kat and the Kings*, the latter which received two Laurence Olivier Awards and had successful runs on Broadway and in London's West End. David Kramer originally studied textile design.

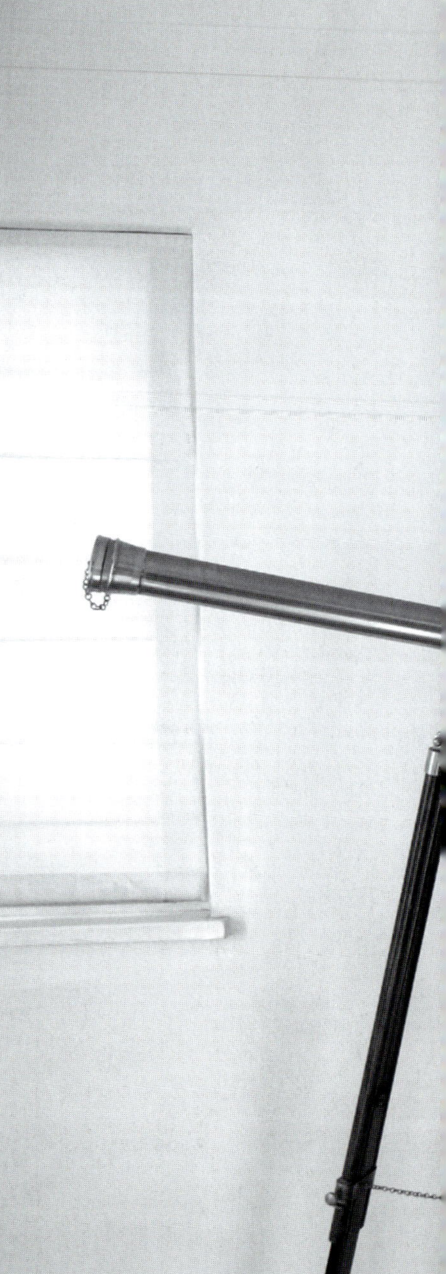

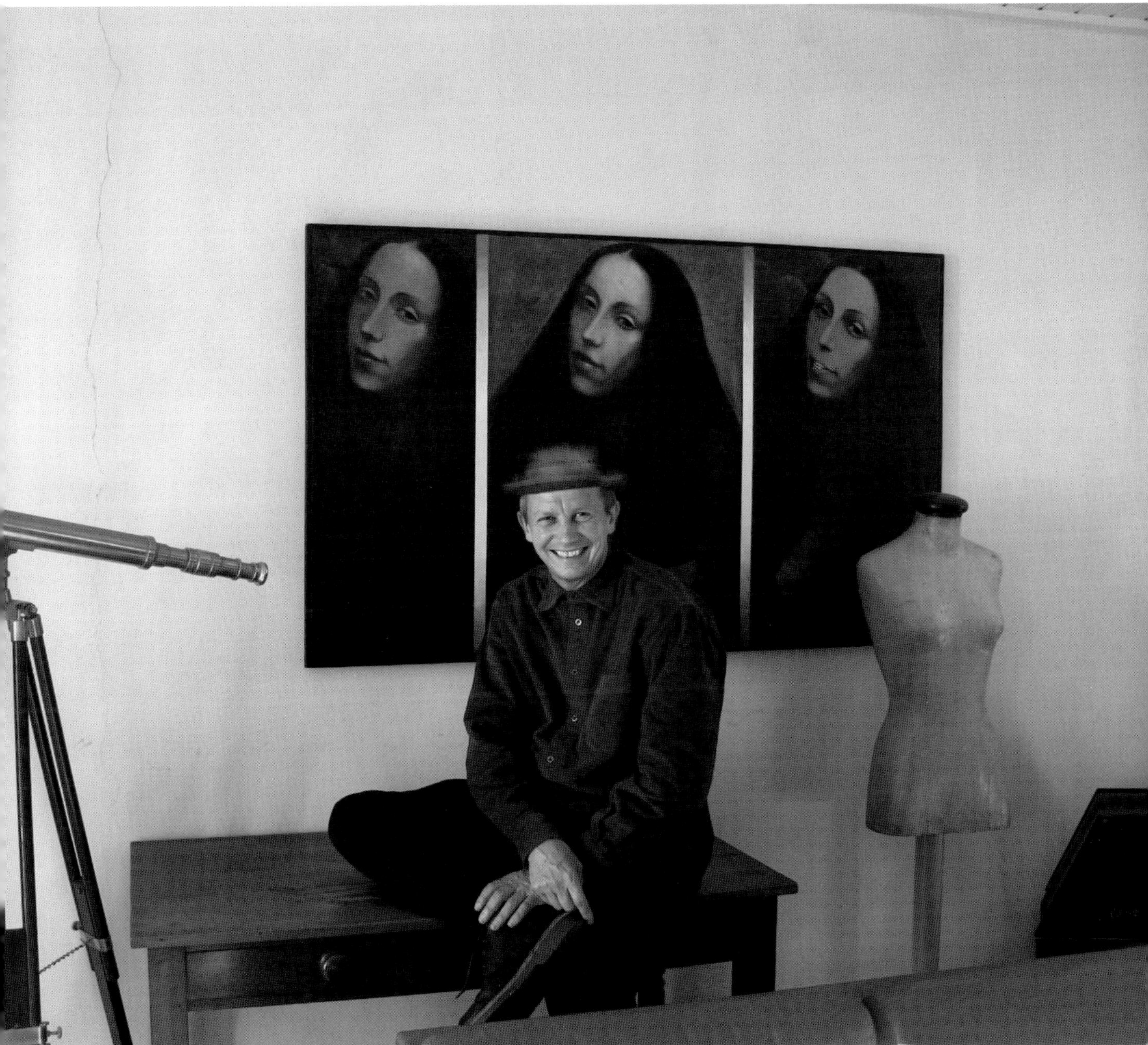

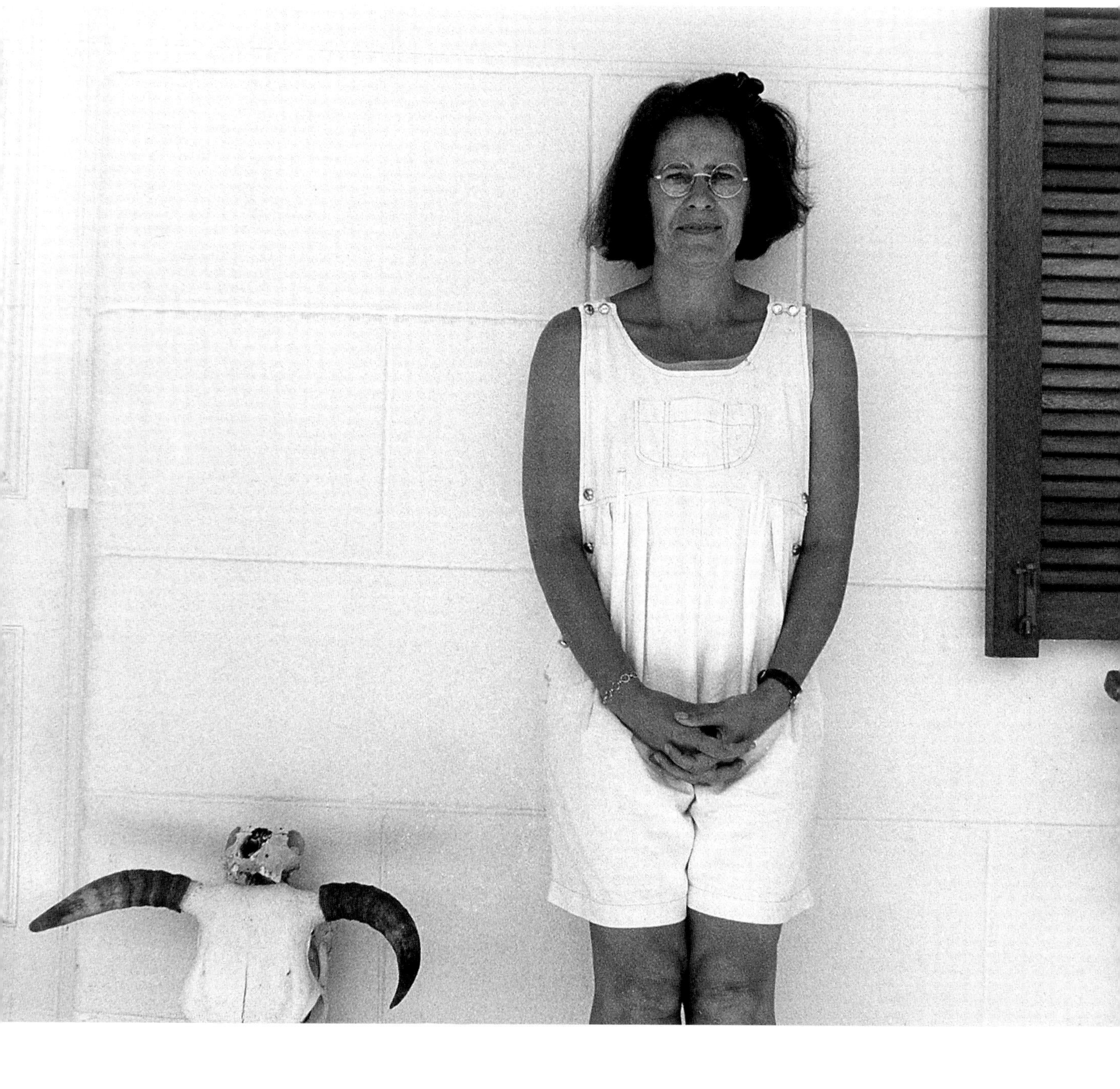

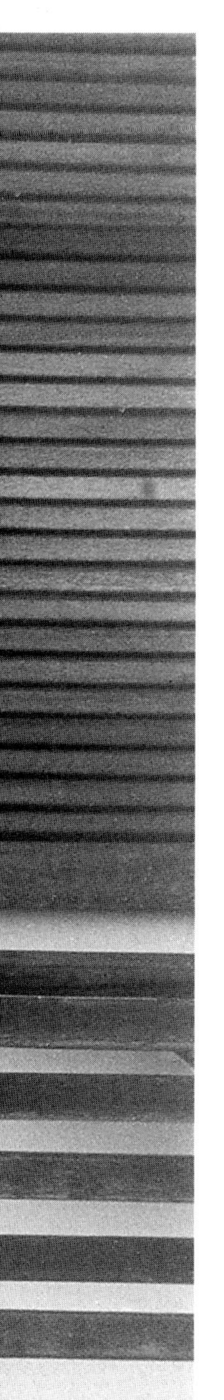

Antjie Krog

(1998)

Digter en politieke verslaggewer. Antjie Krog debuteer op 18-jarige ouderdom met die digbundel *Dogter van Jefta* (1970) en ontvang in 1990 die Hertzogprys vir Poësie vir die bundel *Lady Anne*. Haar boek oor die Waarheids-en-Versoeningkommissie, *Country of my skull* (1998), het vir haar 'n internasionale gehoor verkry.

Poet and political journalist, and winner of the Hertzog Prize for Poetry in 1990. She published her first volume of poetry at the age of eighteen. Her book about the Truth and Reconciliation Commission, *Country of my skull* (1998), afforded her international recognition.

Erik Laubscher & Claude Bouscharain

(2005)

Erik Laubscher is kunsonderwyser, kritikus en kunsskilder van veral landskappe. Maurice van Essche was sy eerste leermeester. Hy stig in 1971 die Ruth Prowse Kunssentrum. Die Frans-gebore Claude Bouscharain is in 1951 met Laubscher getroud. Sy het kunsuitstallings in Suid-Afrika en die buiteland gehou en 'n monografie oor haar kuns is in 1977 deur Struik gepubliseer.

Erik Laubscher – painter, art teacher and critic, founded the Ruth Prowse Art School in 1971. He married the French-born Claude Bouscharain in 1951. She has been exhibiting her art locally and overseas since 1959. In 1977, Struik published a monograph on her work by Bruce Arnott.

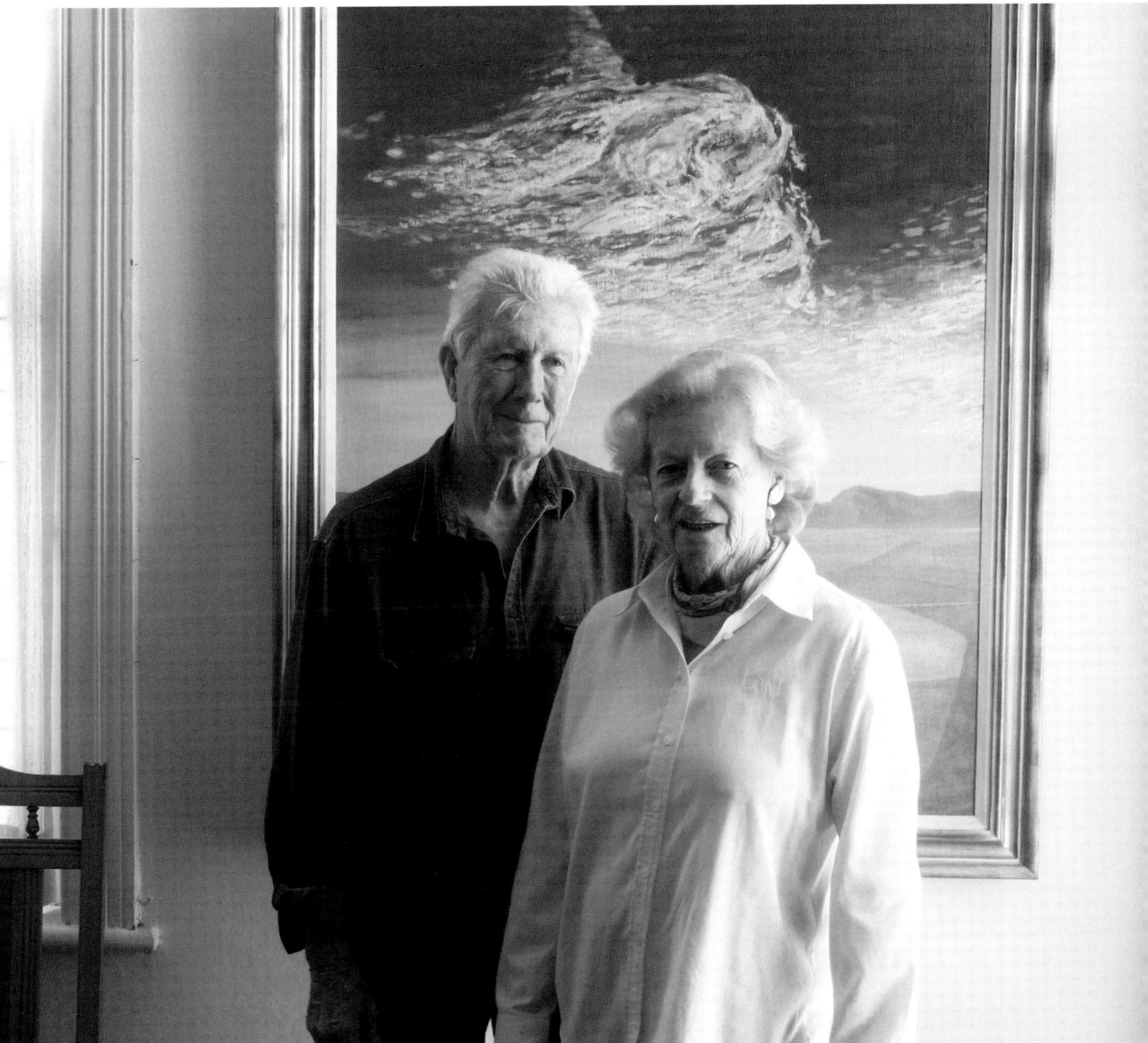

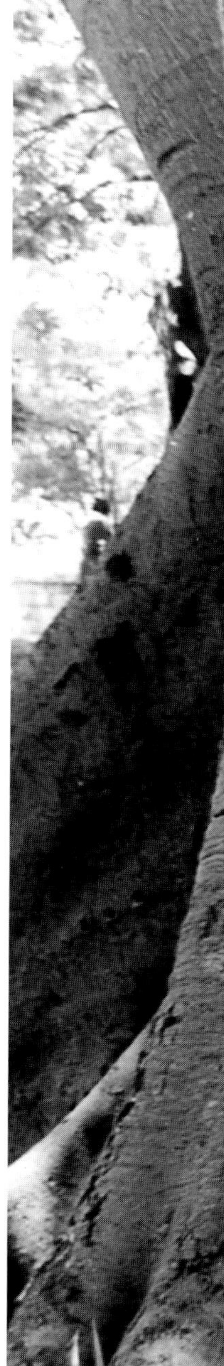

Freda Linde

(1998)

Skrywer van 29 kinderboeke. Met meer as 150 vertalings van kinderboeke op haar kerfstok, is Freda Linde die Suid-Afrikaanse kinderboekskrywer met die meeste toekennings. Haar boeke word geïnspireer deur haar liefde vir die natuur.

Having written 29 children's books herself and having translated at least 150 books into Afrikaans, she is the most awarded children's book author in South Africa. Freda Linde's work is inspired by her love of nature.

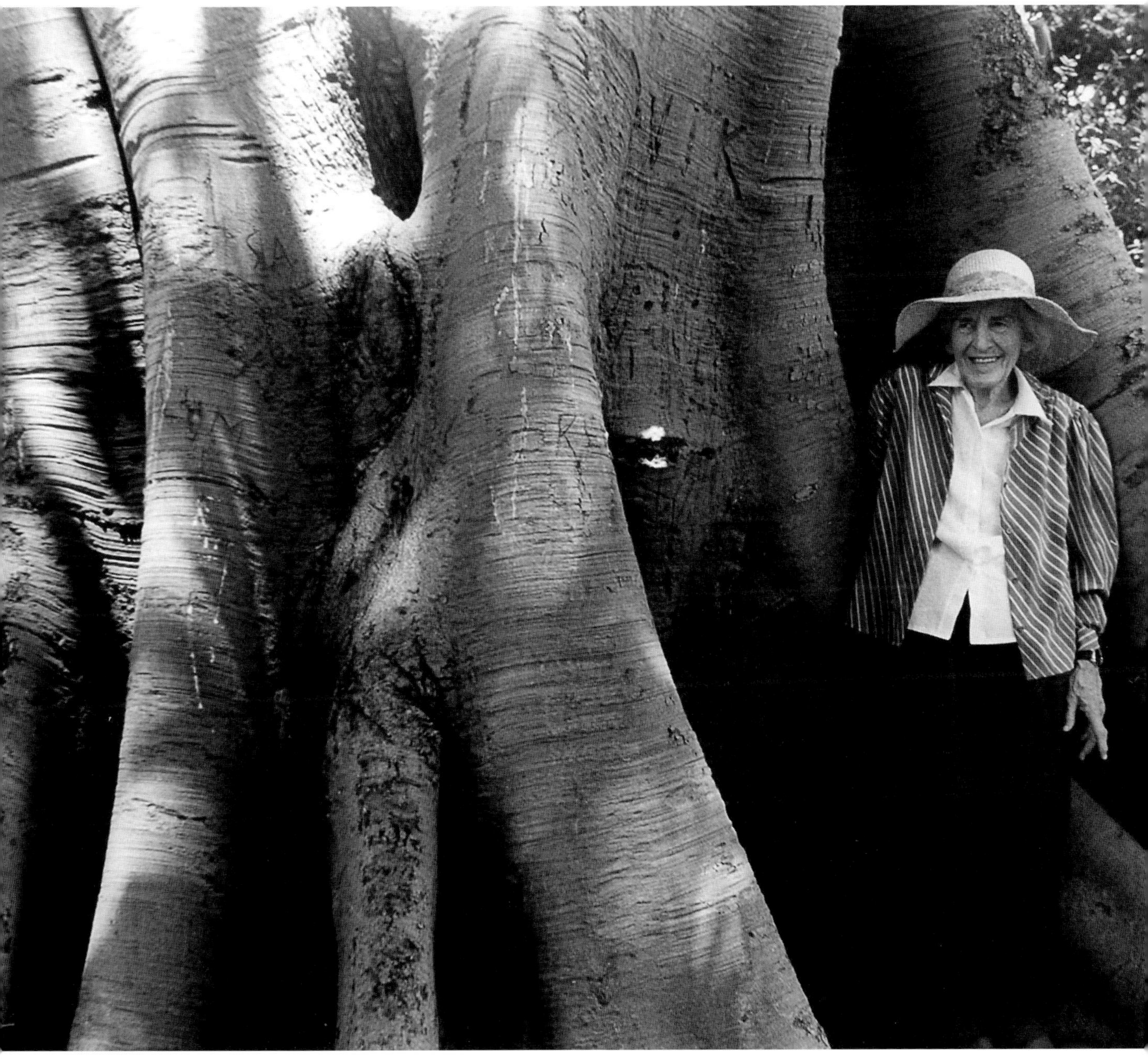

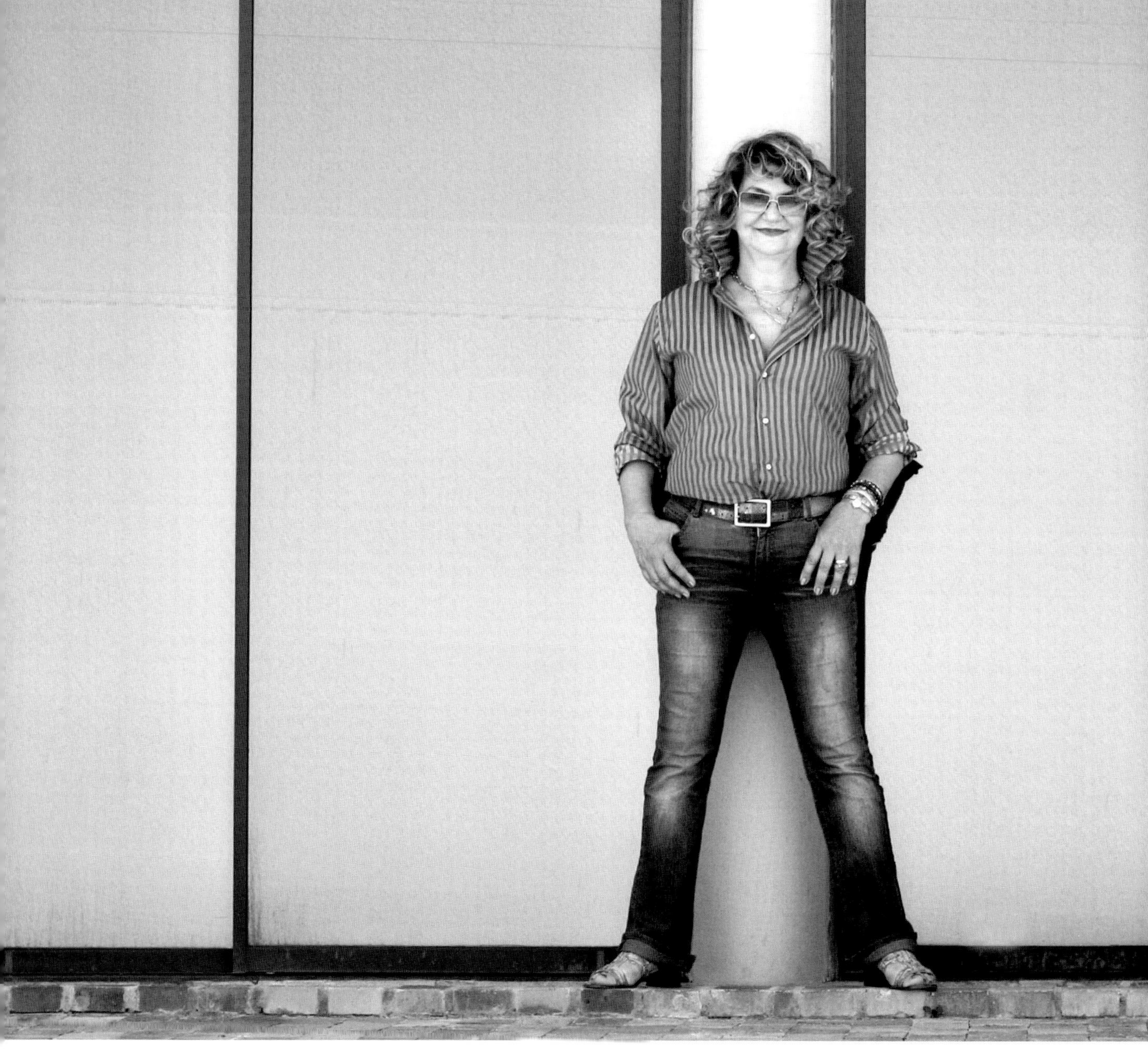

Tossie Lochner

(2005)

Buitelandse radiokorrespondent. Tossie Lochner woon reeds sedert 1969 in Toskane. Die kenmerkende "Tossie Lochner, Italië", waarmee sy haar gereelde bydraes tot RSG se aktualiteitsprogramme afsluit, is wyd bekend. Twee versamelings van haar radiopraatjies is reeds gepubliseer.

Overseas radio correspondent. Tossie Lochner, born in the Western Cape, has been living in Tuscany in Italy since 1969. She became well-known as regular overseas correspondent for RSG's actuality programmes and two collections of her radio talks have been published.

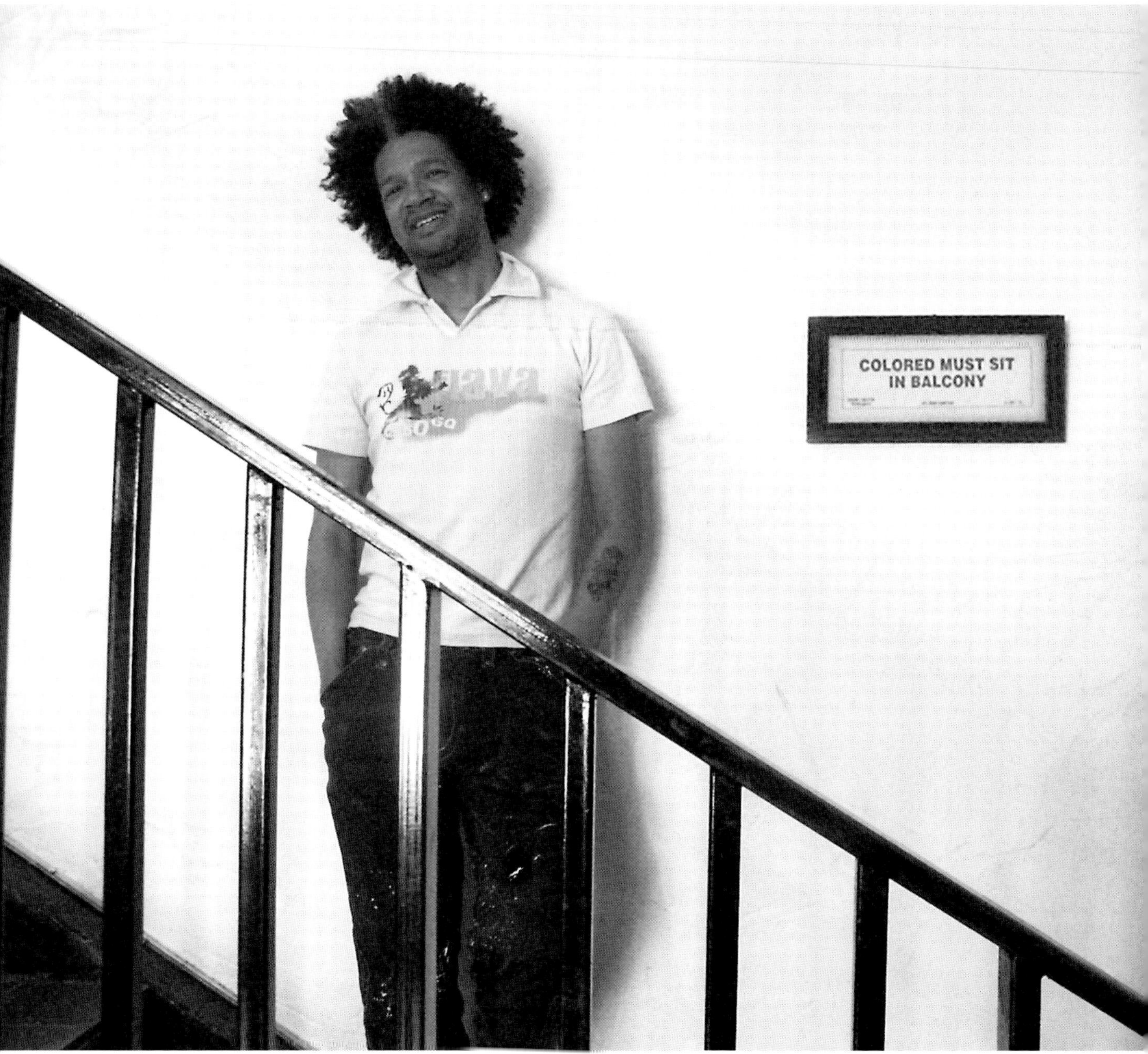
COLORED MUST SIT
IN BALCONY

Marc Lottering

(2005)

Produk van die Kaapse Vlakte. Komediant van eenmanvertonings soos *Grootbek* en *Crash* met gunstelingkarakters soos Auntie Merle Abrahams en Smiley.

Stand-up comedian born and raised on the Cape Flats, well-known for his one-man shows like *Grootbek* and *Crash* and for characters like Auntie Merle Abrahams and Smiley.

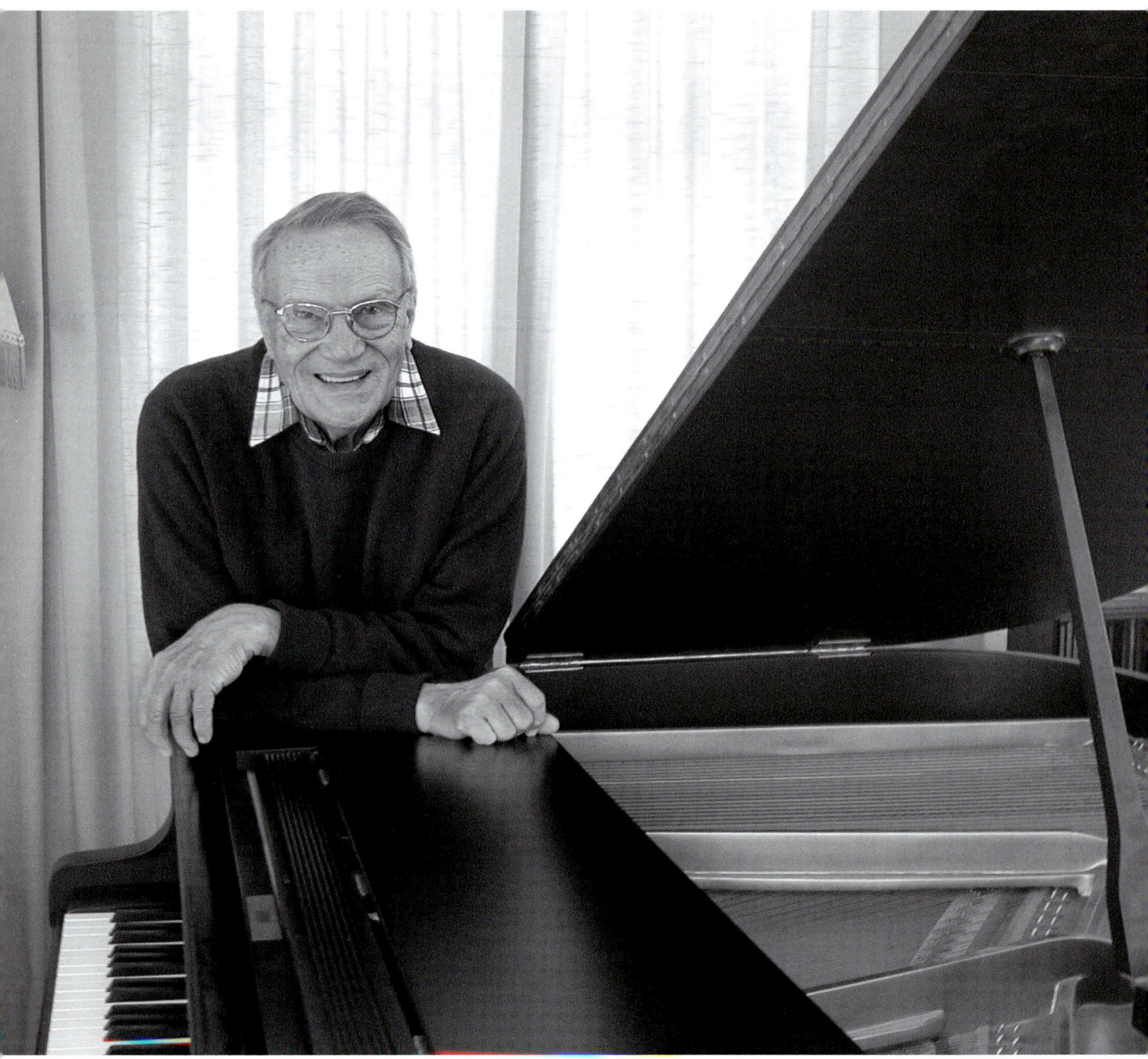

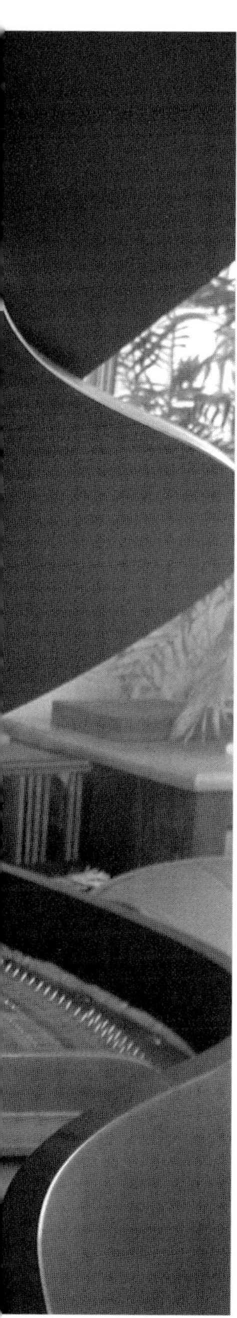

Albie Louw

(2003)

As opgeleide operasanger het Albie Louw later groter bekendheid verwerf vir sy ligte klavierspel, koorverwerkings en vir sy toonsettings van Philip de Vos se versies. Hy is ook bekend as die leier van die destydse Safarisangers.

Originally trained as opera singer, Albie Louw became better known for his piano playing, his choir arrangements and for setting to music verses by Philip de Vos. He was also leader of the Safarisangers.

Anna M. Louw

(1913–2003)

(1998)

Die roman waarvoor Louw waarskynlik die bekendste is, is *Kroniek van Perdepoort* (1975), waarvoor sy in 1976 die Hertzogprys en in 1977 die W.A. Hofmeyrprys ontvang het. Sy was inderdaad 'n skrywer van romans in die groot klassieke tradisie.

Anna M. Louw was a novelist in the great classical tradition. Her most celebrated novel is probably *Kroniek van Perdepoort* (1975), for which she received both the Hertzog and W.A. Hofmeyr Prizes.

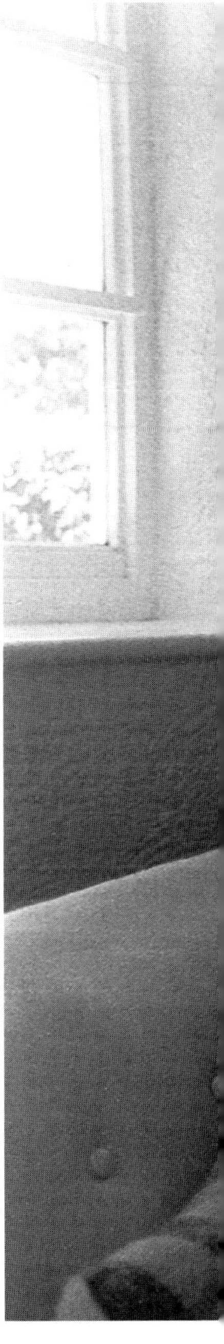

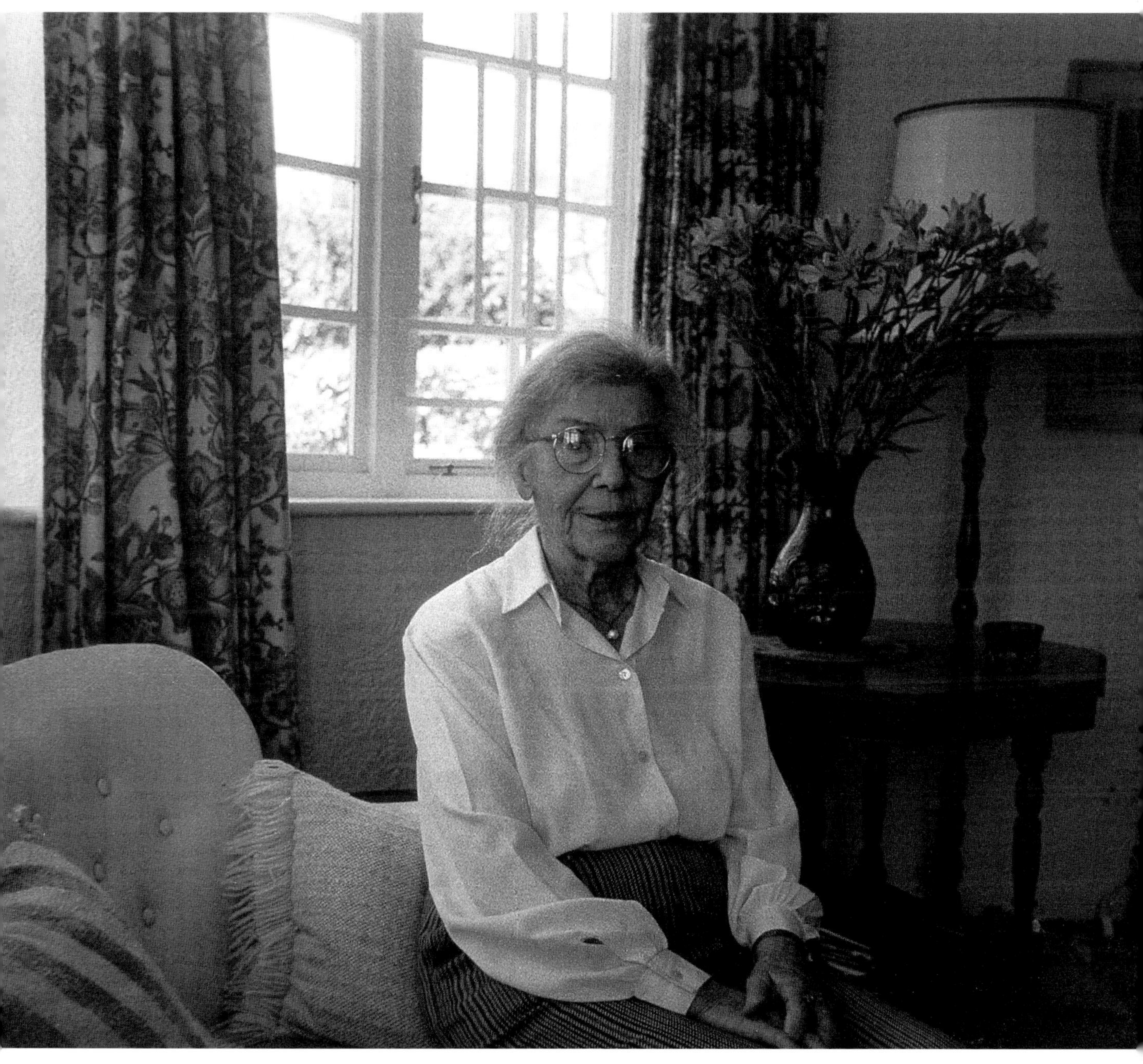

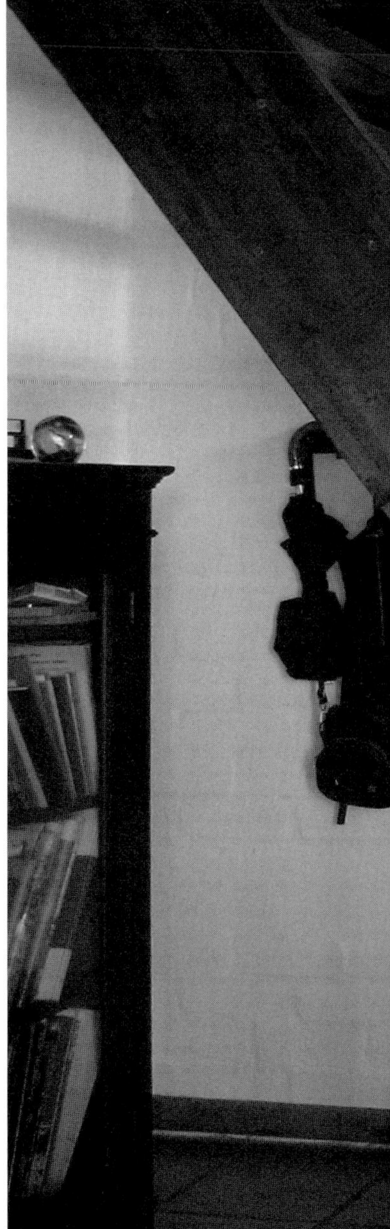

Lucas Malan

(2005)

Lucas Malan is bekend as digter van onder andere *Edenboom* (1987) en *Afstande* (2002). Hy is ook 'n kritikus wat by geleentheid boeke vir koerante en tydskrifte resenseer. Hy woon sedert 1997 in Darling aan die Weskus.

Lucas Malan is well-known as poet of amongst others *Edenboom* (1987) and *Afstande* (2002). He is also a literary critic who occasionally reviews books for newspapers and magazines. He currently lives in Darling.

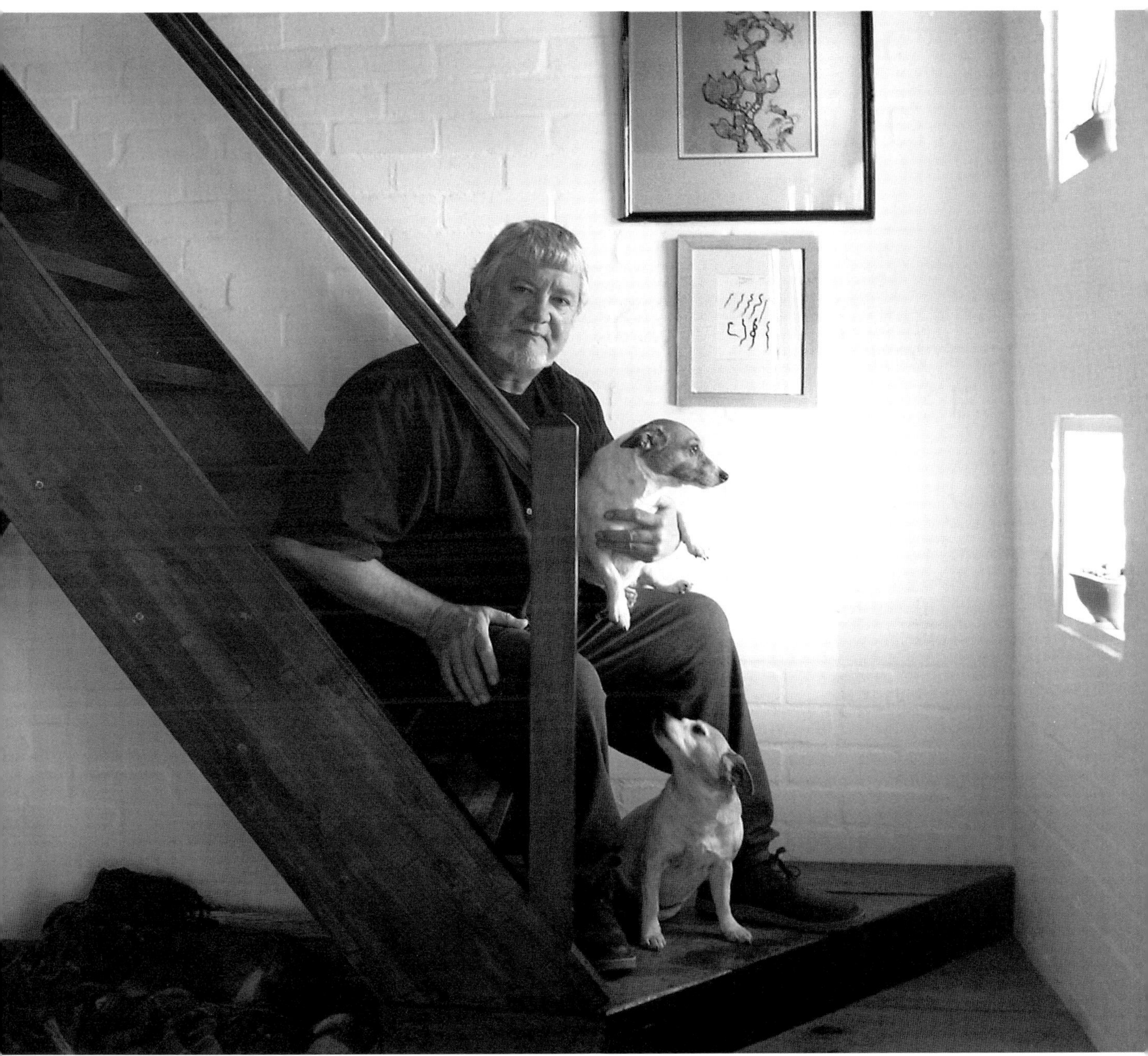

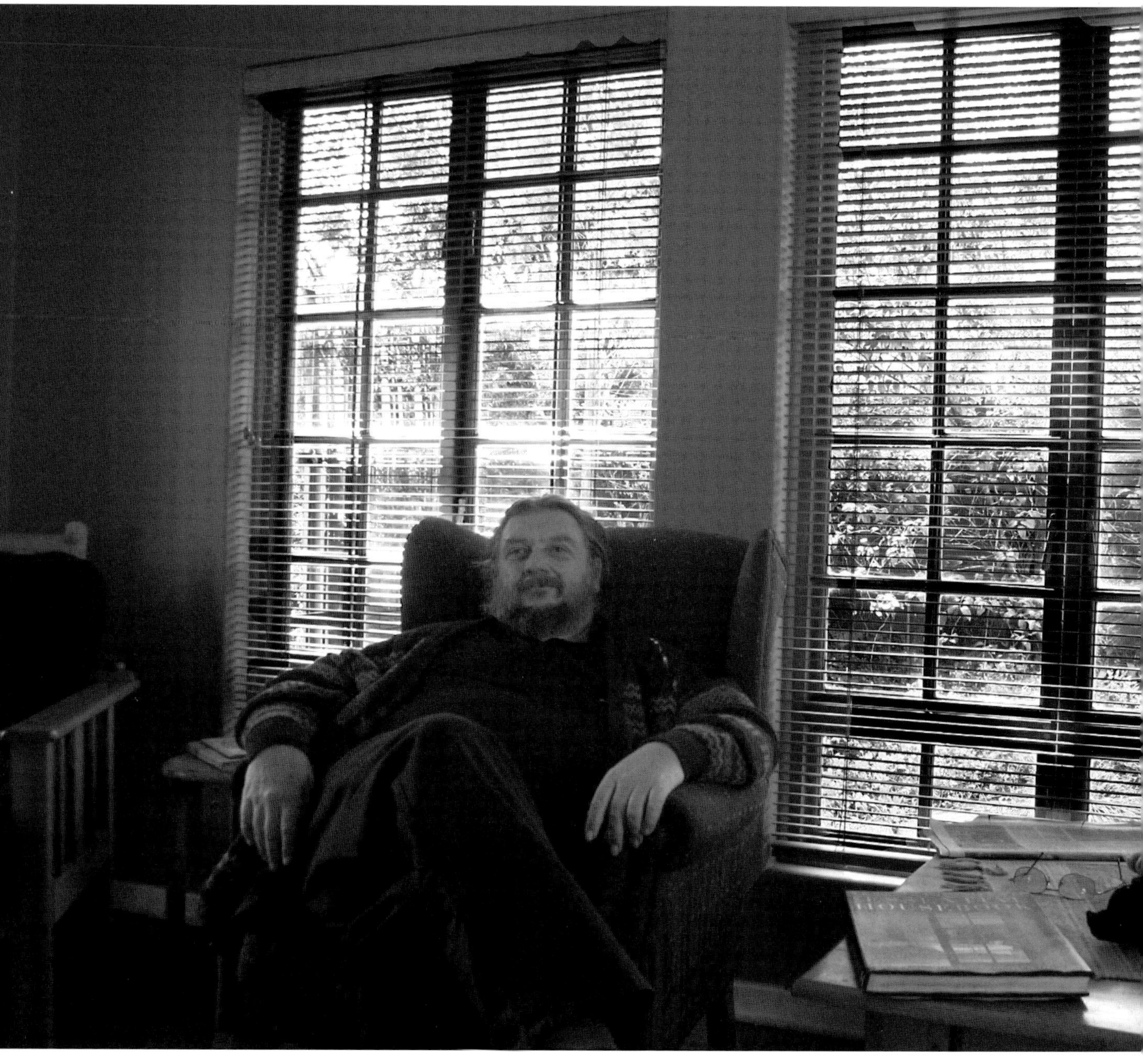

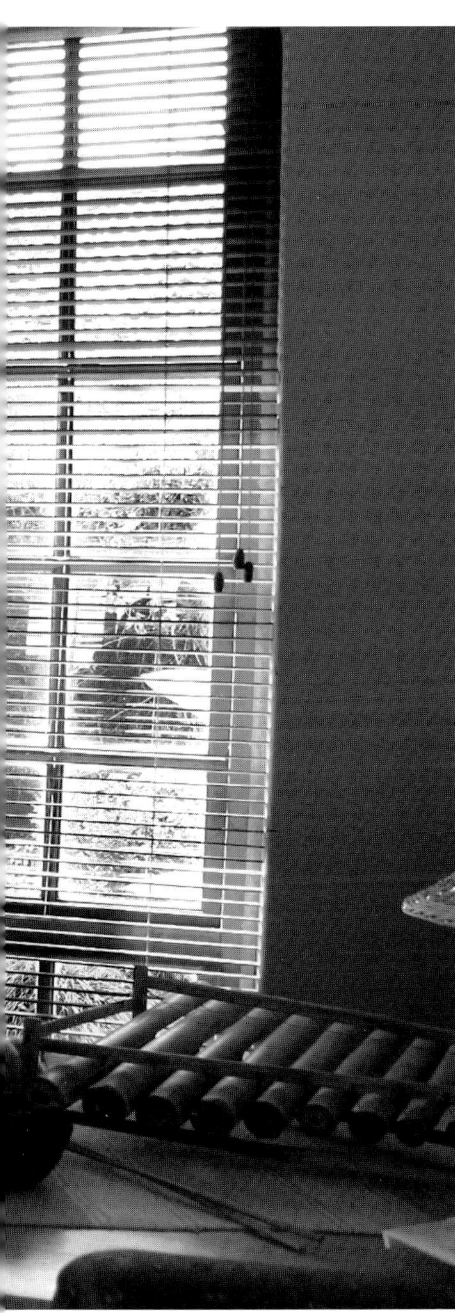

Lucas Maree

(2005)

Die sanger en liedjieskrywer Lucas Maree wie se satiriese liedjie "Ek sou kon doen met 'n miljoen" trefferstatus bereik het. Hy tree deesdae saam met sy dogters Linda en Monica op.

The popular singer and songwriter, Lucas Maree, nowadays often performs with his daughters Linda and Monica.

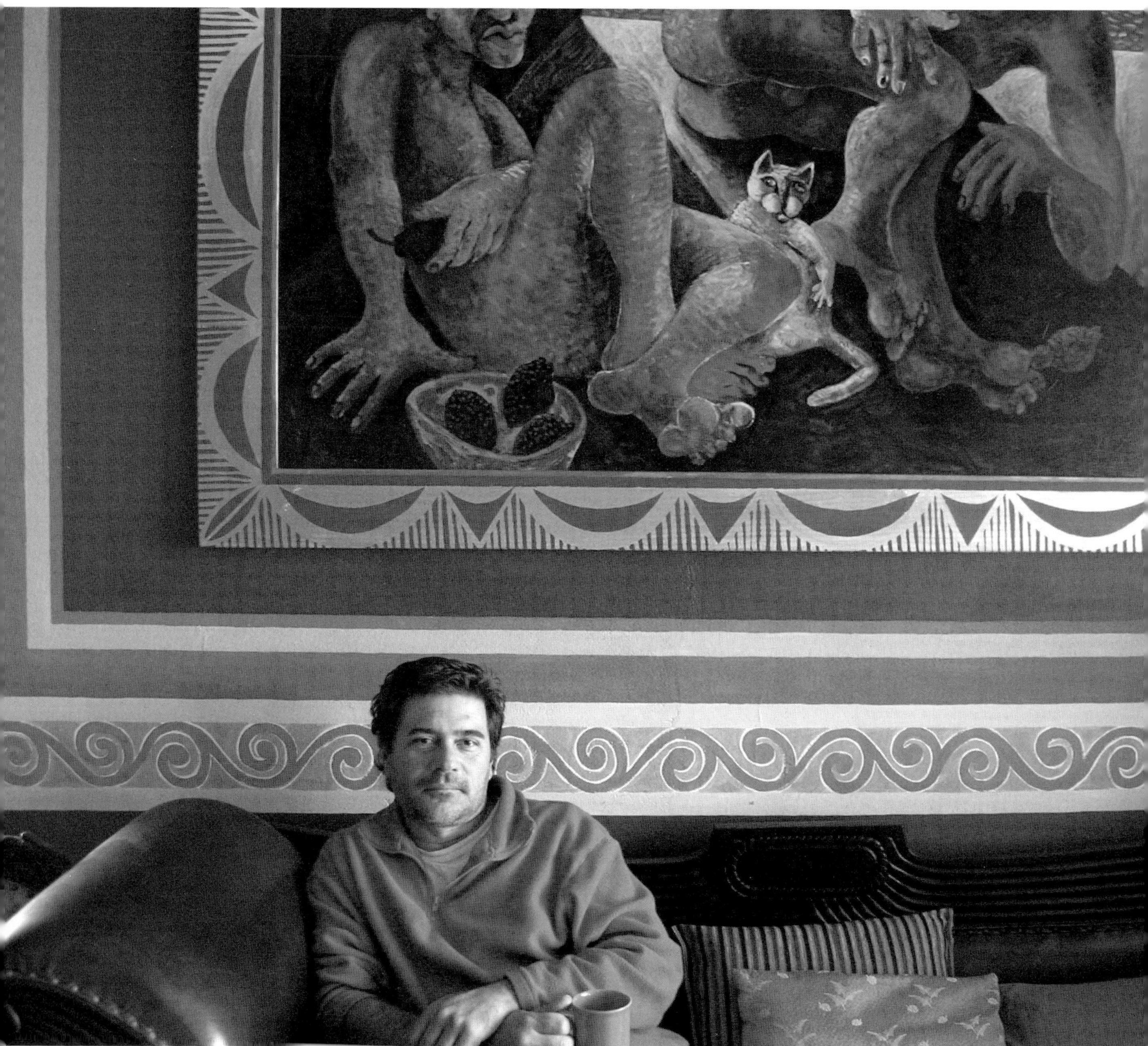

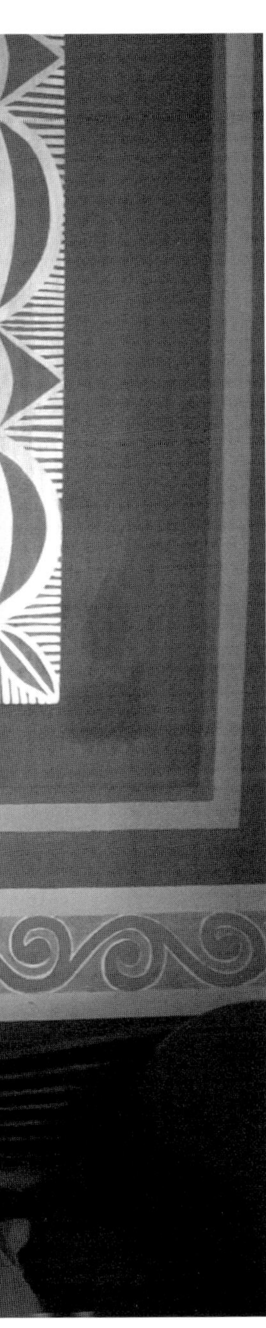

Nicolaas Maritz

(2005)

Die kunswerke van Nicolaas Maritz verskyn in al die belangrikste kunsversamelings in Suid-Afrika. Behalwe sy skilderkuns is hy ook bekend vir sy kinderboekillustrasies, beeldhouwerk en keramiek.

The art works of Nicolaas Maritz can be seen in all major art galleries in South Africa. Although Nicolaas is primarily known as a painter, he also illustrates children's books; works in ceramics and is a skilled sculptor.

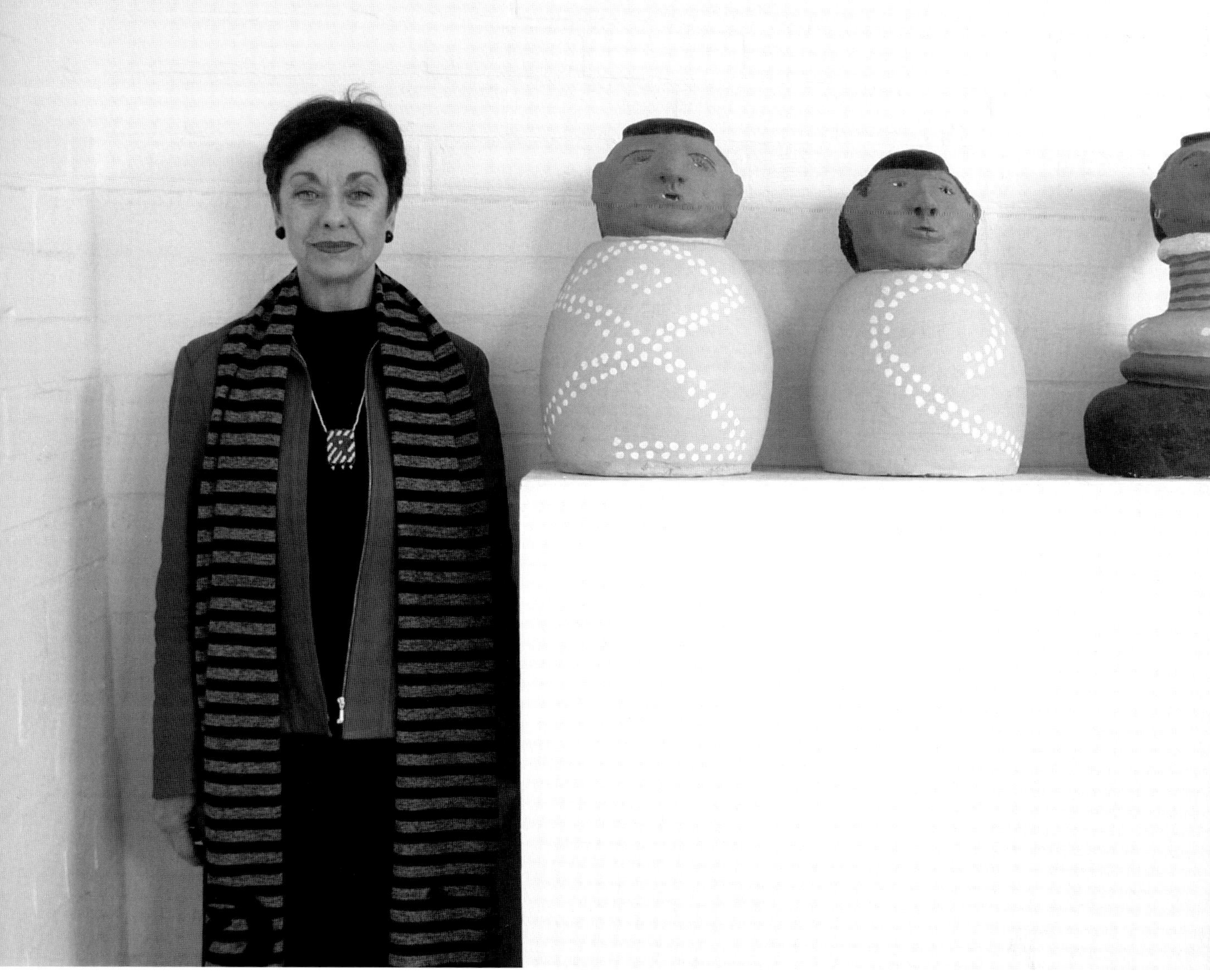

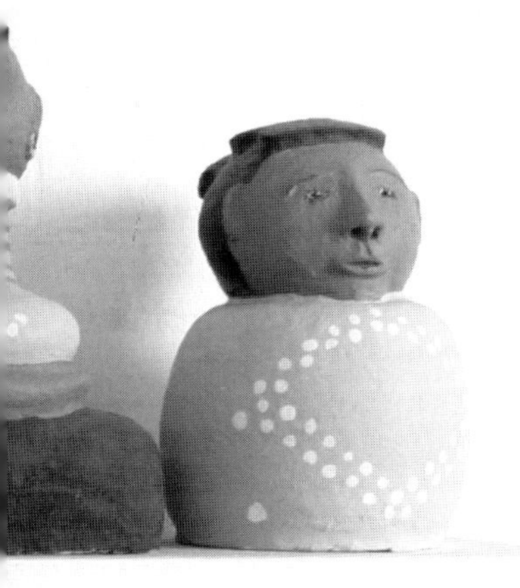

Marilyn Martin

(2005)

Marilyn Martin is die Direkteur van Kunsversamelings van die Iziko Museums van Kaapstad. Sy het reeds verskeie nasionale en internasionale uitstallings saamgestel en het talle artikels oor verskillende kunsvorme gepubliseer. In 2002 is sy toegelaat tot die Erelegioen van die Franse Republiek.

Marilyn Martin is Director of Art Collections of the Iziko Museums of Cape Town. She has curated many national and international exhibitions and has published numerous articles on art. In 2002 she was admitted to the Legion of Honour of the Republic of France at the rank of Officer.

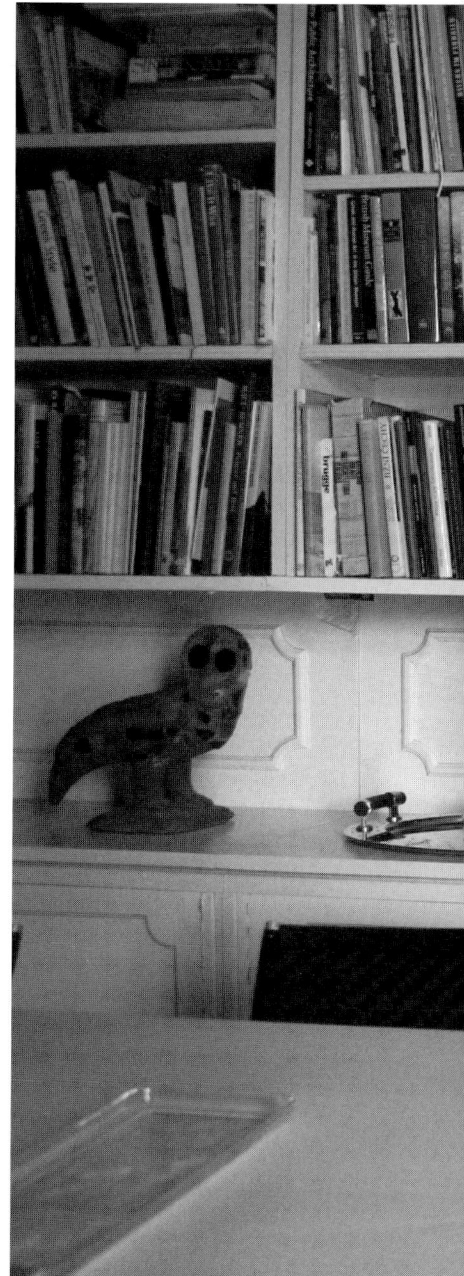

Hannes Meiring & Martie Meiring

(2005)

As argitek, skilder, illustreerder en skrywer van boeke oor argitektuur, speel Hannes Meiring 'n groot rol in die bewaring van Suid-Afrika se argitektoniese erfenis. Hy is getroud met Martie, ervare joernalis en rubriekskrywer wat op die direksies van twee Suid-Afrikaanse kunstefeeste dien.

Hannes is architect, painter, illustrator and author of books on South African architecture, and he has had a major influence on the preservation of South Africa's architectural heritage. Martie Meiring is a journalist and columnist, who serves on the boards of two of the local arts festivals.

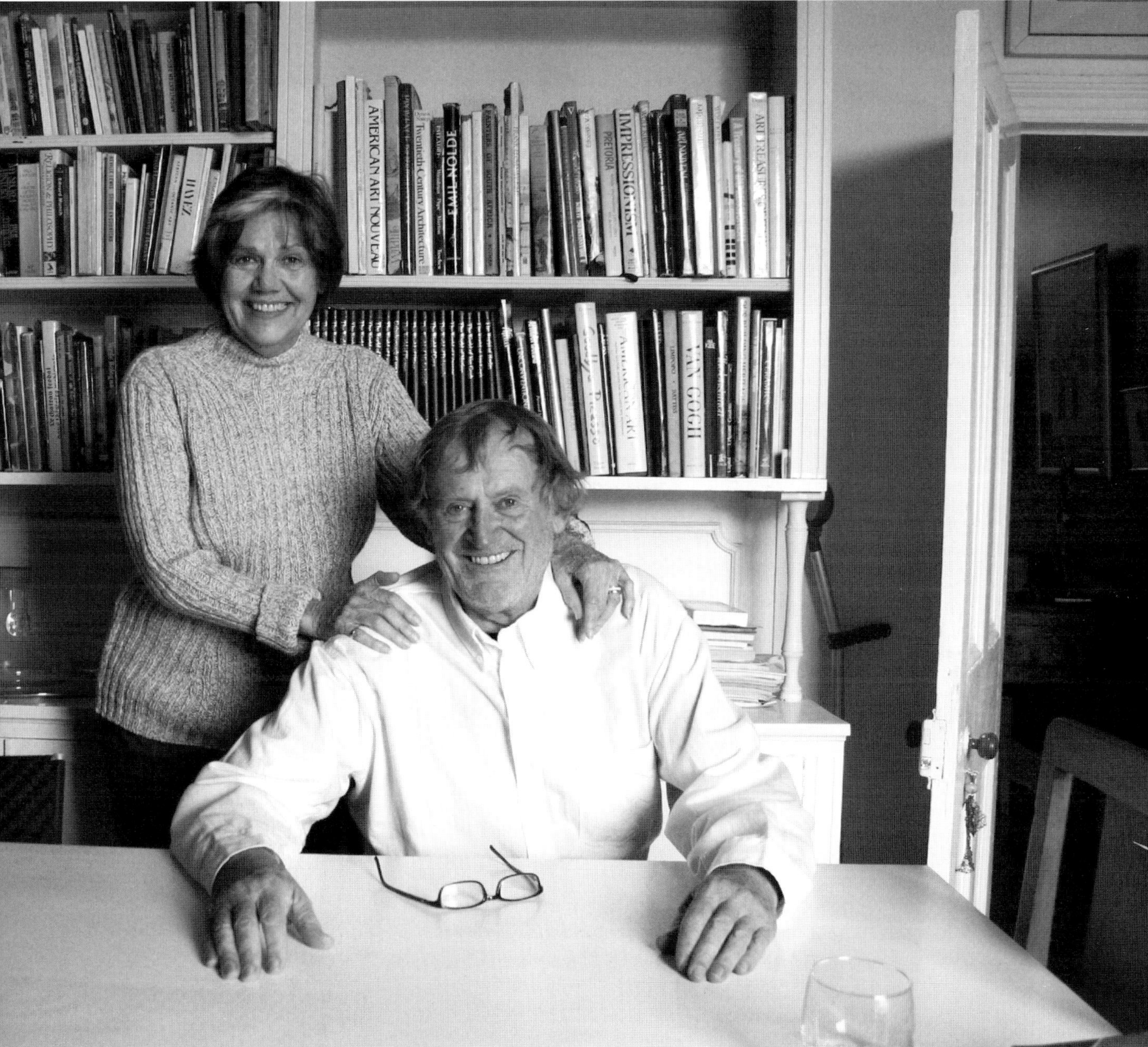
AMERICAN ART NOUVEAU
Twentieth Century Architecture
EMIL NOLDE
IMPRESSIONISM
PRETORIA
VAN GOGH

Patrick Mynhardt

(1986)

Patrick Mynhardt is al meer as 50 jaar 'n verhoogs-, televisie- en radiopersoonlikheid. Mynhardt is tuis in sowel Afrikaanse as Engelse produksies en werk nog steeds gereeld in al bogenoemde mediums. Hy het plaaslik en in Engeland opgetree in ten minste 150 toneelstukke, 100 plaaslike en oorsese rolprente en ongeveer 100 televisiedramas en -sepies. Sedert 1969 het hy groot sukses behaal met sy eenmanvertoning van die werk van Herman Charles Bosman, asook met sy outobiografiese opvoering *Boy from Bethulie*. Dit is ook die titel van sy outobiografie wat in 2003 gepubliseer is.

Patrick Mynhardt has been a stage, film, television and radio personality for more than 50 years. Mynhardt is equally at home in English and Afrikaans and works regularly in all four mediums. He has appeared in at least 150 stage plays (in South Africa and England), 100 local and international films and about 100 television plays and serials. Since 1969 he has enjoyed exceptional success and popularity with six one man shows based on the short stories of Herman Charles Bosman as well as with his autobiographical entertainment *Boy From Bethulie*. Material from this show forms the basis of the book with the same title published in 2003.

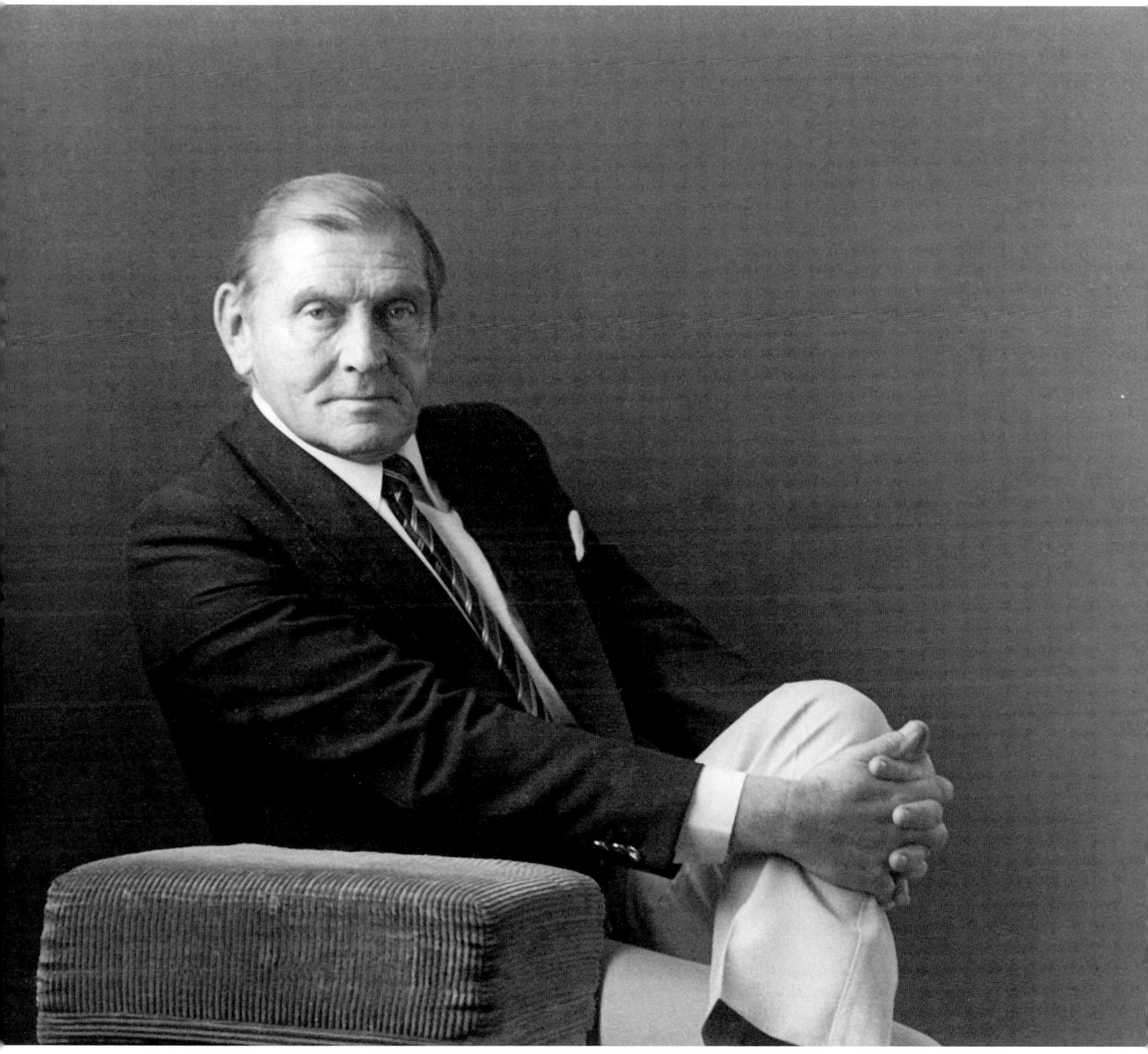

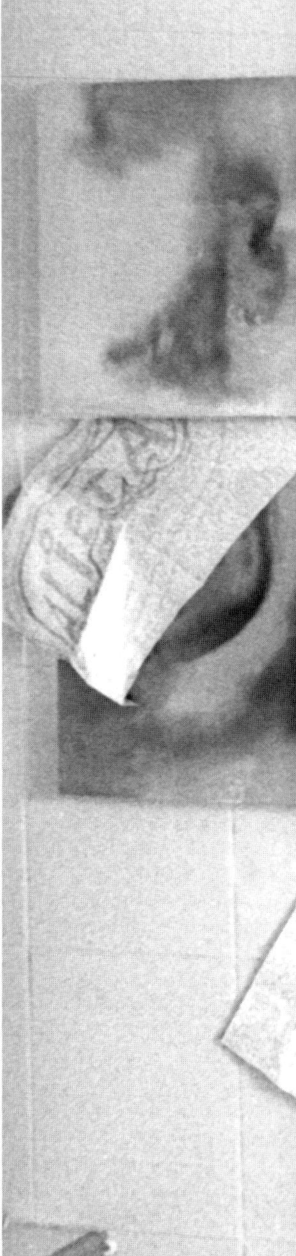

Marita Napier
(1939–2004)

(2002)

Marita Napier is een van die suksesvolste internasionale soprane wat Suid-Afrika nog opgelewer het. Sy het die opera-"grand slam" bereik deur in Covent Garden, La Scala, die Weense Staatsopera en die Metropolitan op te tree, en het boonop in Wagner se heiligdom, Bayreuth, geseëvier.

Marita Napier is probably one of South Africa's most successful international opera sopranos. She achieved the Opera Grand Slam by performing in Covent Garden and La Scala; at the Metropolitan and at the Vienna State Opera, and performed with great success in Bayreuth.

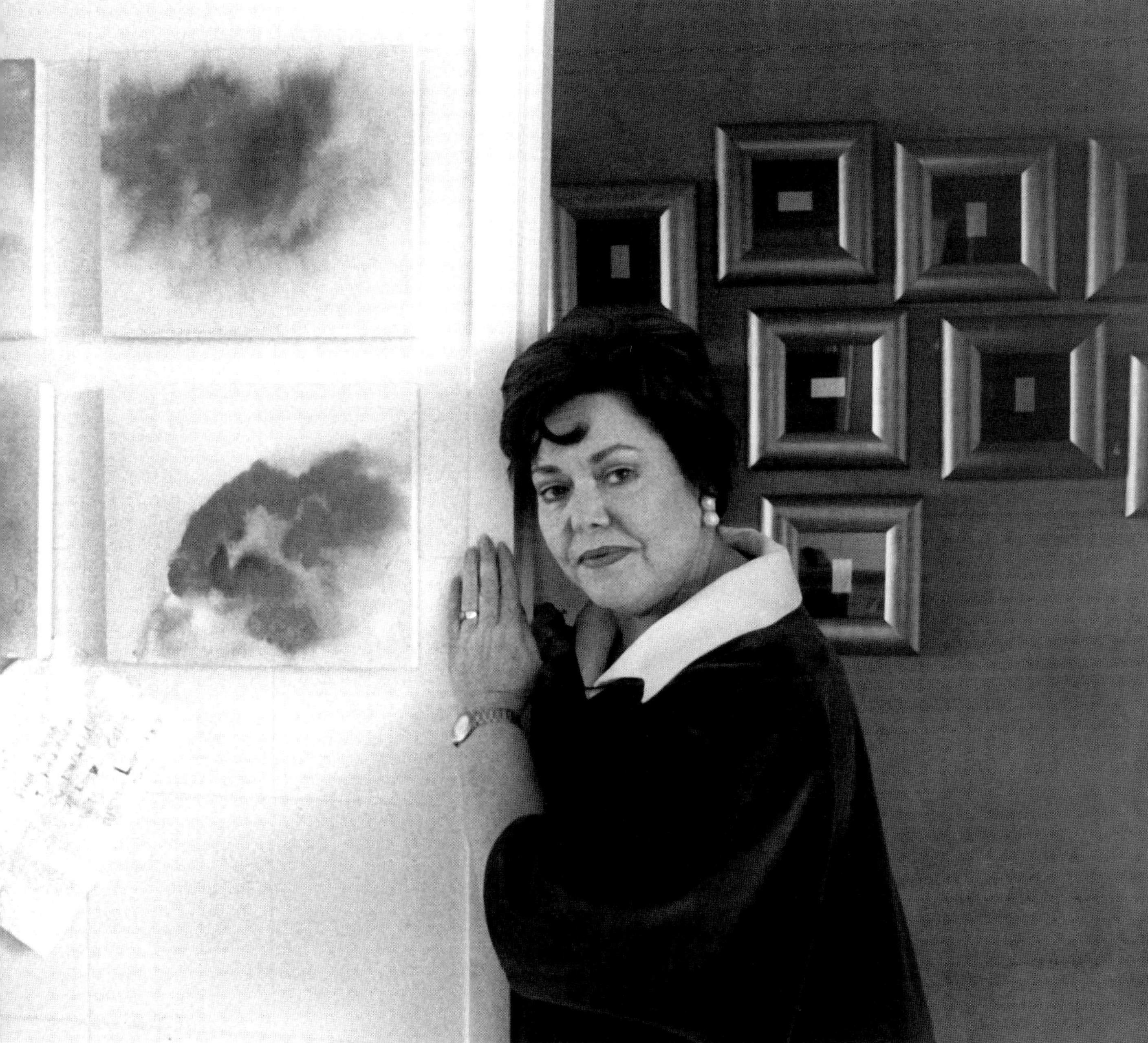

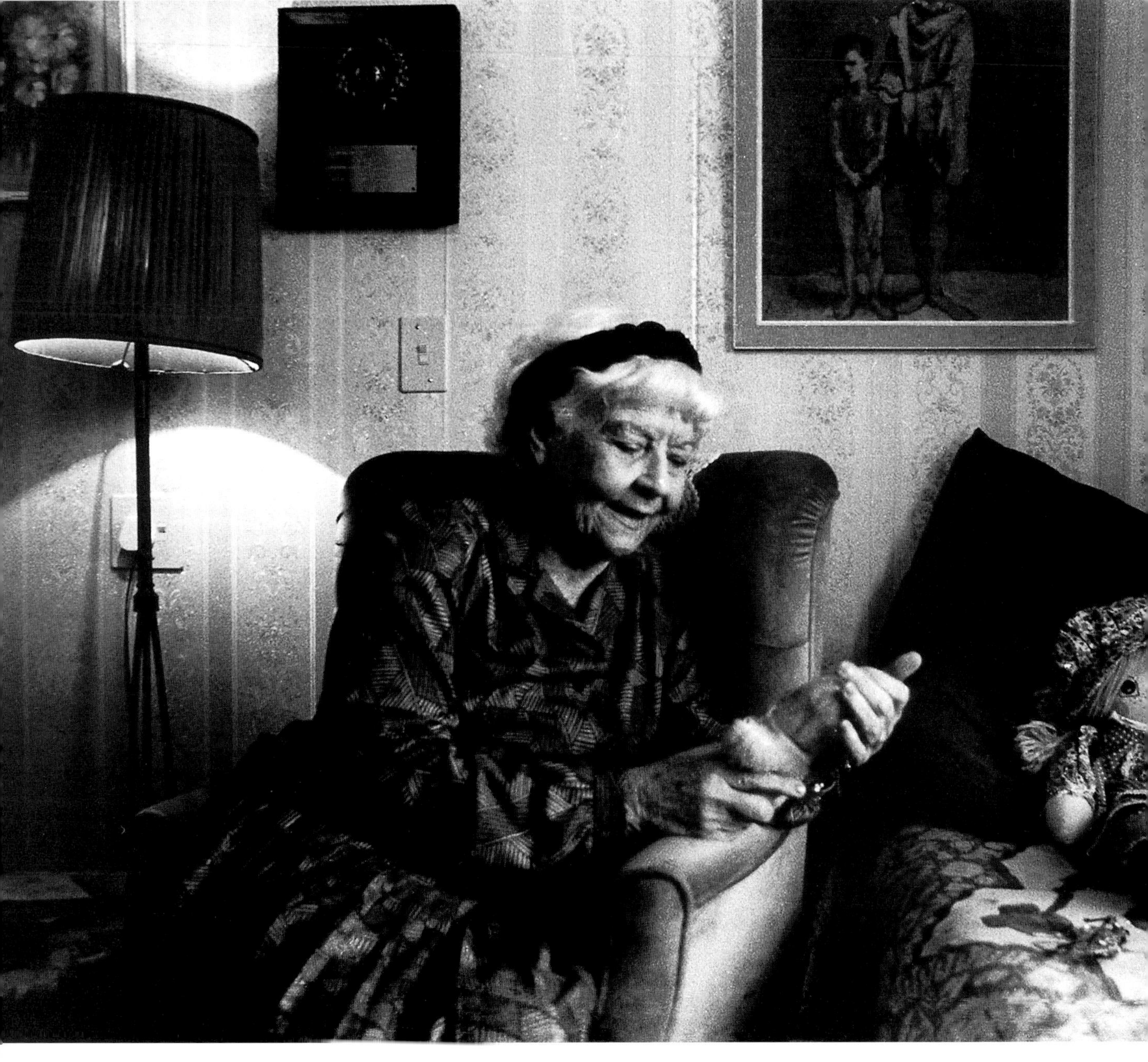

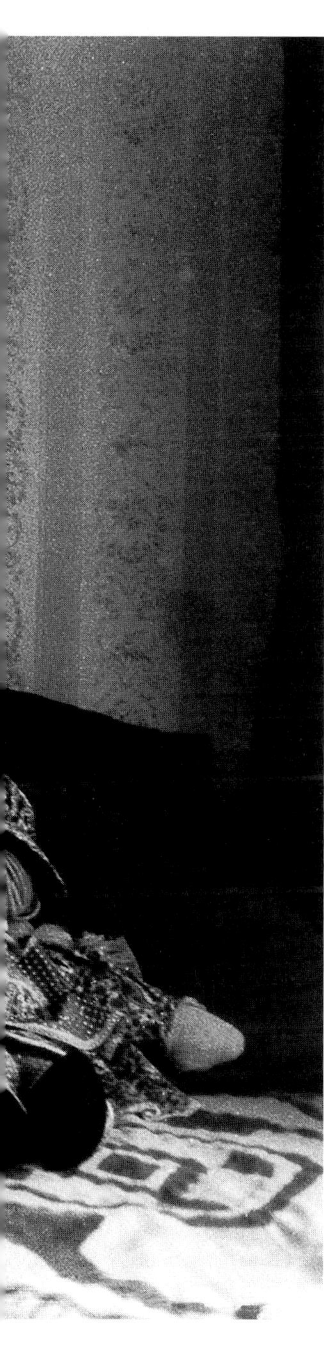

Anna Neethling-Pohl

(1906–1992)

(1989)

Grande dame van die Afrikaanse teater: verhoog- en radiospeler, regisseur en dramadosent. Sy was ook bekend vir haar voordragte van Afrikaanse poësie en haar betrokkenheid by volksfeeste, maar minder bekend is dat sy ook drie romans onder die skuilnaam A.P. Niehaus gepubliseer het.

Grande Dame of the Afrikaans theatre, she also held poetry readings and wrote novels using the pseudonym A.P. Niehaus.

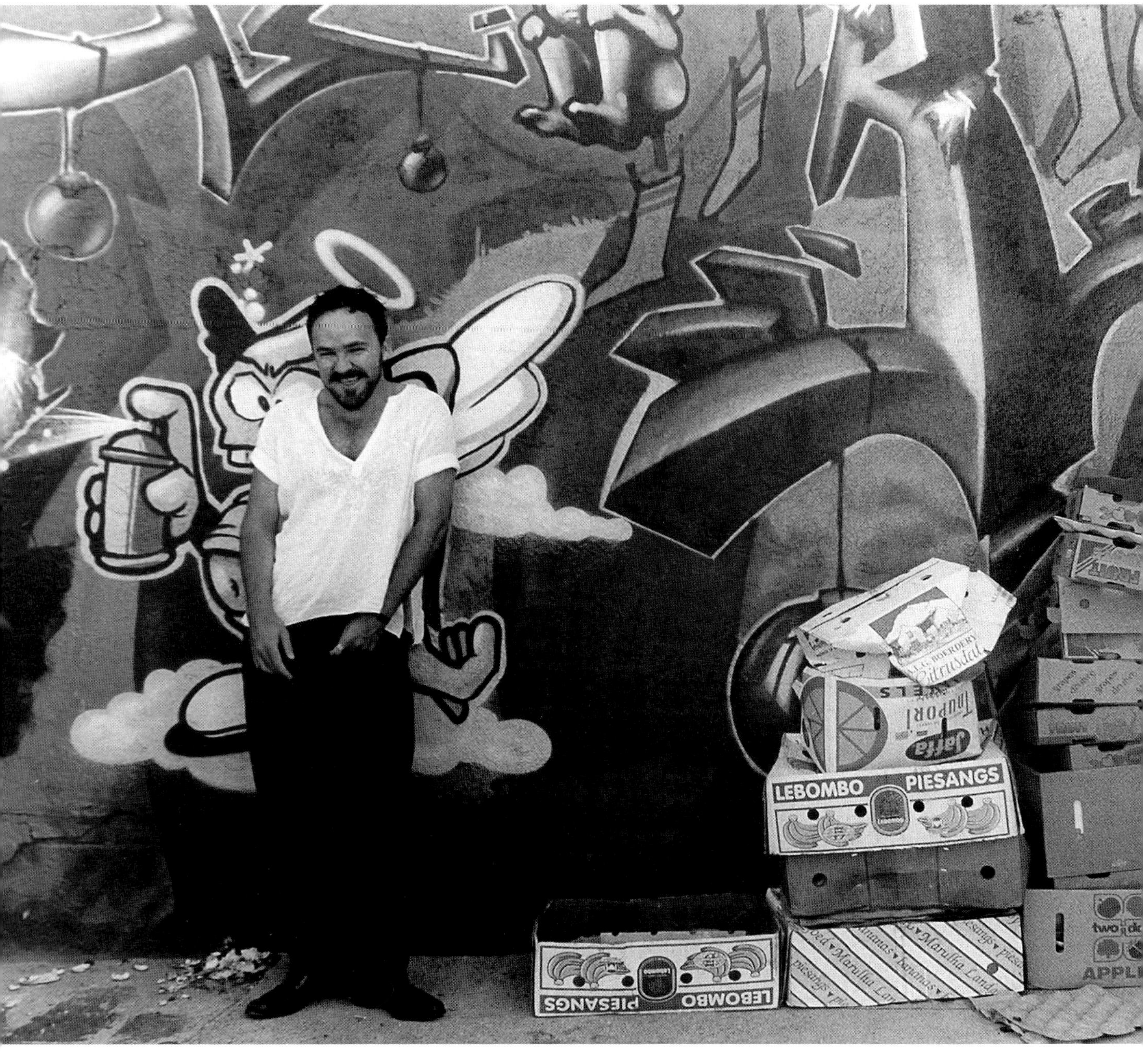

LEBOMBO PIESANGS
Jaffa
LEBOMBO PIESANGS

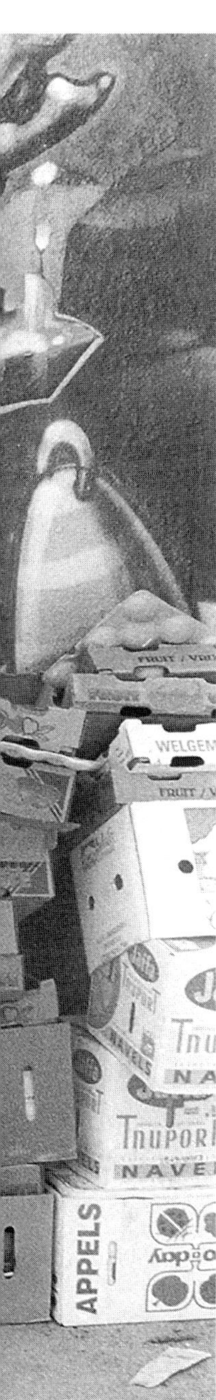

Gert Vlok Nel

(1998)

Sanger, kitaarspeler, digter, troebadoer en kultusfiguur. Suid-Afrika se Bob Dylan. Hy het literêre erkenning vir sy digbundels *om te lewe is onnatuurlik* (1993) asook *Om Beaufort-Wes se beautiful woorde te verlaat* (1999) gekry.

Singer, guitar player, poet and troubadour known for his touching lyrics. South Africa's Bob Dylan, he has become a cult figure with sporadic performances of his work.

Rosa Nepgen

(1909–2001)

(1989)

Komponis en vertaler uit die Italiaans. Sy het in haar lang vrugbare loopbaan veral erkenning gekry vir haar toonsettings van Afrikaanse gedigte. Sy was getroud met die digter W.E.G. Louw.

The composer Rosa Nepgen was especially known for setting Afrikaans poetry to music as well as for translating Italian poetry into Afrikaans. She was married to the poet W.E.G. Louw.

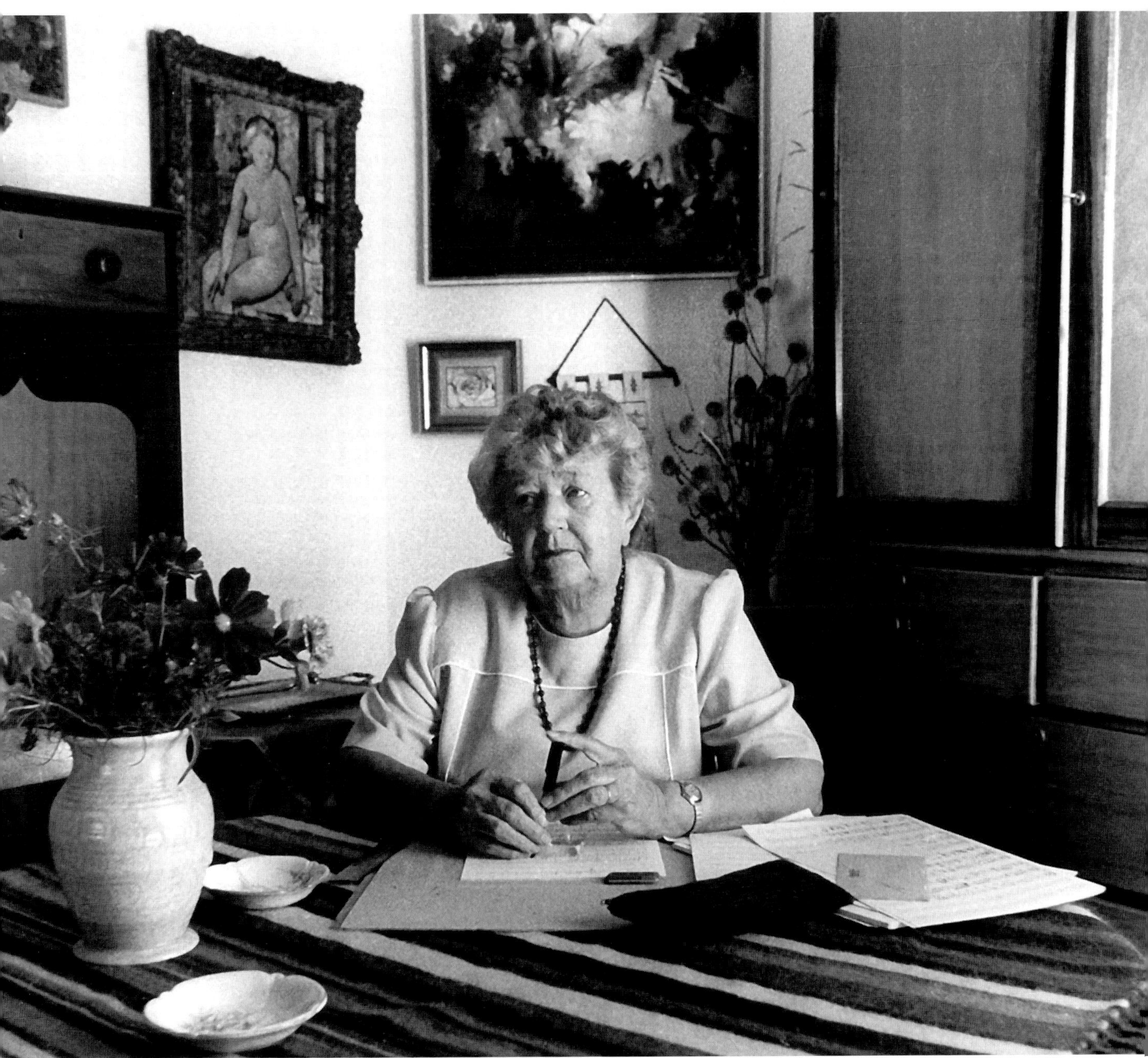

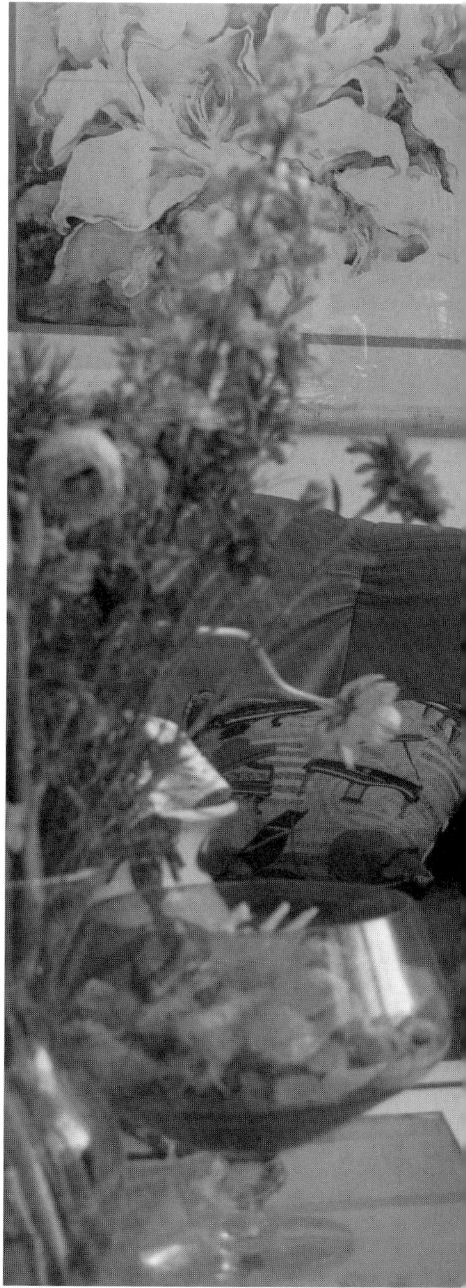

Aviva Pelham

(2005)

As operasangeres van soubretterolle is sy veral bekend vir haar charisma op die verhoog en is veel geliefd by gehore vir haar warmte en goeie toneelspel. Sy het reeds die Nederburg Operaprys verower en is baie betrokke by liefdadigheidswerk.

As opera soprano specialising in soubrette roles, Aviva is well loved for her charisma and good acting. She has won a Nederburg Opera Prize and is very involved in charity work.

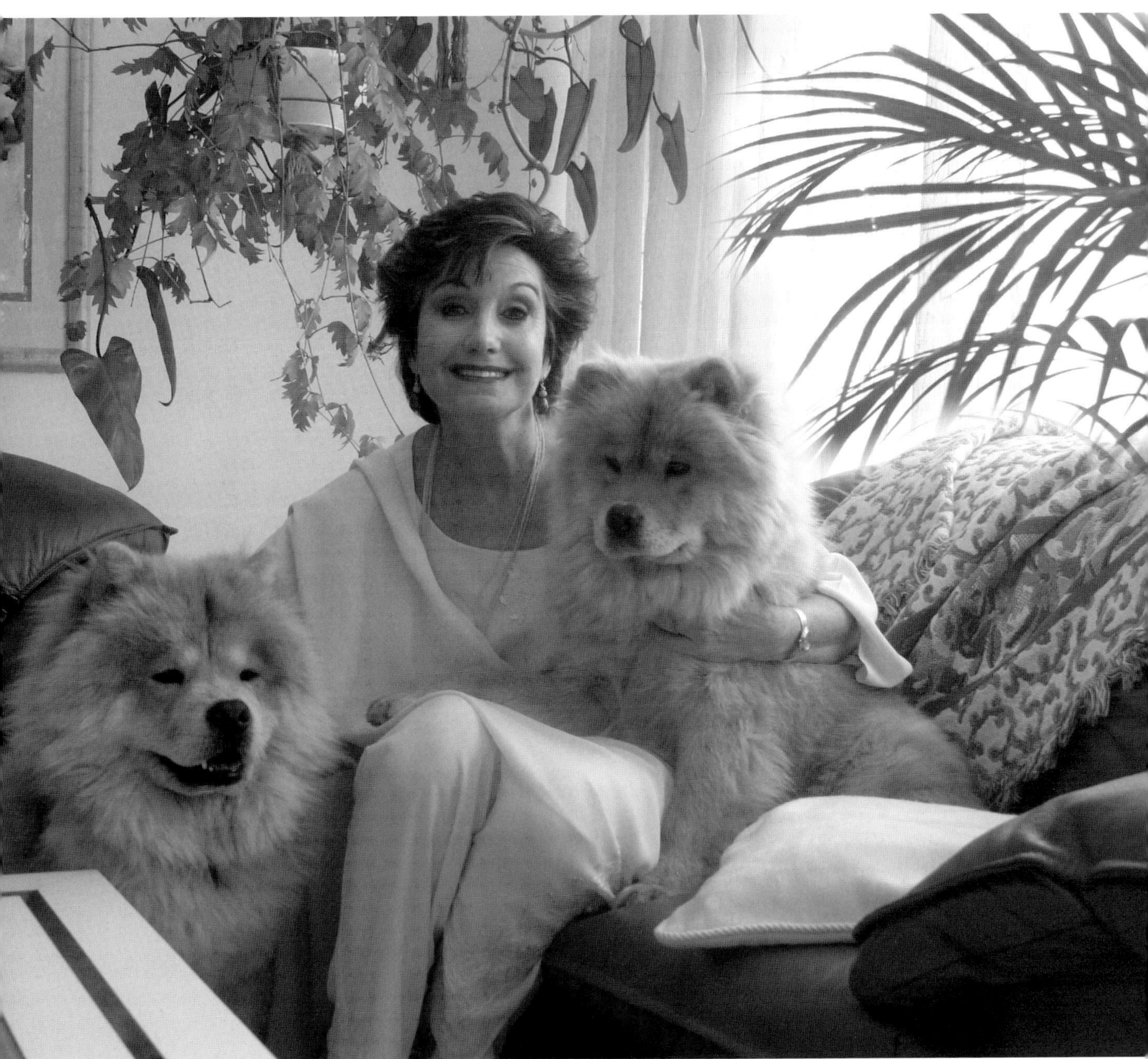

Taliep Petersen

(2005)

Taliep Petersen, 'n boorling van Distrik 6, is 'n bekende sanger, vermaaklikheidskunstenaar en musikus wat 'n groot bydrae gelewer het met sy herinterpretasie van tradisionele Kaapse musiek en sy noue samewerking met David Kramer aan hulle musiekblyspele. In die tagtigerjare was daar *District Six – the musical*, toe het *Poison*, *Crooners* en *Fairyland* gevolg, en daarna *Kat and the Kings*, wat in Londen met twee Laurence Olivier-pryse bekroon is.

Taliep Petersen, who grew up in Distict 6, is a well-known entertainer, singer and musician, and is recognised for his reinterpretation of traditional Cape music and co-operation with David Kramer in several musicals. It started in the 1980s with *District Six – the musical*, followed by *Poison*, *Crooners*, *Fairyland*, *Ghoema* and *Kat and the Kings*, which received two Laurence Olivier Awards in London.

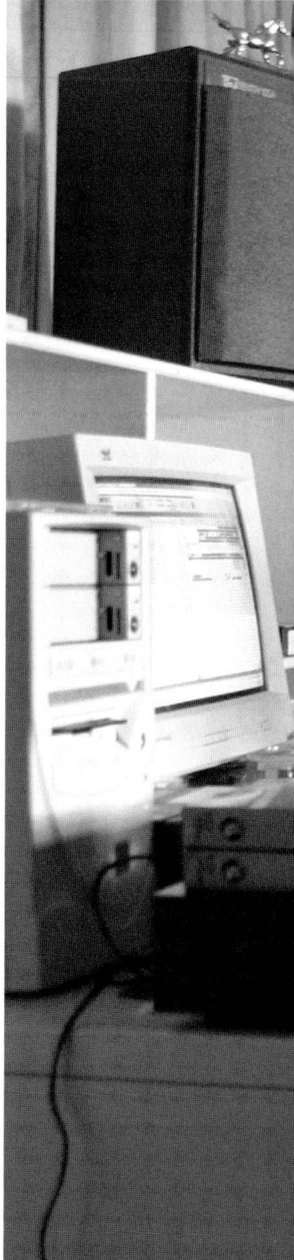

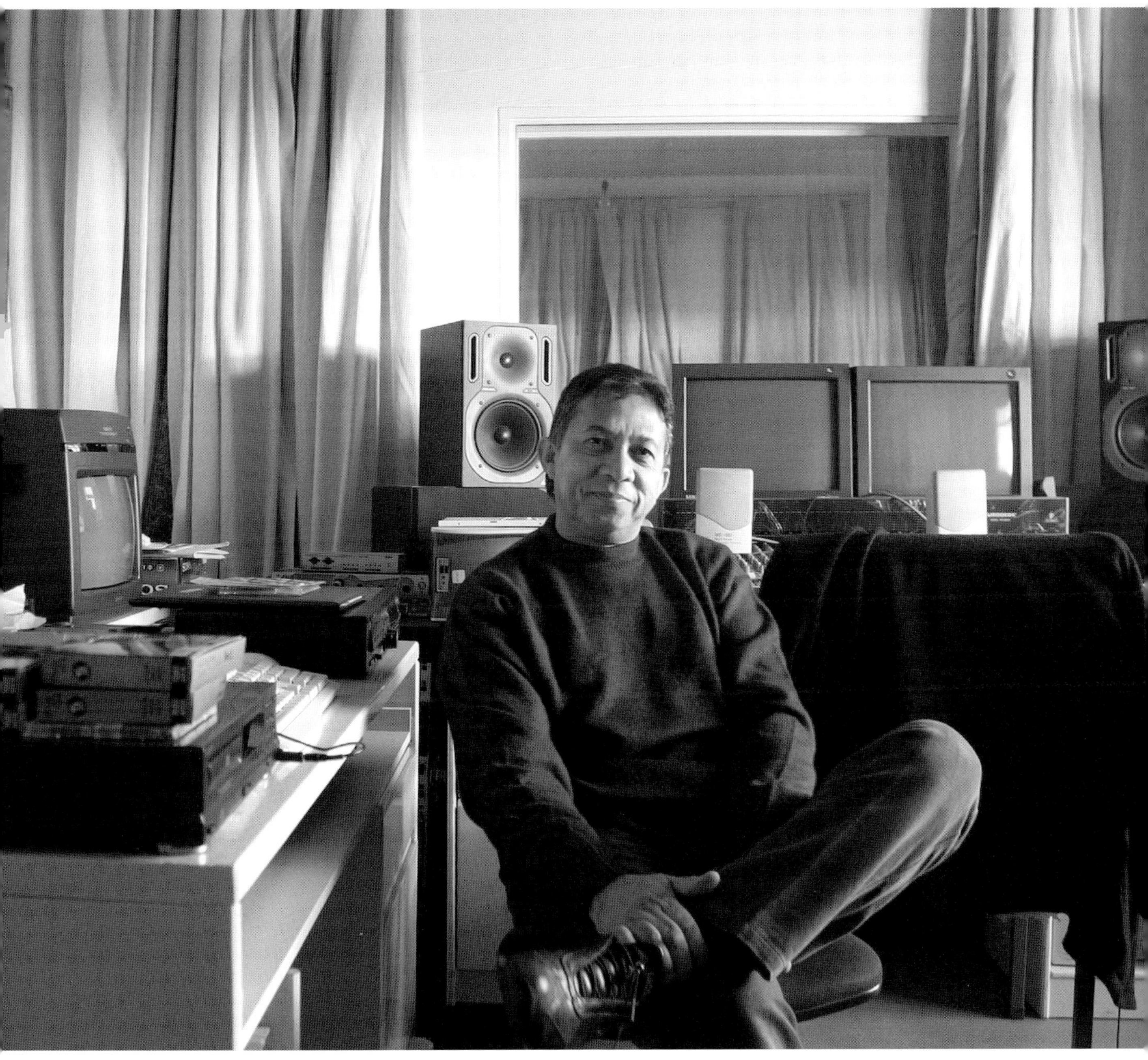

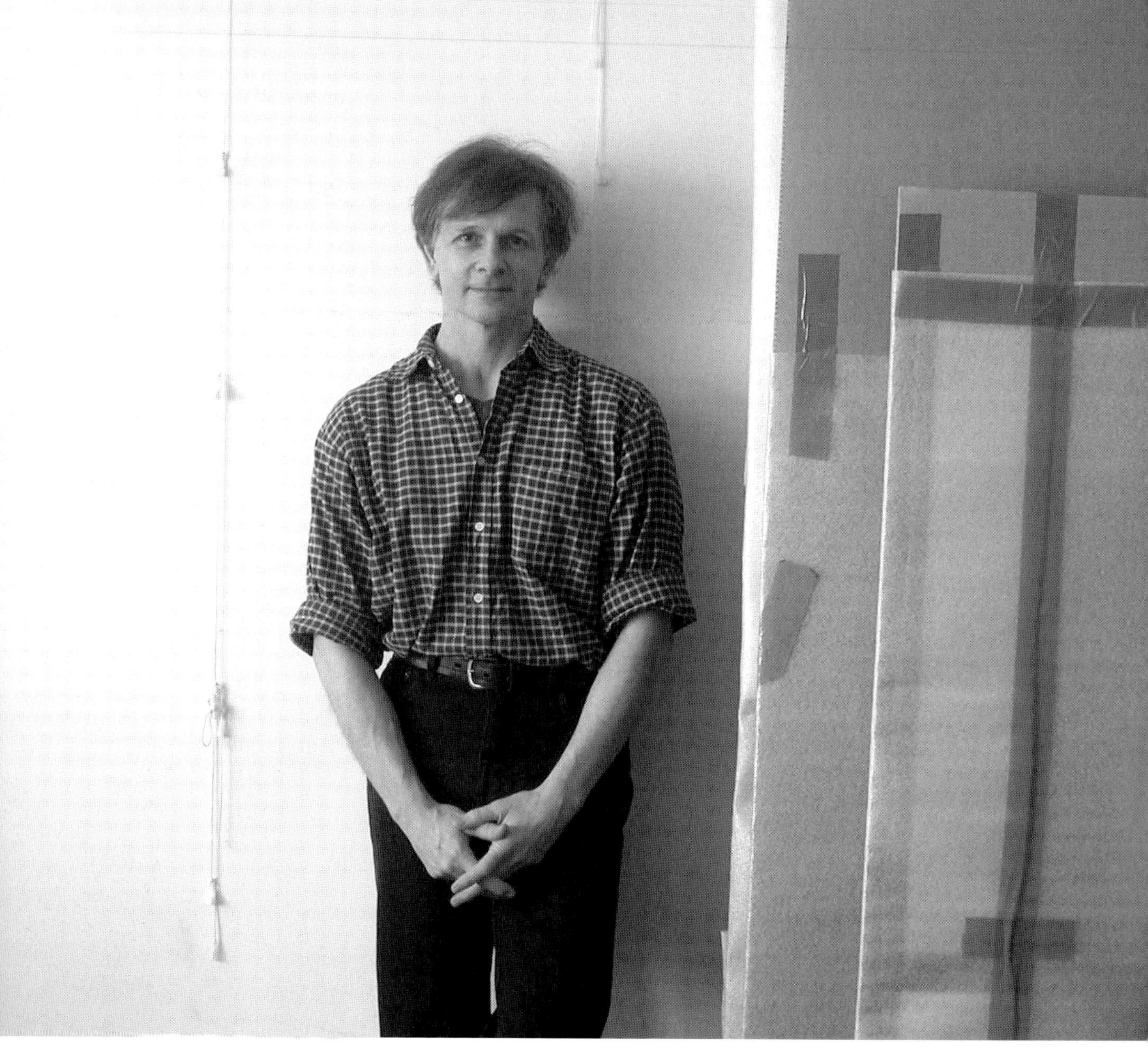

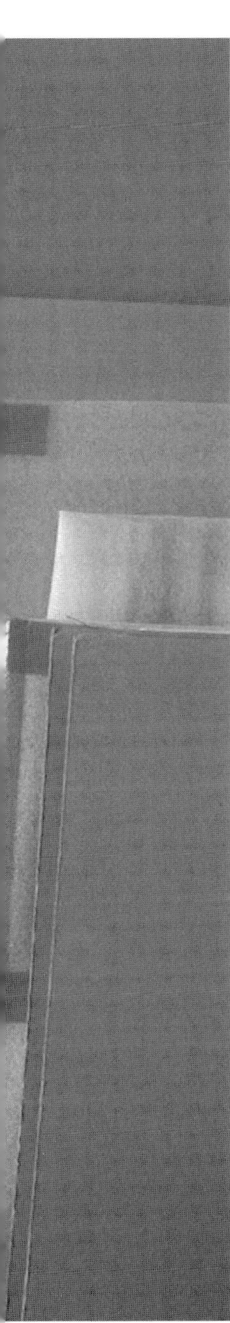

Michael Pettit

(2003)

'n Voltydse kunsskilder met 'n akademiese agtergrond. Sy groot solo-uitstallings, wat jare se werk verteenwoordig, word soms gelyktydig in twee galerye uitgestal. Sy werk omvat verskillende tegnieke, style en inhoud. Hierdie verskeidenheid bevat sekere terugkerende temas en beelde en kan liries, donker, surrealisties of misties wees.

A full-time painter with an academic background. His large one-man exhibitions, presenting several years of work, have sometimes been held at two galleries simultaneously. His work has a wide range of technique, style and content. This diversity is underpinned by recurring themes and images. It can be lyrical or dark, surreal or mystical.

Peet Pienaar

(2000)

Vroeër 'n provinsiale rugbyspeler wat toenemend bekend geword het vir die ontwikkeling van lewende kuns (*live art*) in Suid-Afrika.

Pienaar was previously a provincial rugby player but has become increasingly known for his contribution to live art in South Africa.

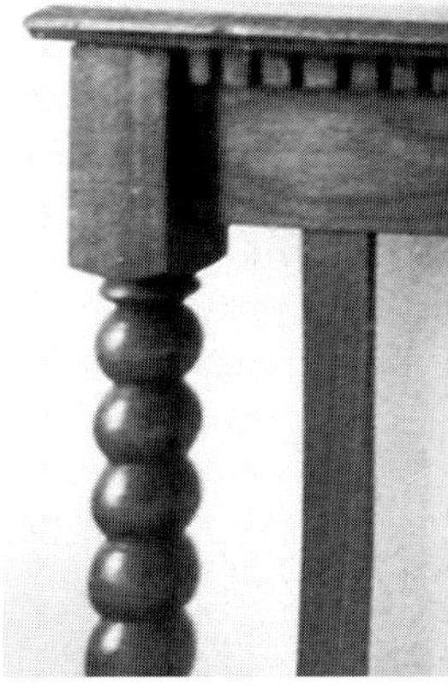

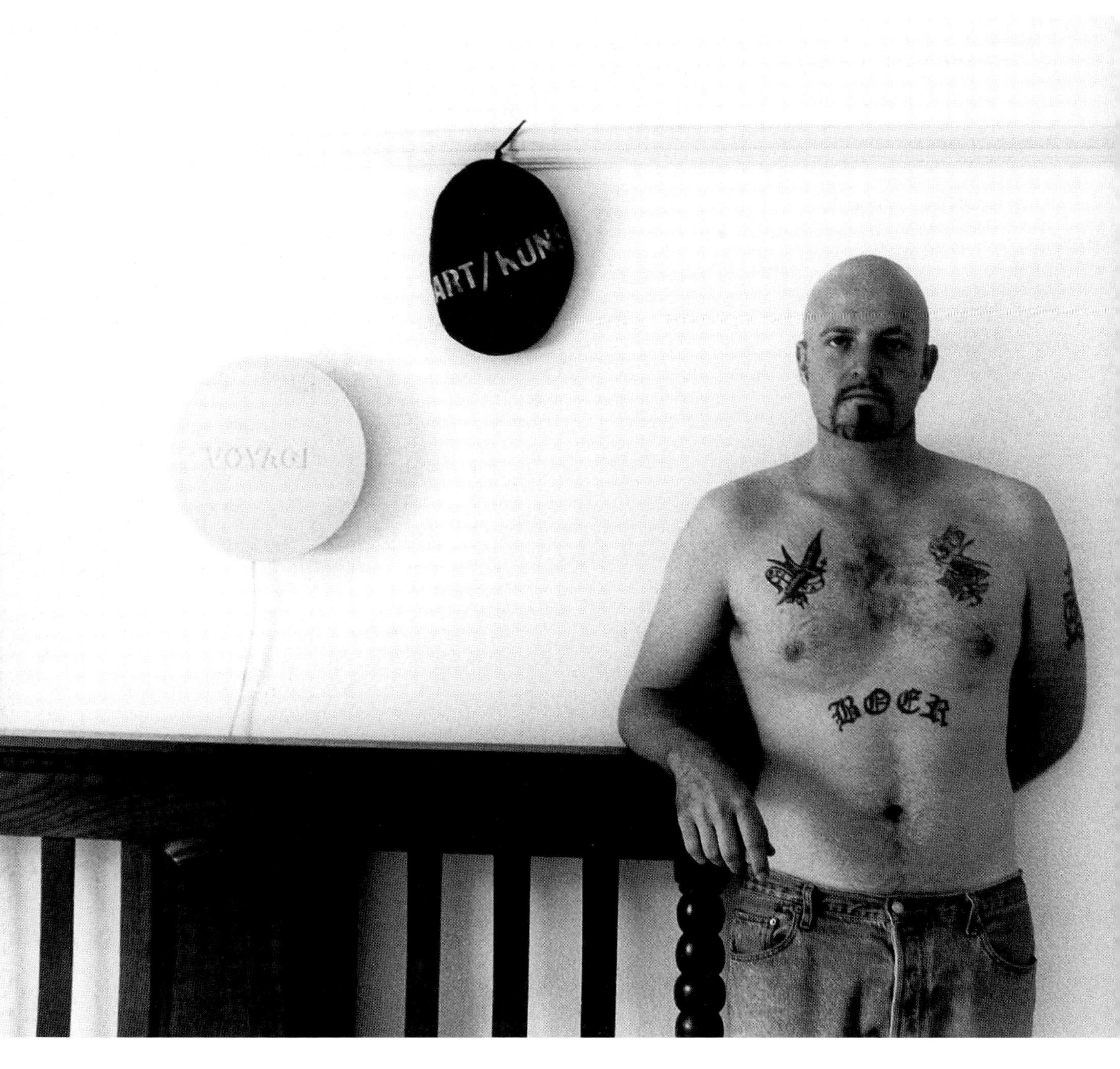
ART/KUN
BOER

Dorette Potgieter

(2005)

Rolprent-, televisie- en verhoogaktrise wat ook as model, sangeres en danseres optree.

Stage, television and film actress. She is also known as model, singer and dancer.

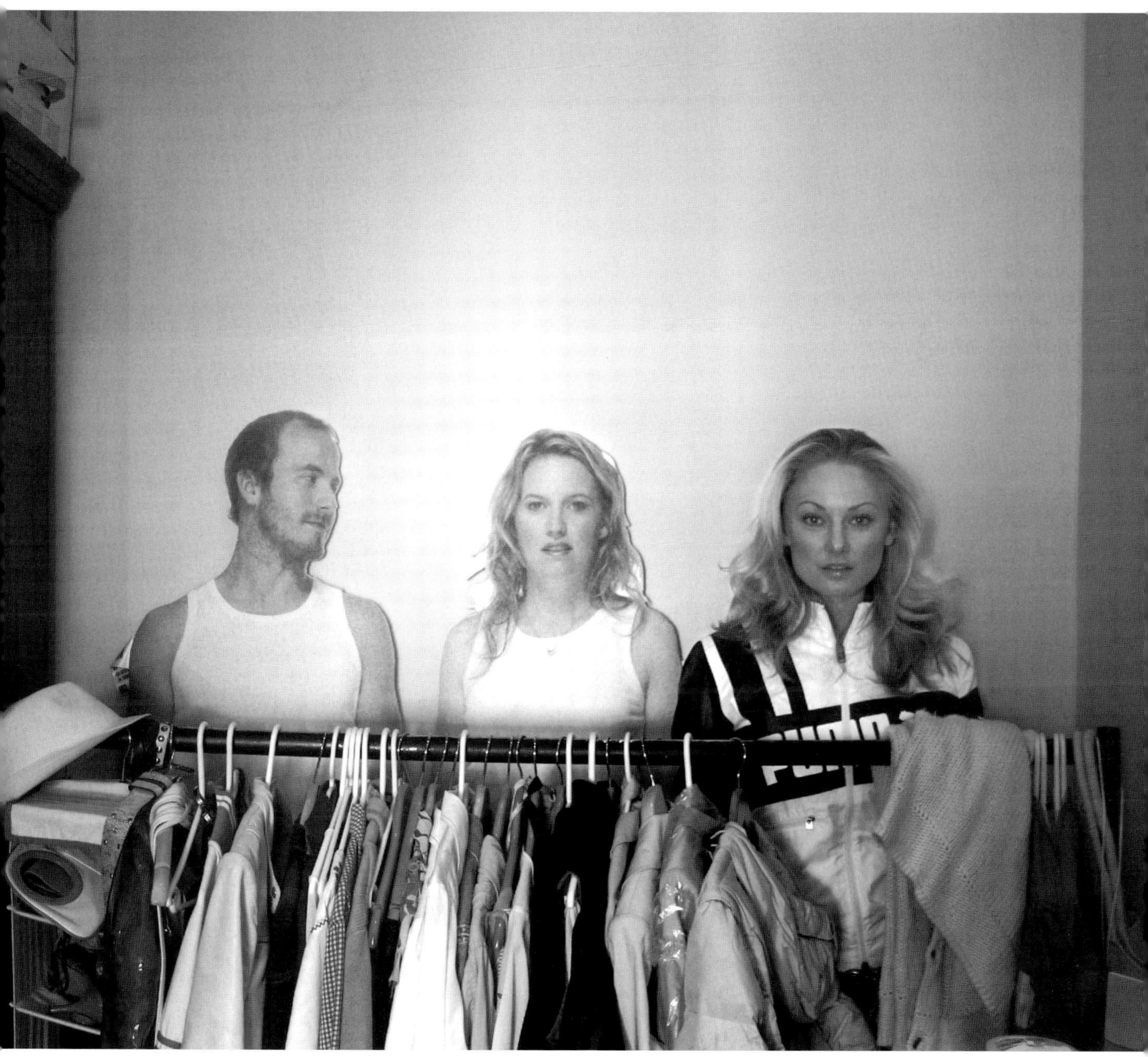

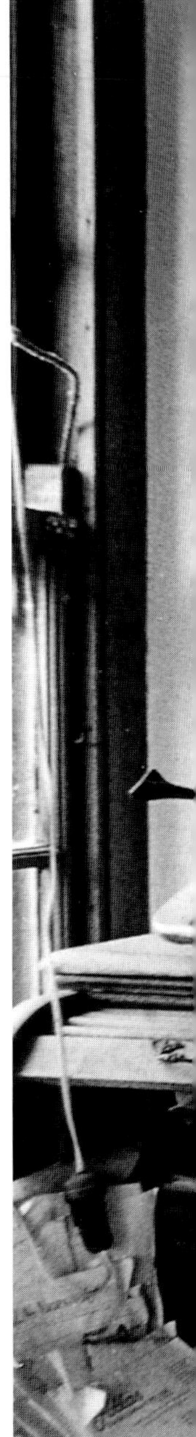

Jan Rabie

(1920–2001)

(1998)

Jan Rabie, wie se kortverhaalbundel *Een-en-twintig* (1956) beskou word as die werk wat die Sestiger-beweging ingelui het.

Jan Rabie, whose volume of short stories, *Een-en-twintig* (1956), is regarded as the pioneering work of the Afrikaans literary group known as the Sestigers.

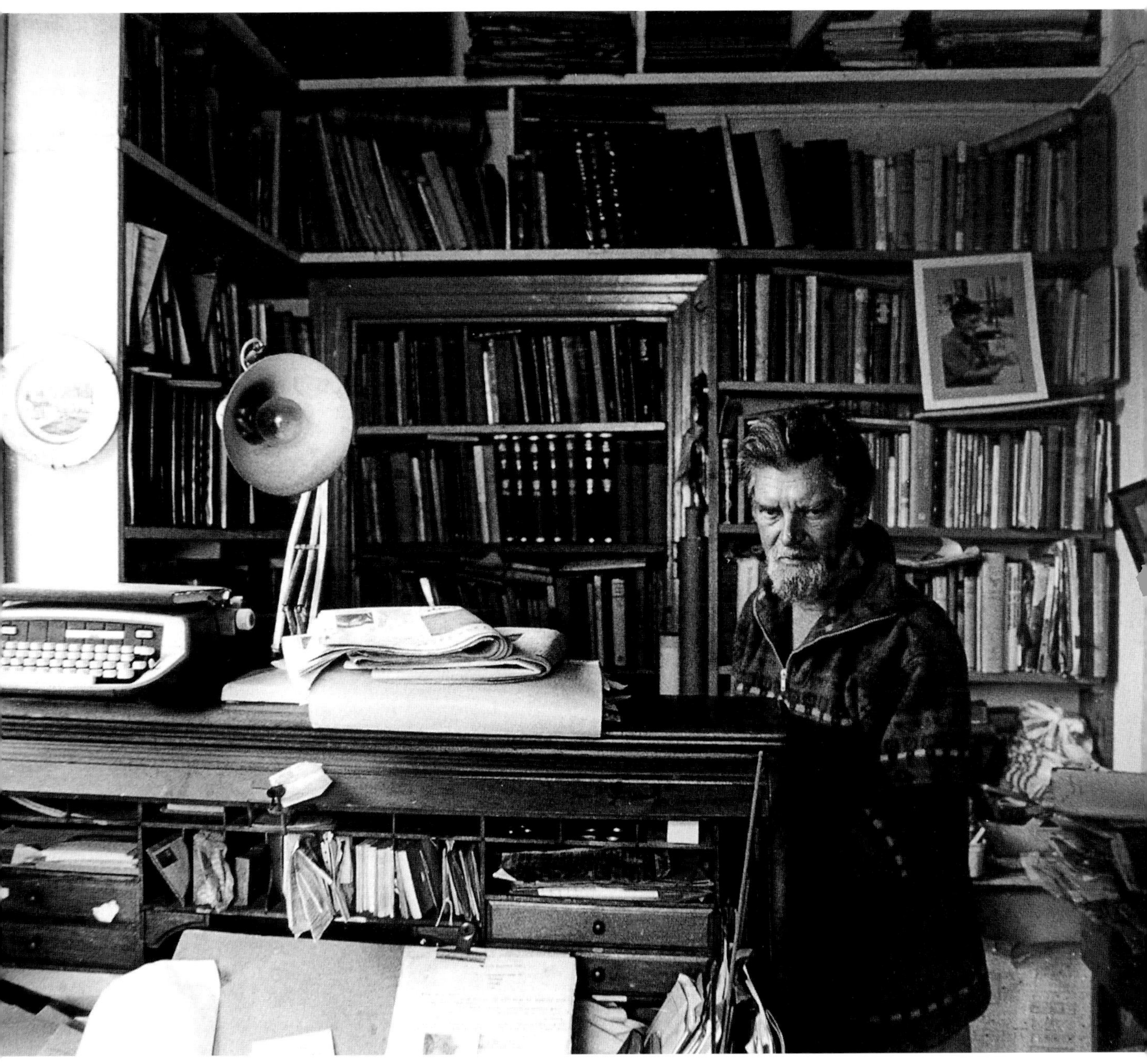

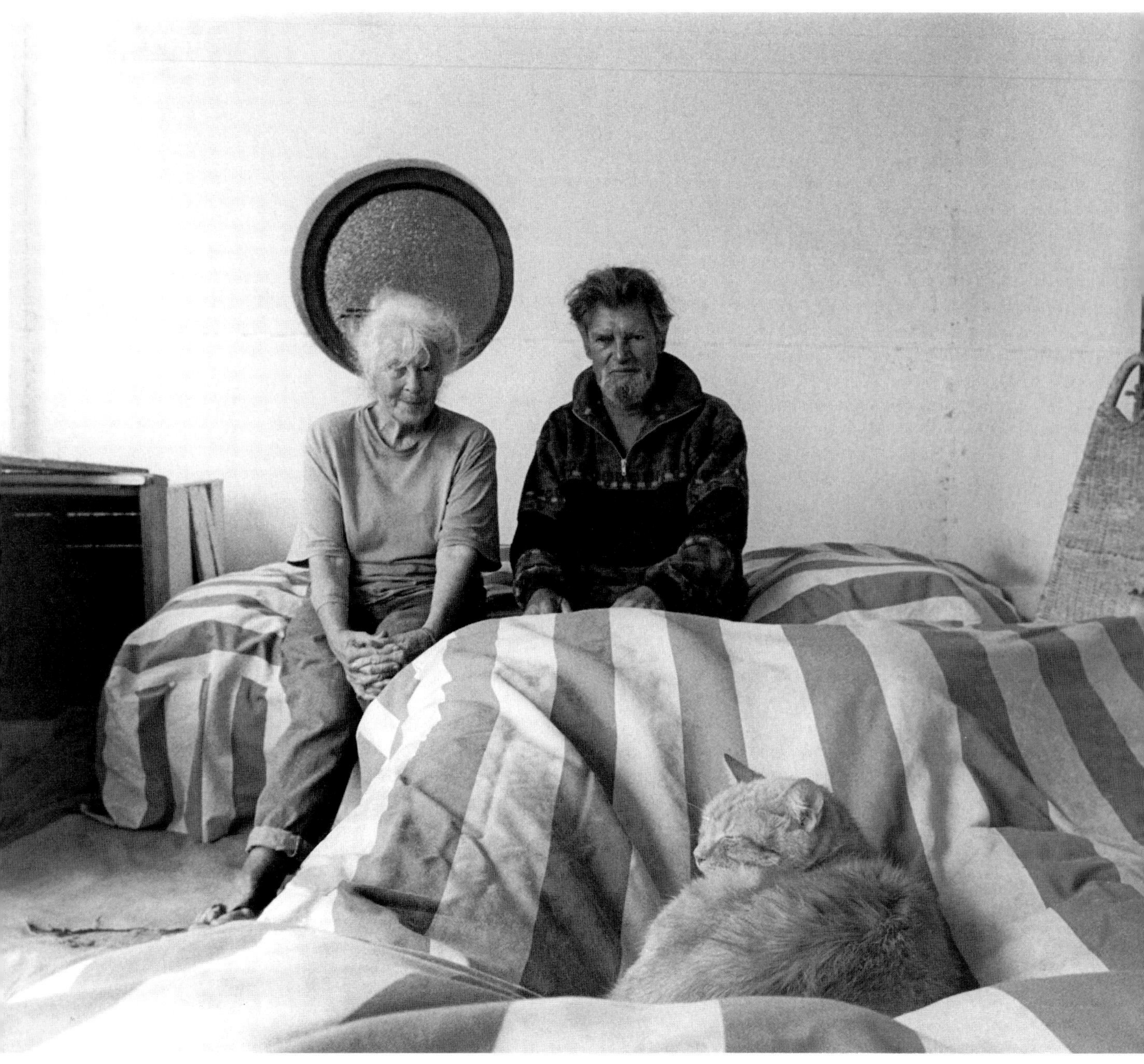

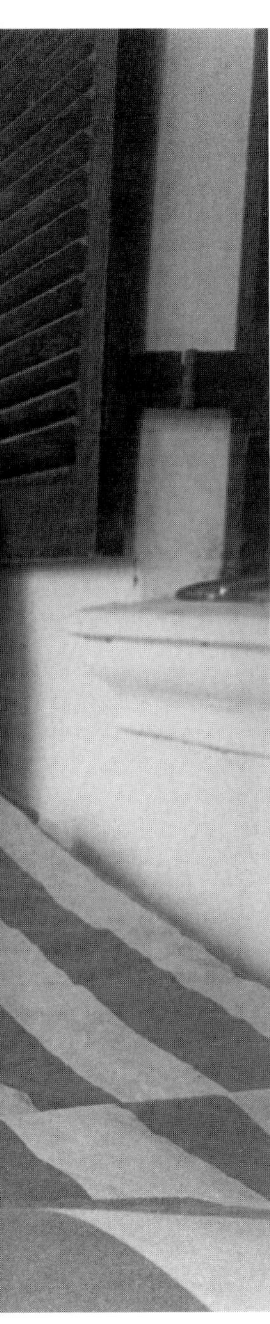

Jan Rabie
(1920–2001)
& Marjorie Wallace
(1926–2005)
(1998)

Jan Rabie het naas sy werk as Sestigerskrywer ook bekendheid en bemindheid verwerf as vertaler, natuurkenner en diereliefhebber. Hy is in 1985 deur die Franse regering vereer deur toegelaat te word tot die Erelegioen. Hy was getroud met die Skotse skilder, Marjorie Wallace. Na 'n verblyf van vyf jaar op Kreta het hulle na Vermont naby Onrus verhuis waar hulle 'n kunstenaarskolonie begin het.

Jan Rabie was writer, translator, and lover of nature. He was one of the well-known writers of the 1960s and was appointed to the Legion d'Honneur by the French president. He was married to the Scottish born South African painter Marjorie Wallace. They lived in Crete for five years and later moved to Vermont near Onrus River where they started a small artists' colony.

Fanus Rautenbach

(2005)

Sy vrou het altyd gesê hy is nie net een mens nie, hy is 'n hele opvoering. Fanus Rautenbach is 'n geliefde radiopersoonlikheid en skrywer veral weens sy vroegoggend-radioprogram *Flink uit die vere* (1961–1971). Hy is ook die skrywer van etlike humoristiese boeke.

Fanus Rautenbach was a well-known radio presenter, especially popular for his early morning program *Flink uit die vere*. He has also published several books with humorous content.

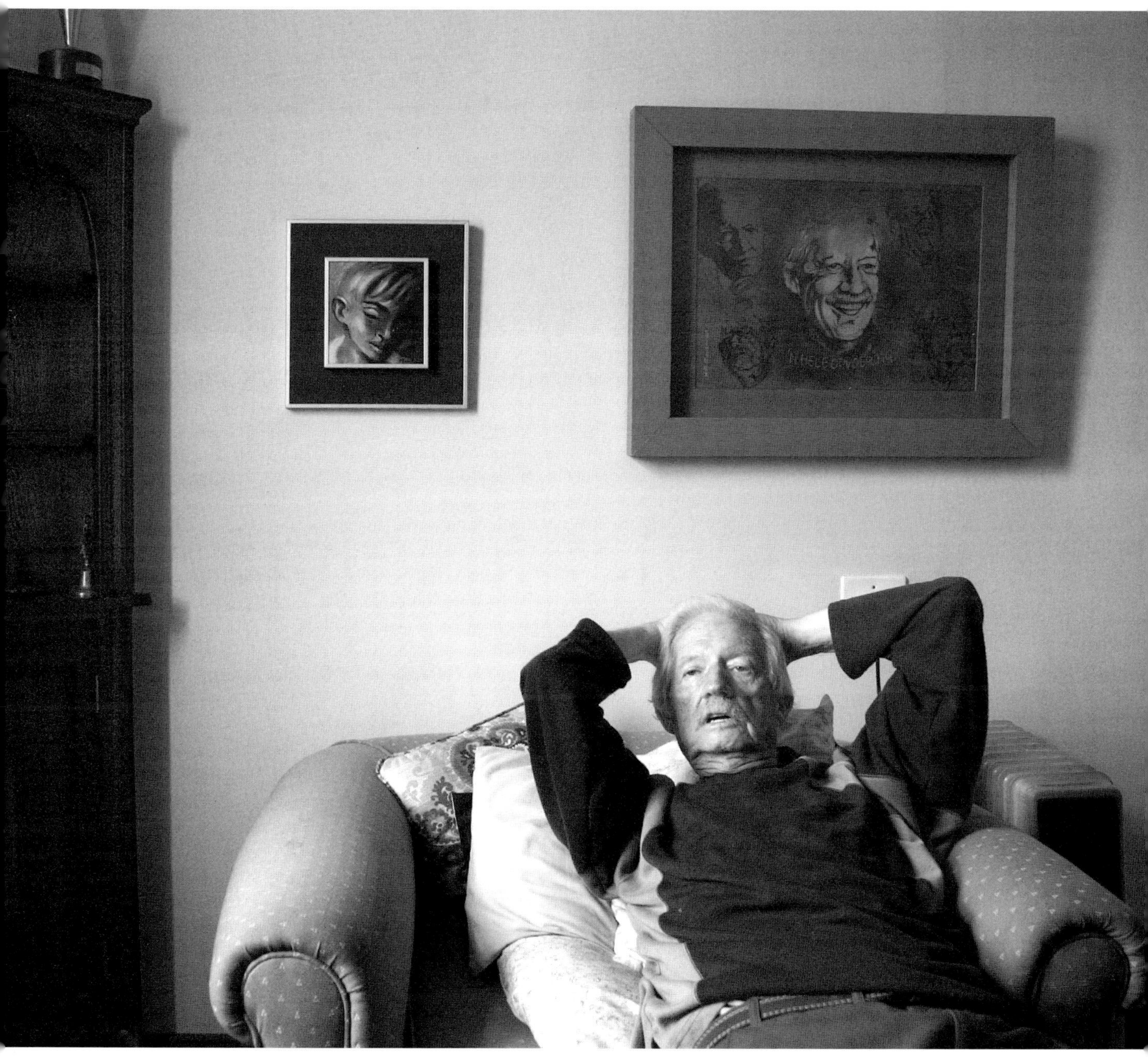

Mary Renault
(1905–1983)
(1978)

Skrywer wat internasionale bekendheid verkry het veral vir haar romans oor Alexander die Grote. Sy het aan Oxford studeer en haar later as verpleegster bekwaam. Ná die Tweede Wêreldoorlog verhuis sy na Durban en nog later na Kaapstad waar sy oorlede is.

Internationally renowned author, especially for her novels on Alexander the Great. Born in London, she studied at Oxford, worked as nurse, and emigrated to South Africa after World War II. She lived in Durban and later settled in Cape Town where she died.

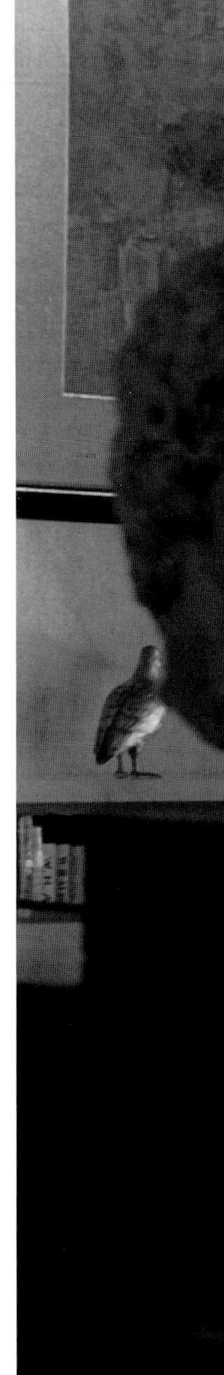

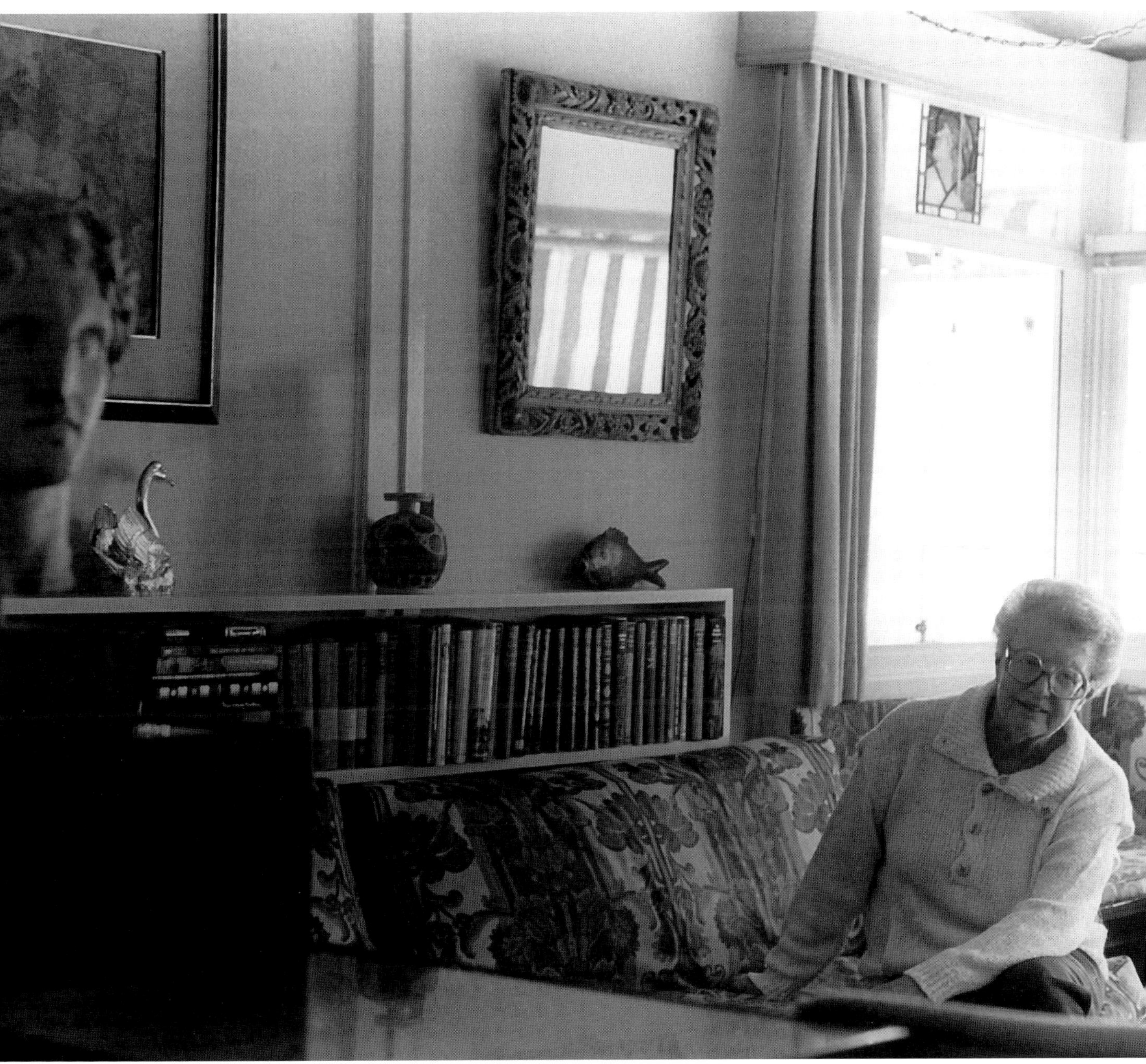

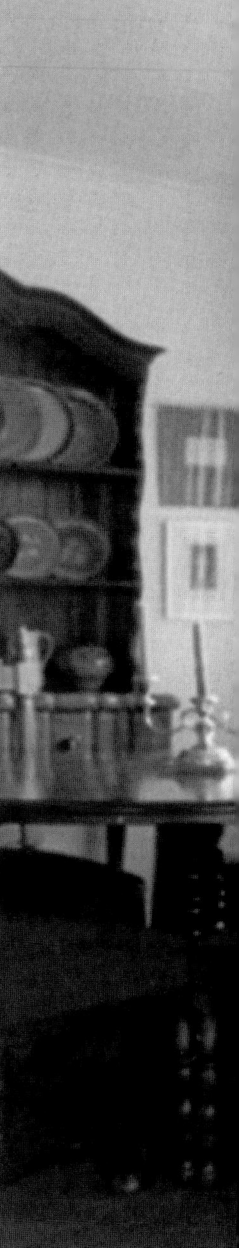

Richard Rive

(1931–1989)

(1984)

Skrywer en akademikus Rive is in Distrik 6 gebore. Van sy bekendste werk is sy outobiografie *Writing black* (1977) en *Buckingham Palace, District Six* (1986). Hy ontvang 'n doktorsgraad van Oxford vir 'n proefskrif oor Olive Schreiner. In 1989 is hy wreedaardig in Kaapstad vermoor.

Writer and academic, Richard Rive was born in District 6 and is known for his autobiography, *Writing black* (1977) and *Buckingham Palace, District Six* (1986). He received a doctorate from Oxford for his thesis on Olive Schreiner. He was brutally murdered in 1989.

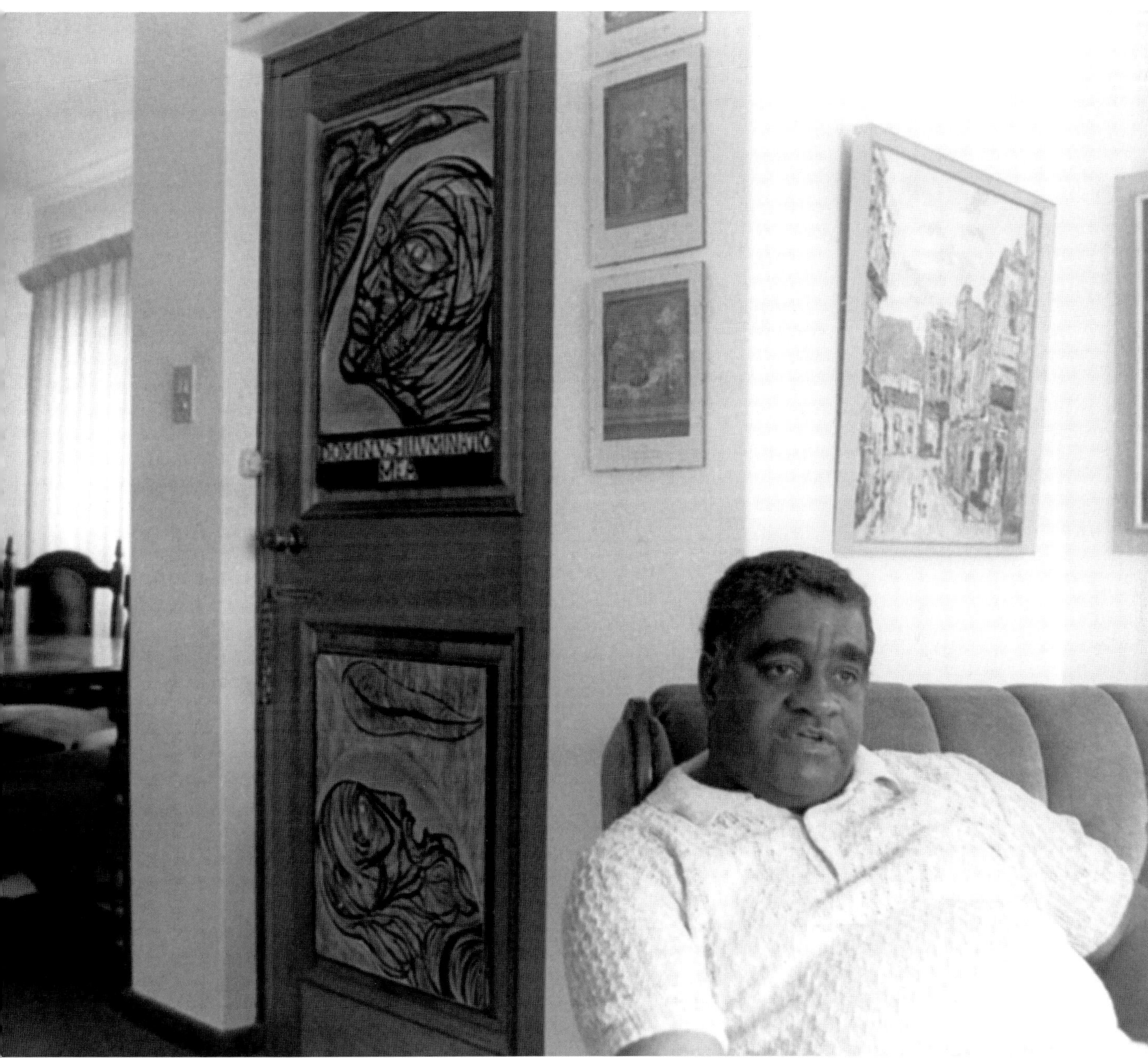

Hans Roosenschoon

(2005)

Hans Roosenschoon is in Nederland gebore en is tans Direkteur van die Konservatorium vir Musiek aan die Universiteit van Stellenbosch. Hy is ook komponis en sy komposisies word dikwels sowel plaaslik as in die VSA, die VK en in Wes- en Oos-Europa uitgevoer.

The Director of the Conservatoire of Music at the Stellenbosch University was born in the Netherlands. His compositions have been performed regularly throughout South Africa, as well as in the USA, the UK and several West and East European countries.

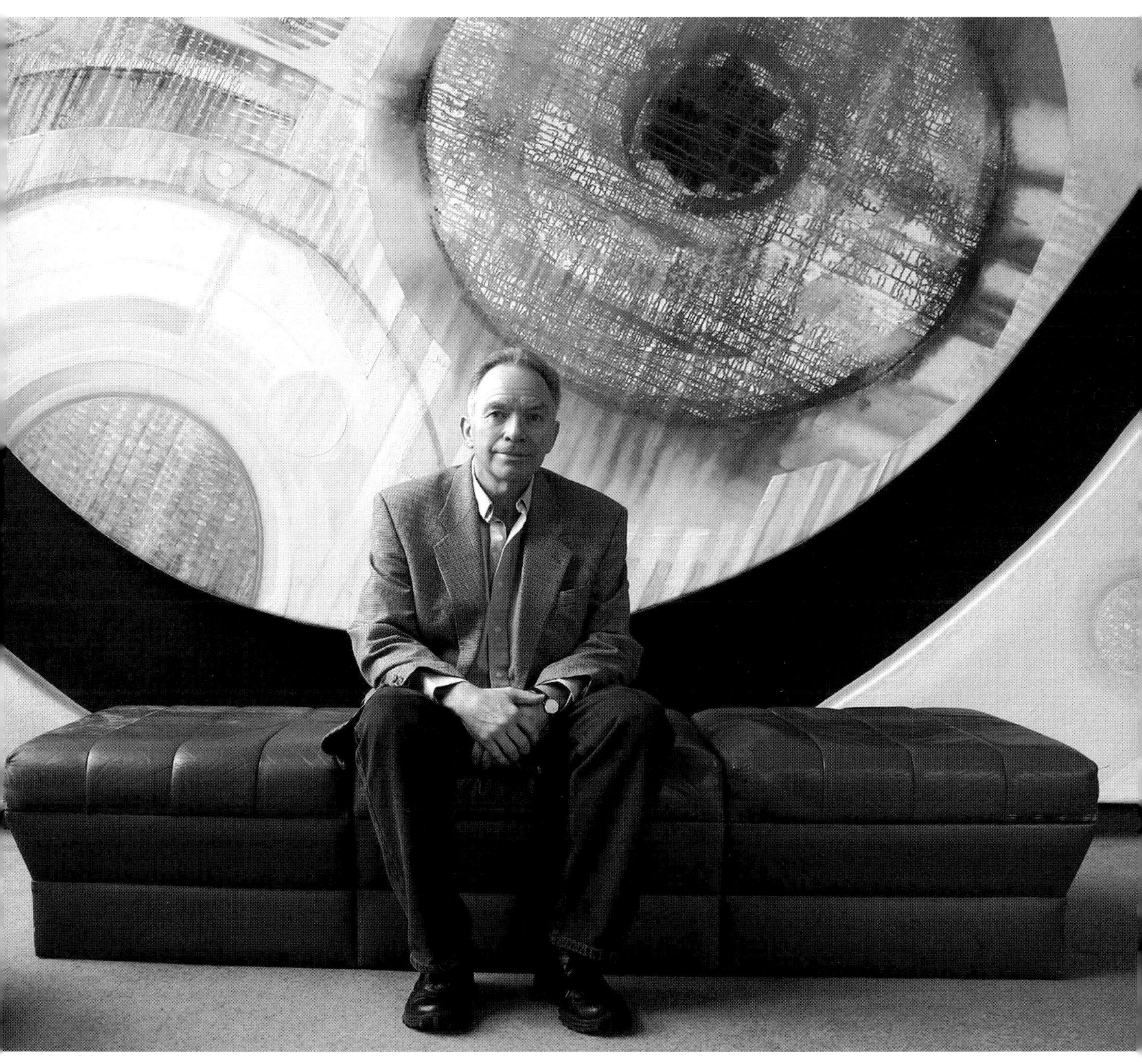

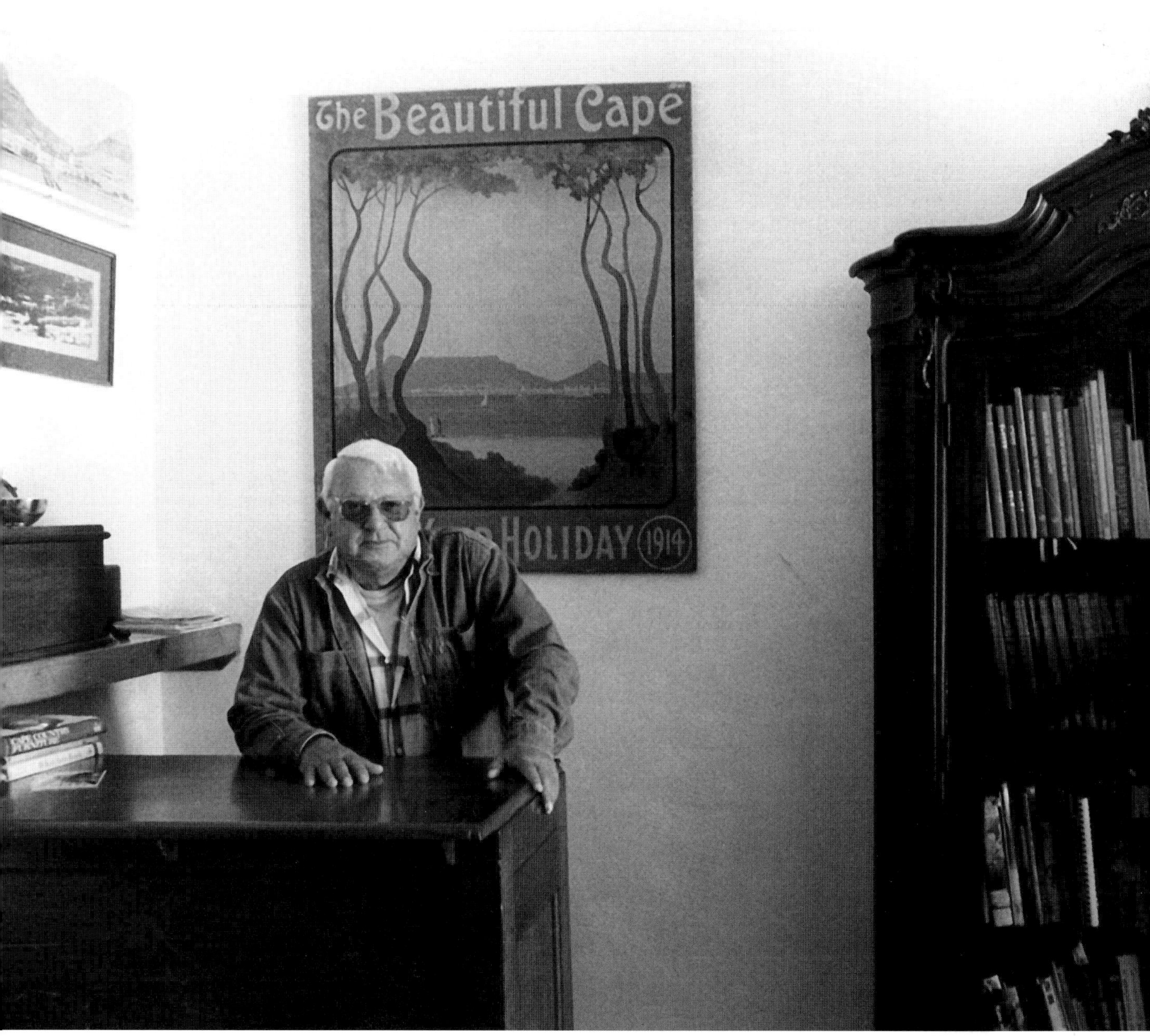
The Beautiful Cape
HOLIDAY 1914

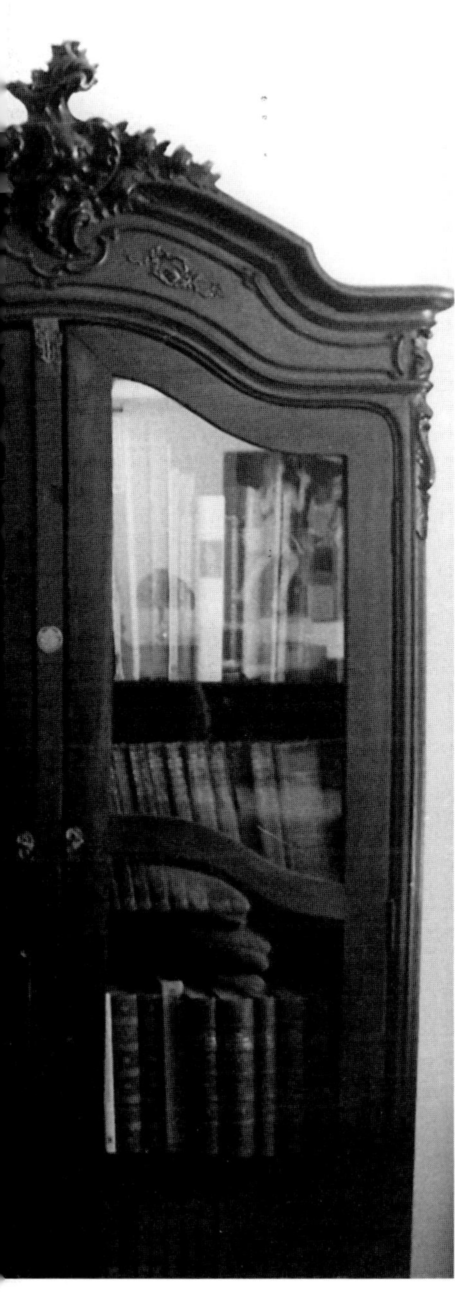

Leon Rousseau

(1998)

Leon Rousseau was in 1959 medestigter van die uitgewery Human & Rousseau. Hy het self 'n hele aantal boeke geskryf, waaronder die Fritz Deelman-reeks. Rousseau se bekendste werk is *Die Groot Verlange* (1974), die verhaal van Eugène N. Marais, wat in 1975 met die CNA-prys bekroon is. Hiermee, volgens J.C. Kannemeyer in sy standaardwerk *Die Afrikaanse literatuur 1652–1987*, lewer hy 'n unieke bydrae op die gebied van die biografie in Afrikaans.

Leon Rousseau was co-founder of Human & Rousseau Publishers in 1959. He also wrote several books, among which are the Fritz Deelman series for teenagers. Rousseau's best known work is *Die Groot Verlange* (1974), the biography of Eugène N. Marais, for which he was awarded the CNA Prize and which according to J.C. Kannemeyer was a milestone among biographies written in Afrikaans.

Leonard Schach
(1918–1996)
(1975)

Schach, wat in Suid-Afrika gebore is, het sowat 300 teaterproduksies in Suid-Afrika, Israel, Amerika, Engeland, België en Italië geregisseer. Hy het hom later in Israel gevestig.

Schach was born in South Africa but eventually settled in Israel. He produced about 300 plays in South Africa, Israel, America, England, Belgium and Italy.

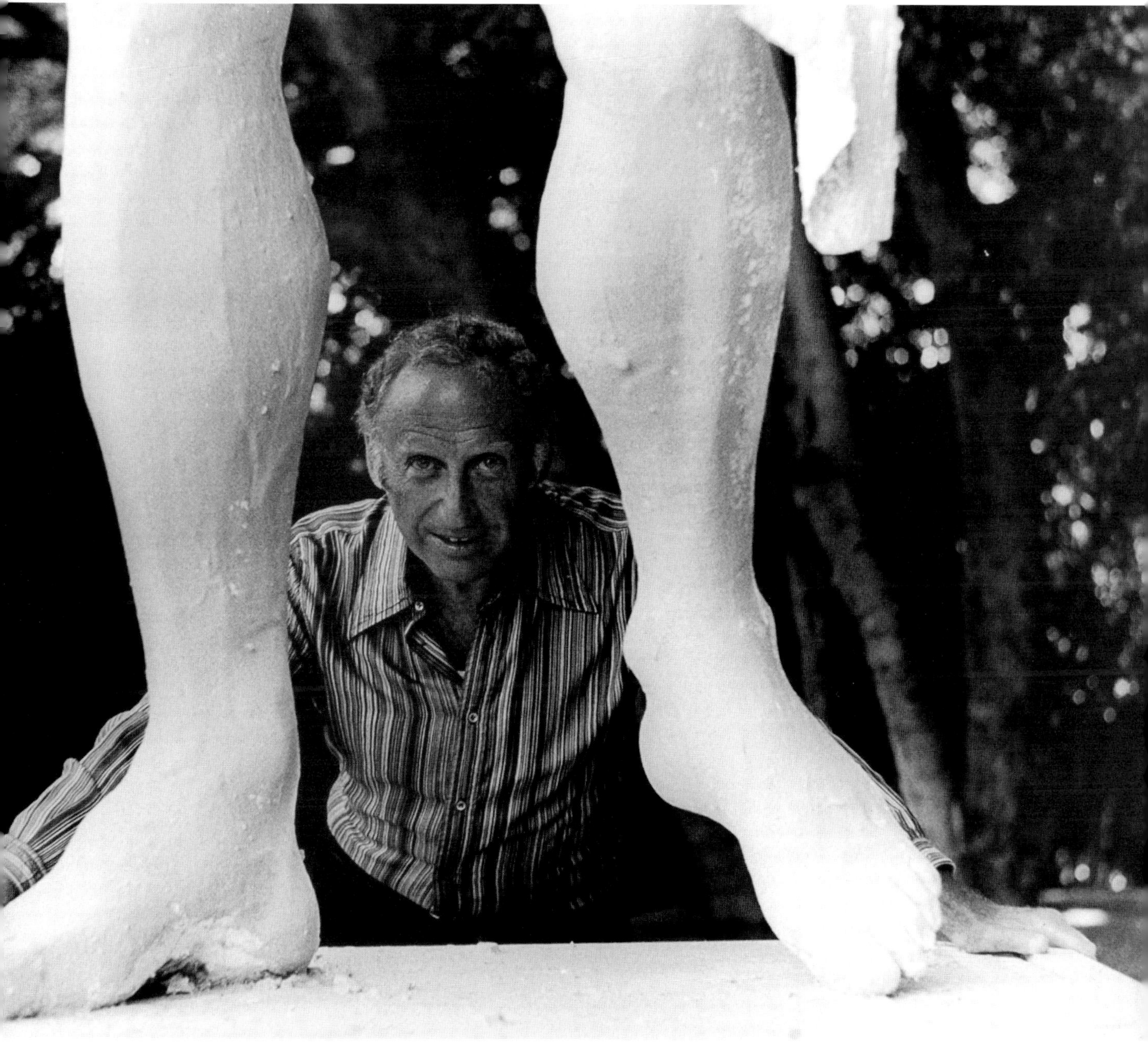

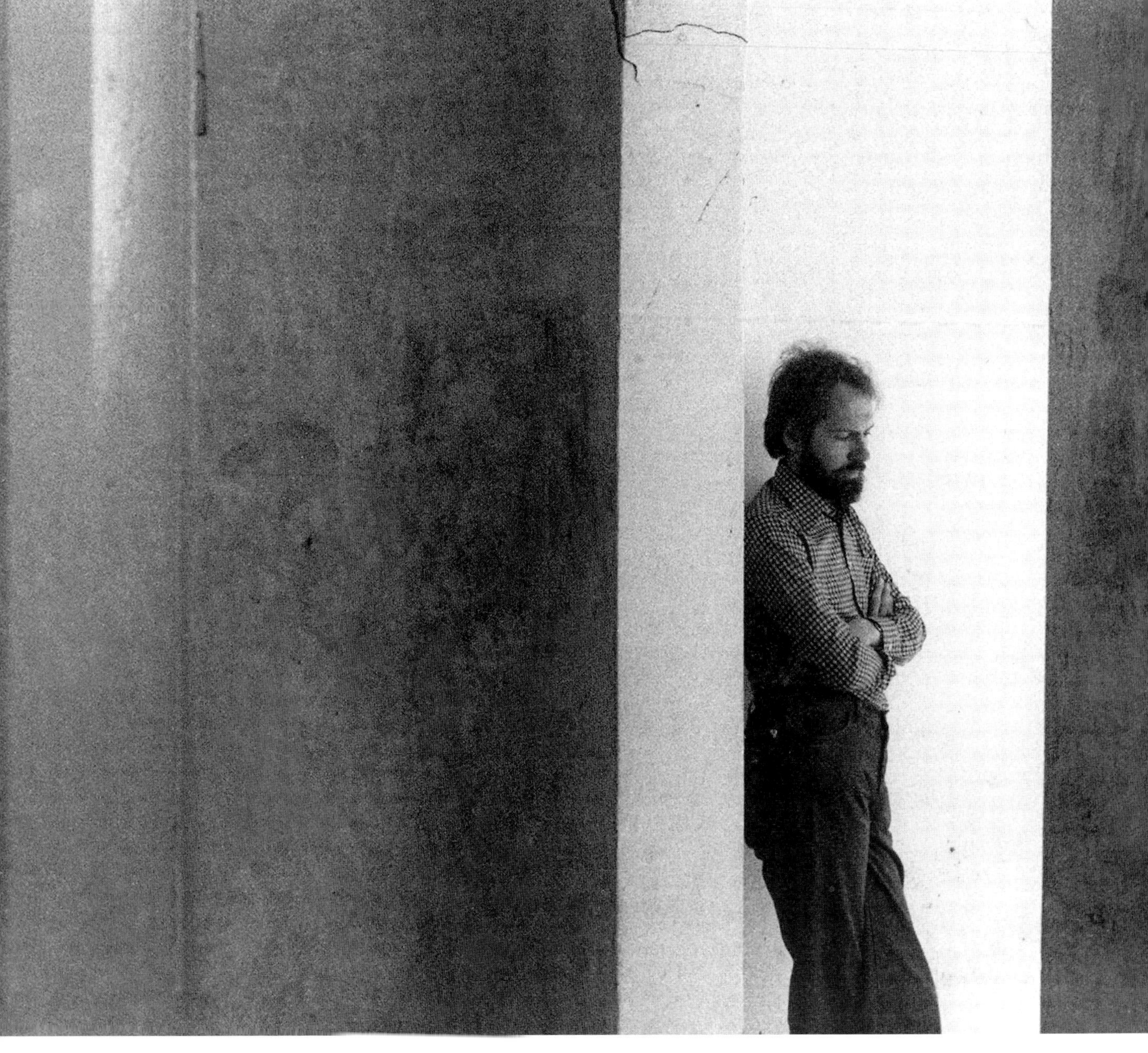

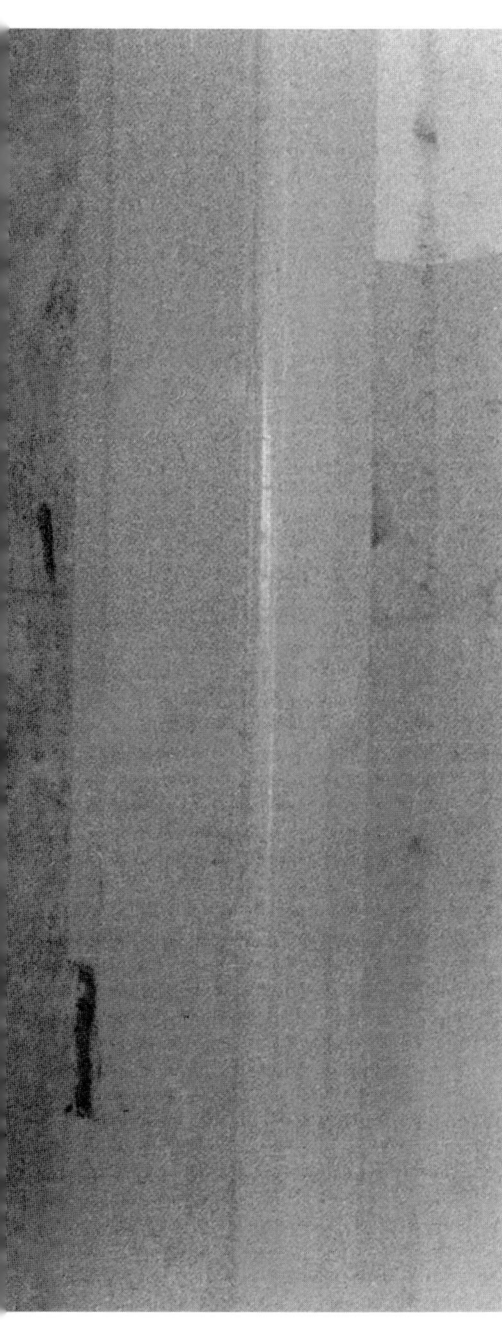

Karel Schoeman

(1973)

Romanskrywer Karel Schoeman is op Trompsburg gebore. Hy verhuis in 1961 na Ierland waar hy die novisiaat vir priesterskap in die Franciskaanse orde deurloop. Hy keer in 1976 permanent terug na Suid-Afrika waar hy hom as bibliotekaris en navorser bekwaam. Hy is bekend vir sy gedrae romanwerke en vir sy talle boeke oor historiese onderwerpe. Ná sy aftrede keer hy na sy geboortedorp terug.

The reclusive writer was born in Trompsburg. He studied for the priesthood in Ireland but later returned to South Africa to work as librarian. He is best known for his novels and for his enormous output as historian. After retirement he again settled in the town of his birth.

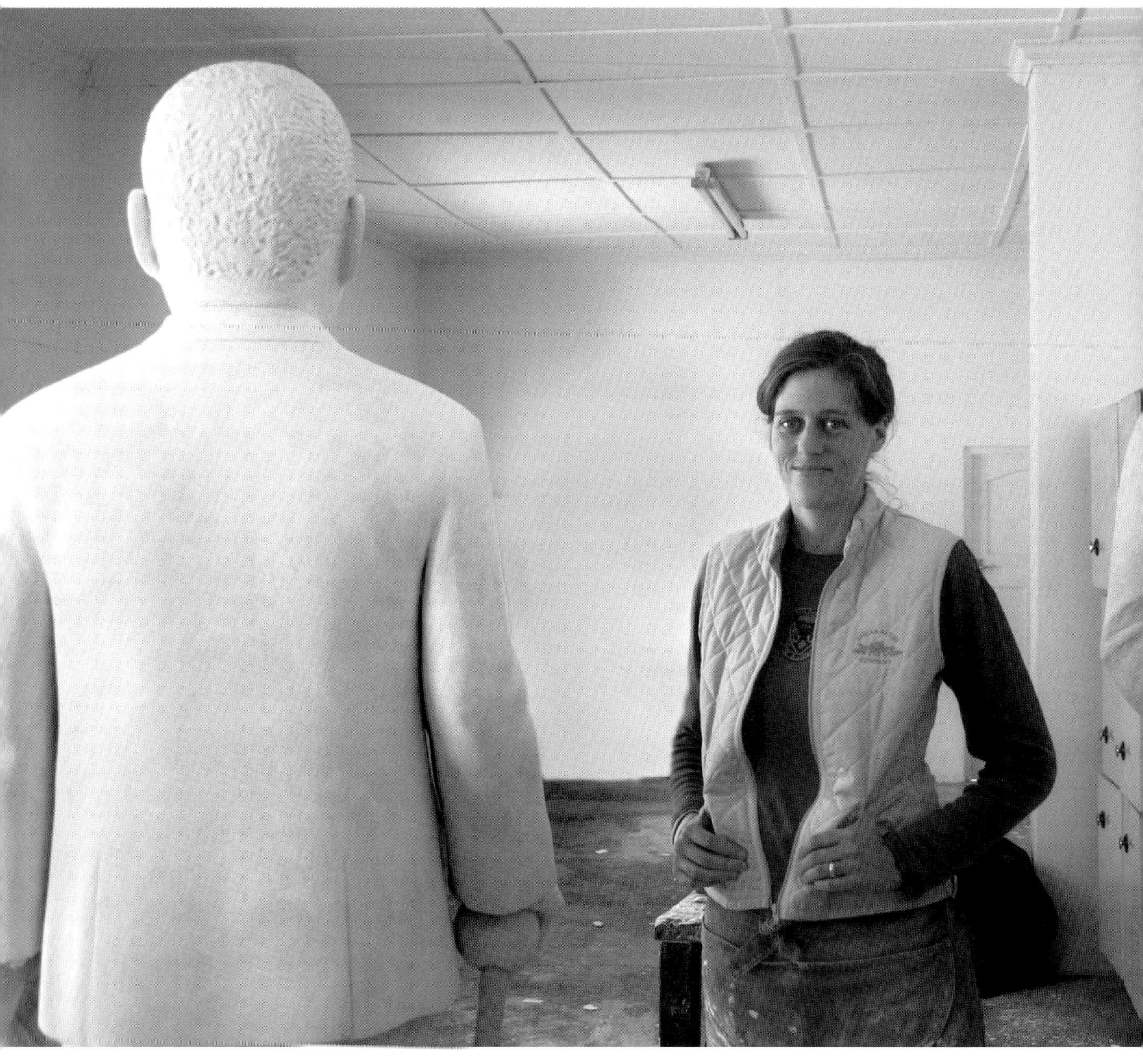

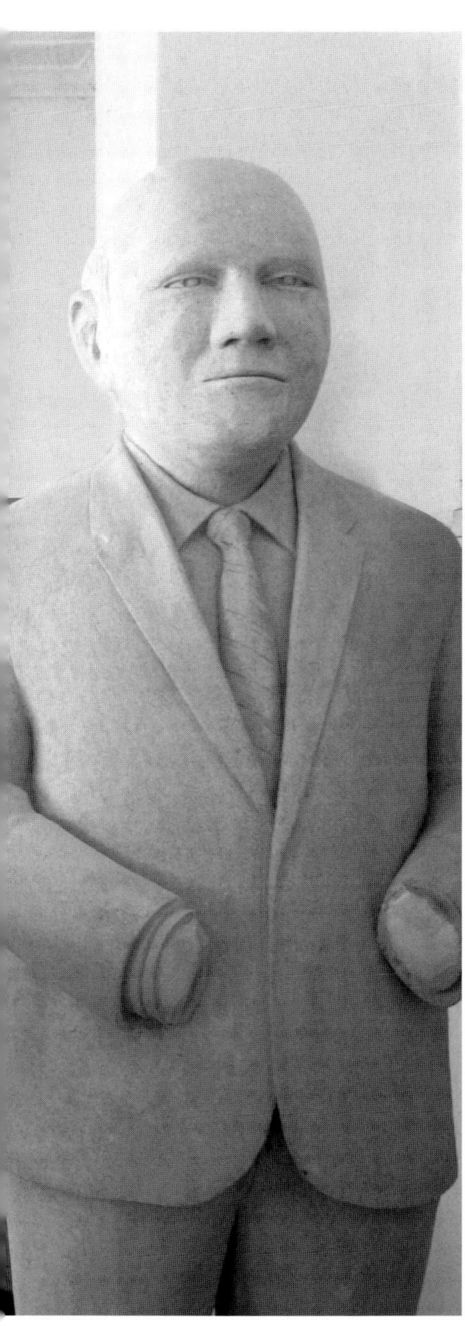

Claudette Schreuders

(2005)

Jong beeldhouer wat internasionaal uitstal. Sy het opdrag gekry om standbeelde van Suid-Afrikaanse wenners van die Nobelprys vir Vrede vir die V&A Waterfront in Kaapstad te maak wat op Versoeningsdag 2005 onthul is.

Young South African sculptor who received the commission for a group of statues of South African winners of the Nobel Peace Prize for the V&A Waterfront in Cape Town. These statues were unveiled on 16 December 2005.

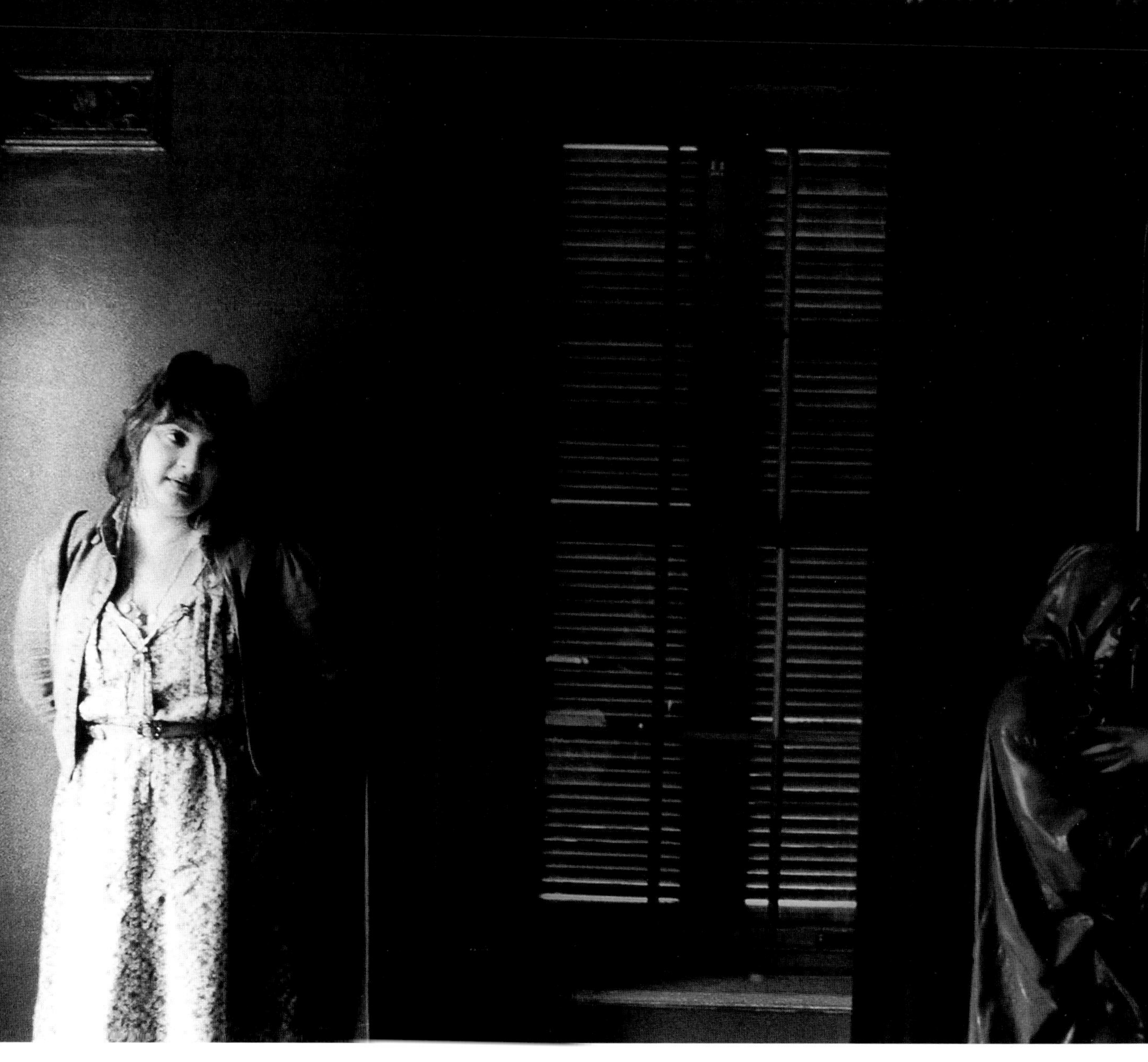

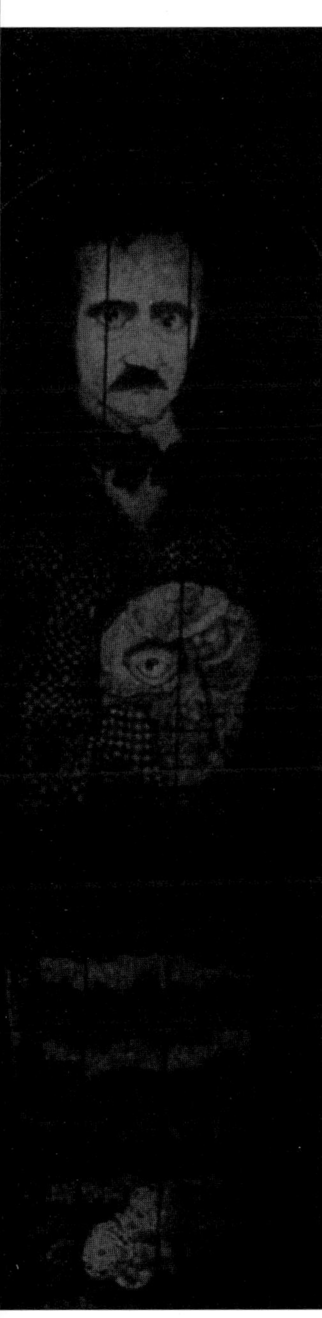

Eris Silke

(1985)

Hongaars-gebore Silke het geen formele kunsopleiding ontvang nie. Haar kunswerke spreek van fantasie in 'n tydlose wêreld. Sy het haar 'n tyd lank besig gehou met 'n reeks skilderye wat deur die werke van Edgar Allan Poe geïnspireer is.

Born in Hungary, Silke is a self-taught painter of fantasy set in a timeless world. Amongst others, she completed a series of paintings inspired by the works of Edgar Allan Poe.

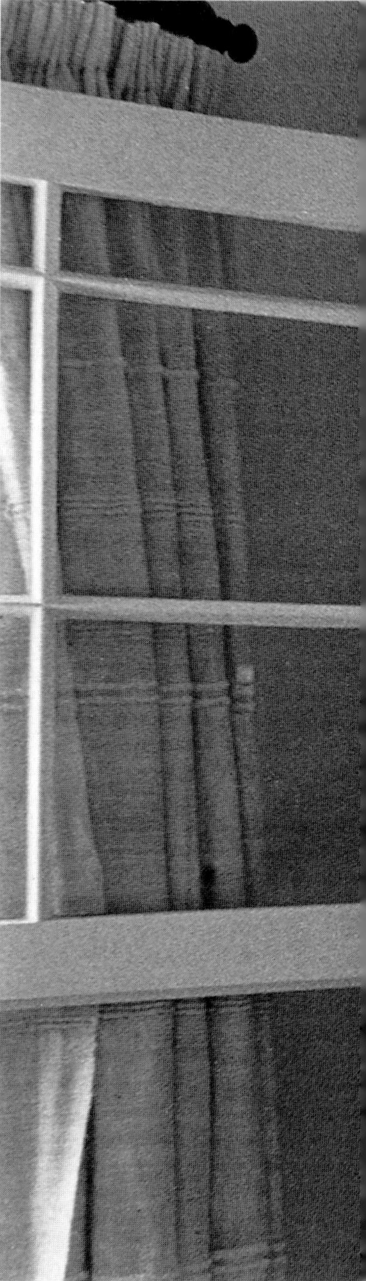

Van Zyl Slabbert

(1985)

Frederik van Zyl Slabbert was leier van die opposisie (1979–1986) en later direkteur van IDASA. Tans is hy sakeman en politieke analis. Verskeie boeke en artikels het uit sy pen verskyn. In 2004 is hy deur televisiekykers aangewys as een van die 100 top-Suid-Afrikaners.

Frederik van Zyl Slabbert was leader of the opposition (1979–1986) and later became director of IDASA. At present he is a businessman and political analyst. In 2004 he was voted one of the top 100 South Africans by television viewers.

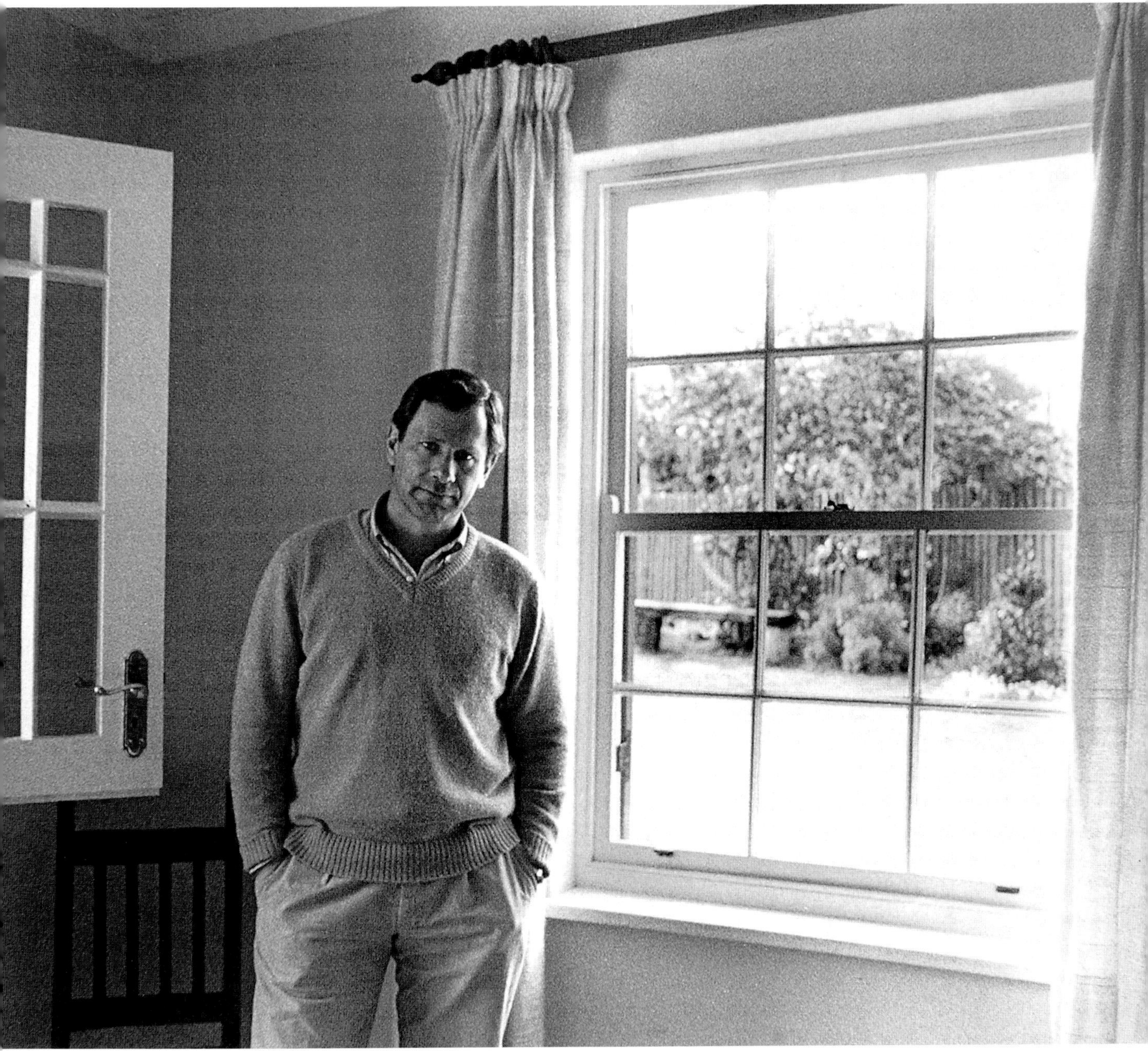

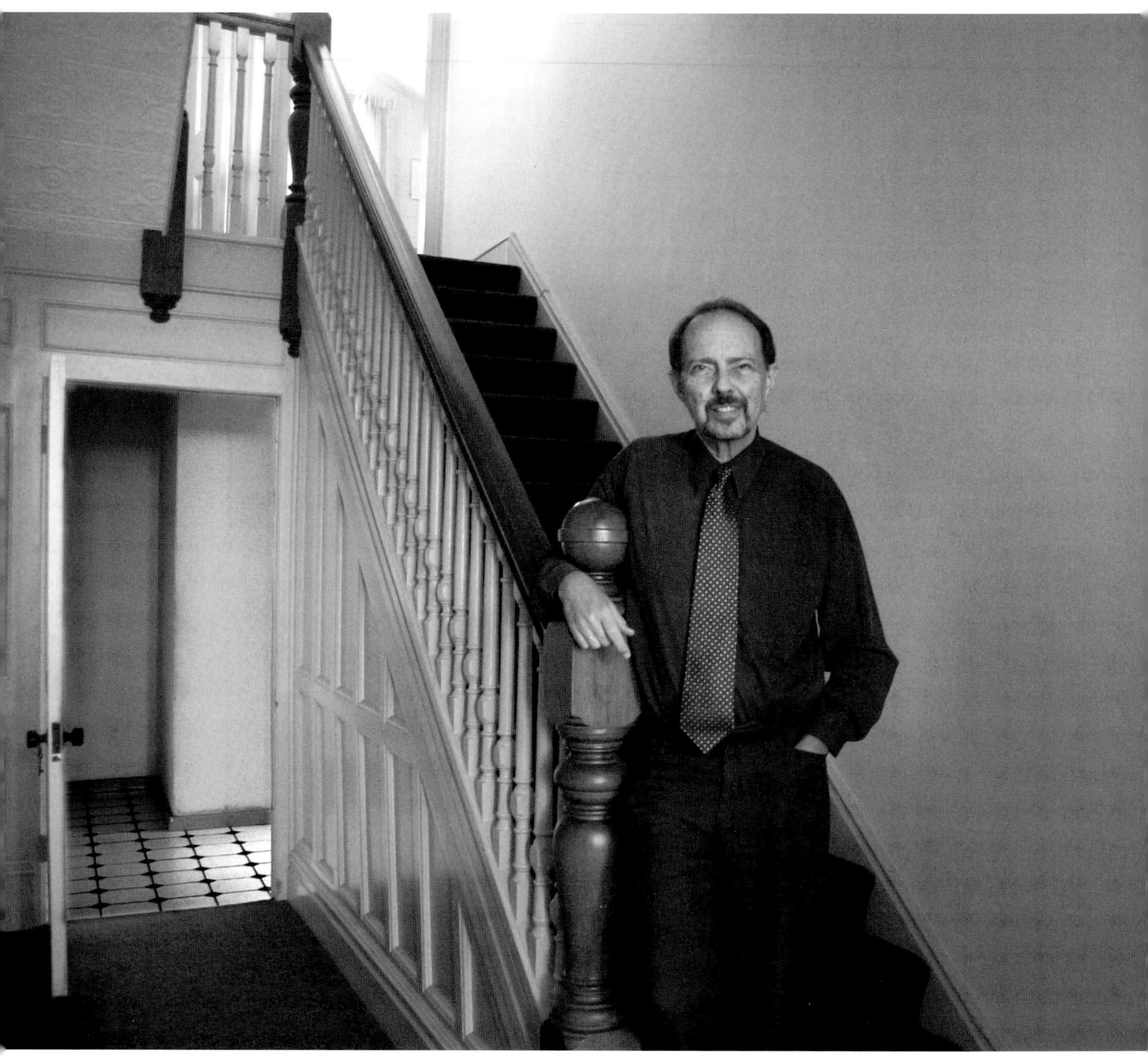

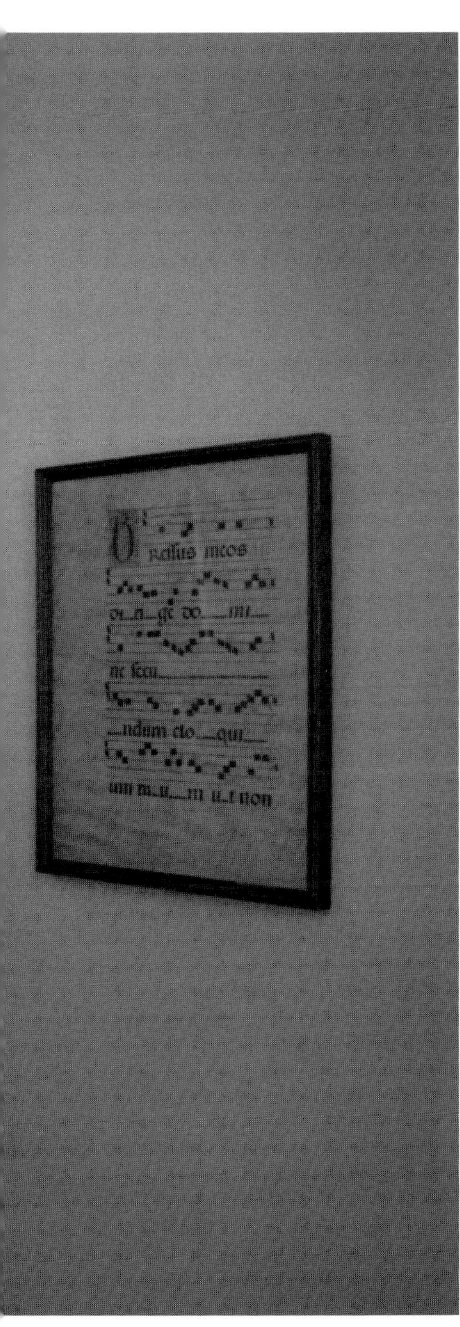

Barry Smith

(2005)

Orrelis, dirigent en koormeester van die St. George's Sangers van Kaapstad. Hy geniet internasionale erkenning as kundige oor die Britse komponis Peter Warlock en as samesteller van dié komponis se briewe.

Organist, conductor and Master of the Choristers at St. George's Cathedral, Cape Town. His biography of the British composer Peter Warlock (1994) and an edited collection of Warlock's letters (2005) has gained international recognition.

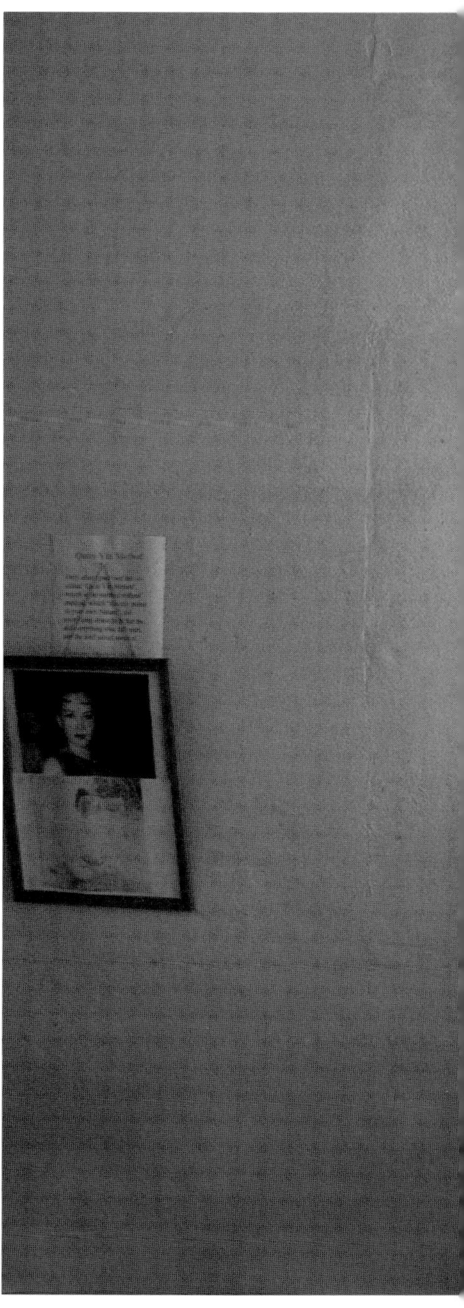

Peter Snyders

(2005)

Peter Snyders is digter, dramaturg, revueskrywer en toneelspeler en is bekend vir sy eenmanvertonings, waarin hy onder meer sy eie gedigte voordra.

Peter Snyders is known as poet, playwright, writer of revues and for one-man shows performing his own work and that of other poets.

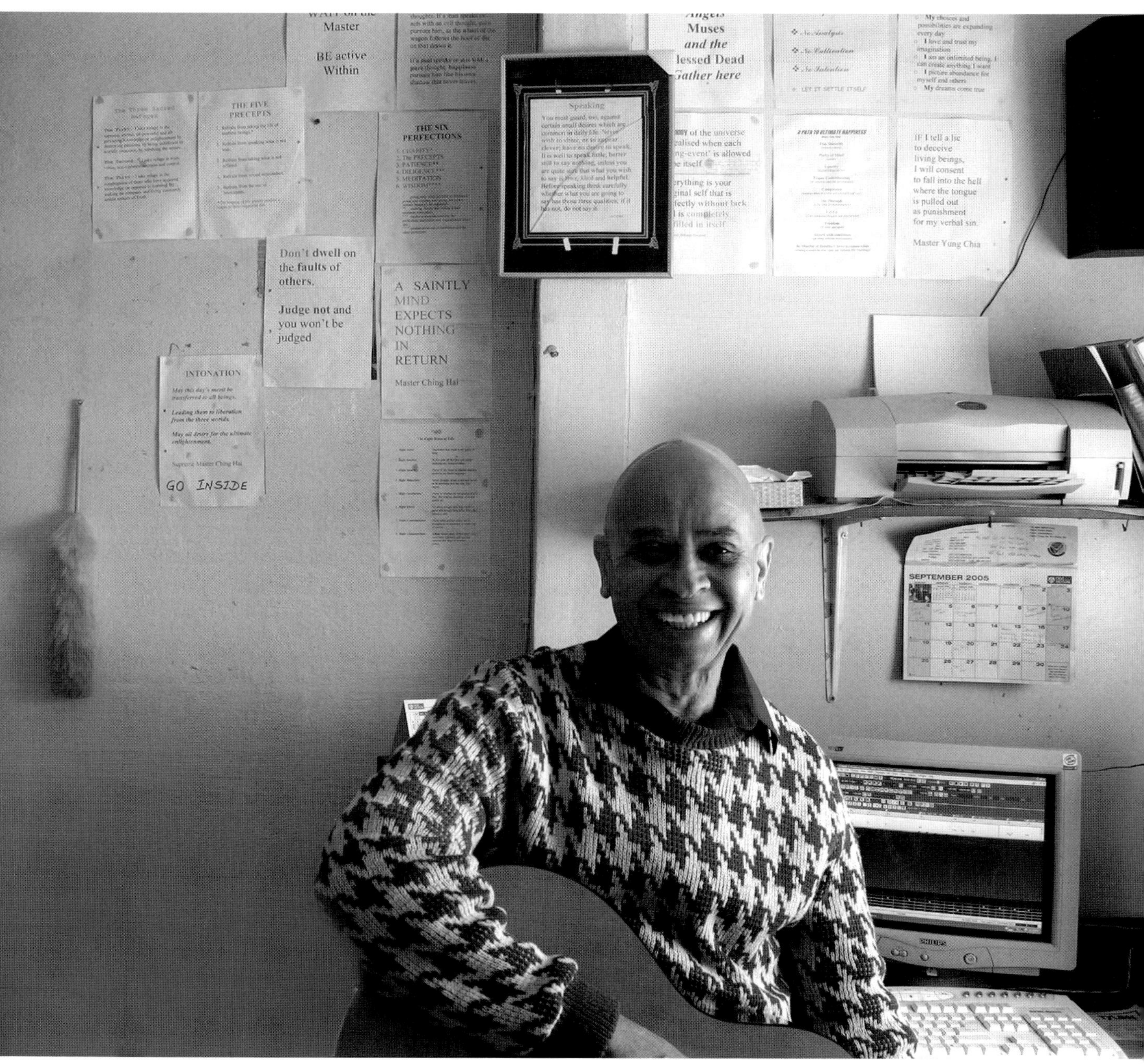
Master
BE active
Within
Muses
and the
THE FIVE
PRECEPTS
THE SIX
PERFECTIONS
1. CHARITY*
2. The PRECEPTS
3. PATIENCE**
4. DILIGENCE***
5. MEDITATION
6. WISDOM*****
Speaking
You must guard, too, against certain small desires which are common in daily life. Never wish to shine, or to appear clever; have no desire to speak. It is well to speak little; better still to say nothing, unless you are quite sure that what you wish to say is true, kind and helpful. Before speaking think carefully whether what you are going to say has those three qualities; if it has not, do not say it.
LET IT SETTLE ITSELF
My choices and possibilities are expanding every day
I love and trust my imagination
I am an unlimited being. I can create anything I want
I picture abundance for myself and others
My dreams come true
IF I tell a lie
to deceive
living beings,
I will consent
to fall into the hell
where the tongue
is pulled out
as punishment
for my verbal sin.
Master Yung Chia
Don't dwell on
the faults of
others.
Judge not and
you won't be
judged
A SAINTLY
MIND
EXPECTS
NOTHING
IN
RETURN
Master Ching Hai
INTONATION
May this day's merit be transferred to all beings.
Leading them to liberation from the three worlds.
May all desire for the ultimate enlightenment.
Supreme Master Ching Hai
GO INSIDE
SEPTEMBER 2005
PHILIPS

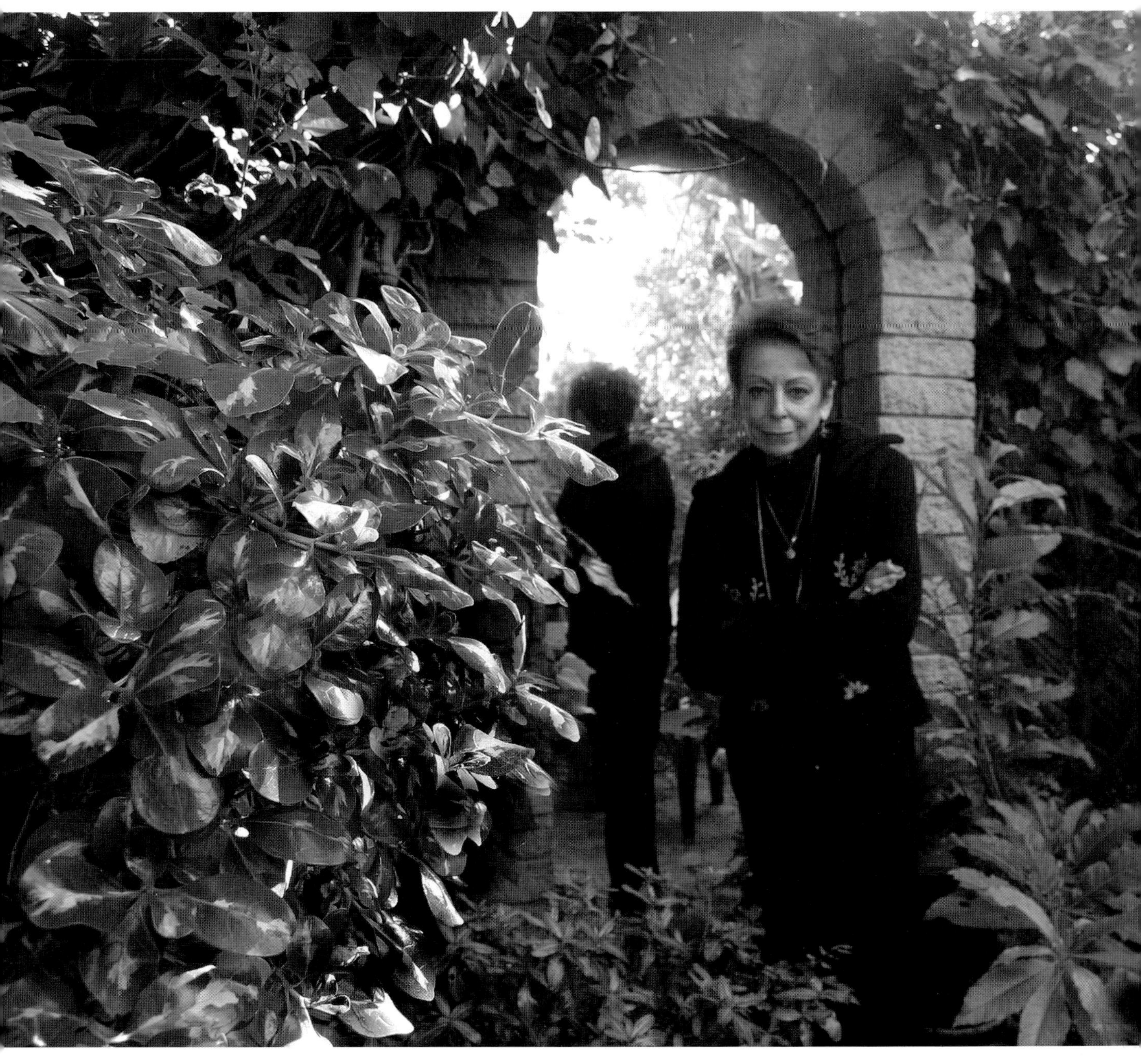

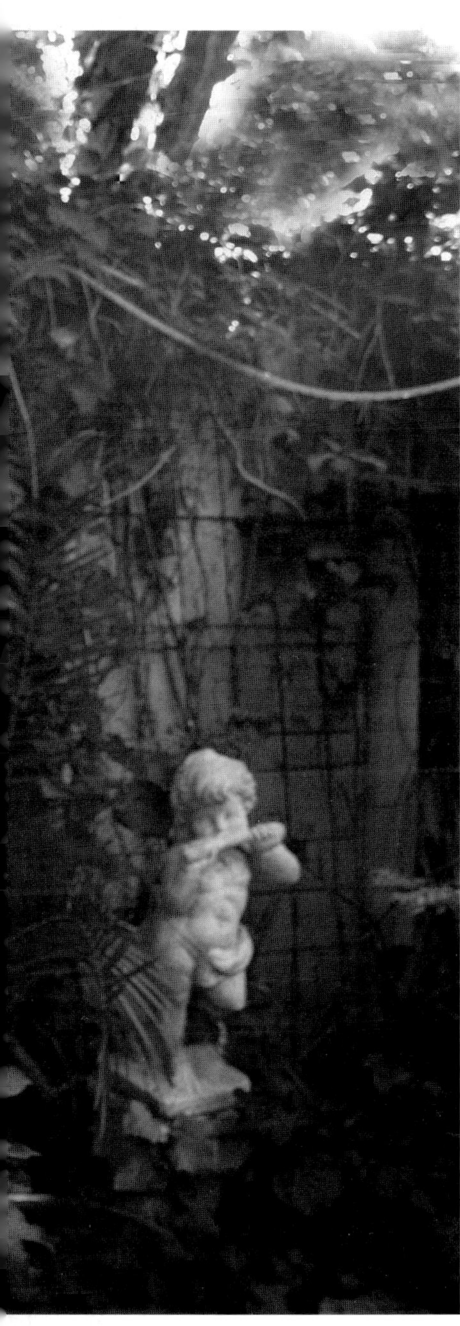

Phyllis Spira

(2005)

Bekende en geliefde balletdanseres van die 1980's veral saam met Eduard Greyling. Sy en haar man, Philip Boyd, is tans betrokke by die Dance for All Youth-projek wat professionele geleenthede bied vir minderbevoorregte kinders en jong volwassenes.

Prominent and beloved Prima Ballerina Assoluta, Phyllis Spira is primarily known for her partnership of 17 years with Premier Dancer Noble, Eduard Greyling. Phyllis is now Assistant Director of the newly formed Dance for All Youth company together with her husband Philip Boyd, the founder and artistic director of the company creating professional opportunities for children and young adults from underpriviledged communities.

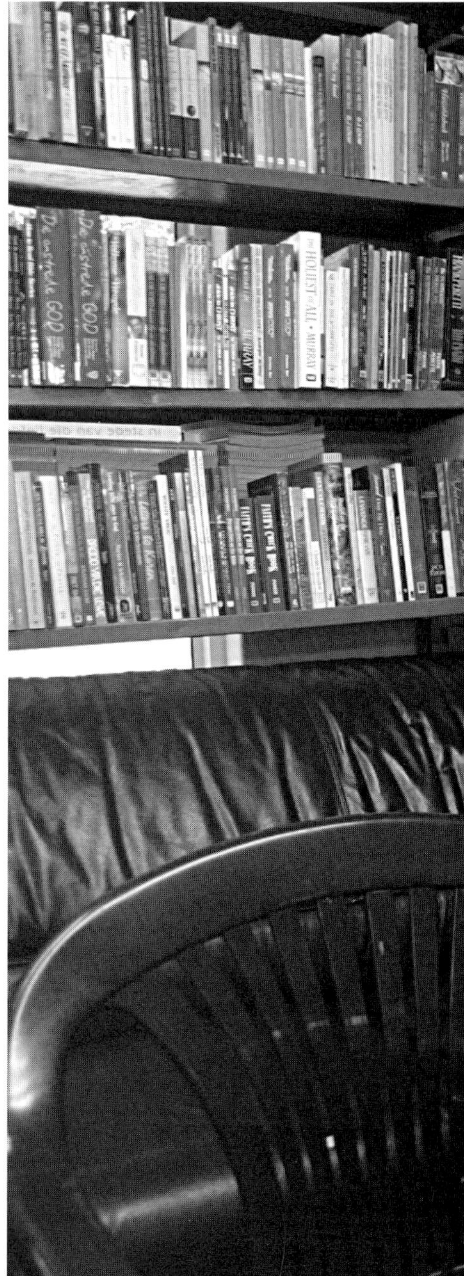

Nicol Stassen

(2006)

Nicol Stassen is opgelei as chemiese ingenieur, maar is tans direkteur van die boekwinkelgroep en uitgewery Protea Boekhuis. Dié jong uitgewery publiseer onder andere boeke oor die Suid-Afrikaanse geskiedenis, fotografie en boeke met letterkundige voortreflikheid as die enigste kriterium. Protea Boekhuis is 'n leidende uitgewer van Afrikaanse poësie en letterkunde.

Ex-chemical engineer Stassen is director of the bookshop chain and publishing concern Protea Book House that publishes, amongst others, books on South African history, photography and books with literary excellence as the only criterion. Protea Book House is a leading publisher of Afrikaans poetry and literature.

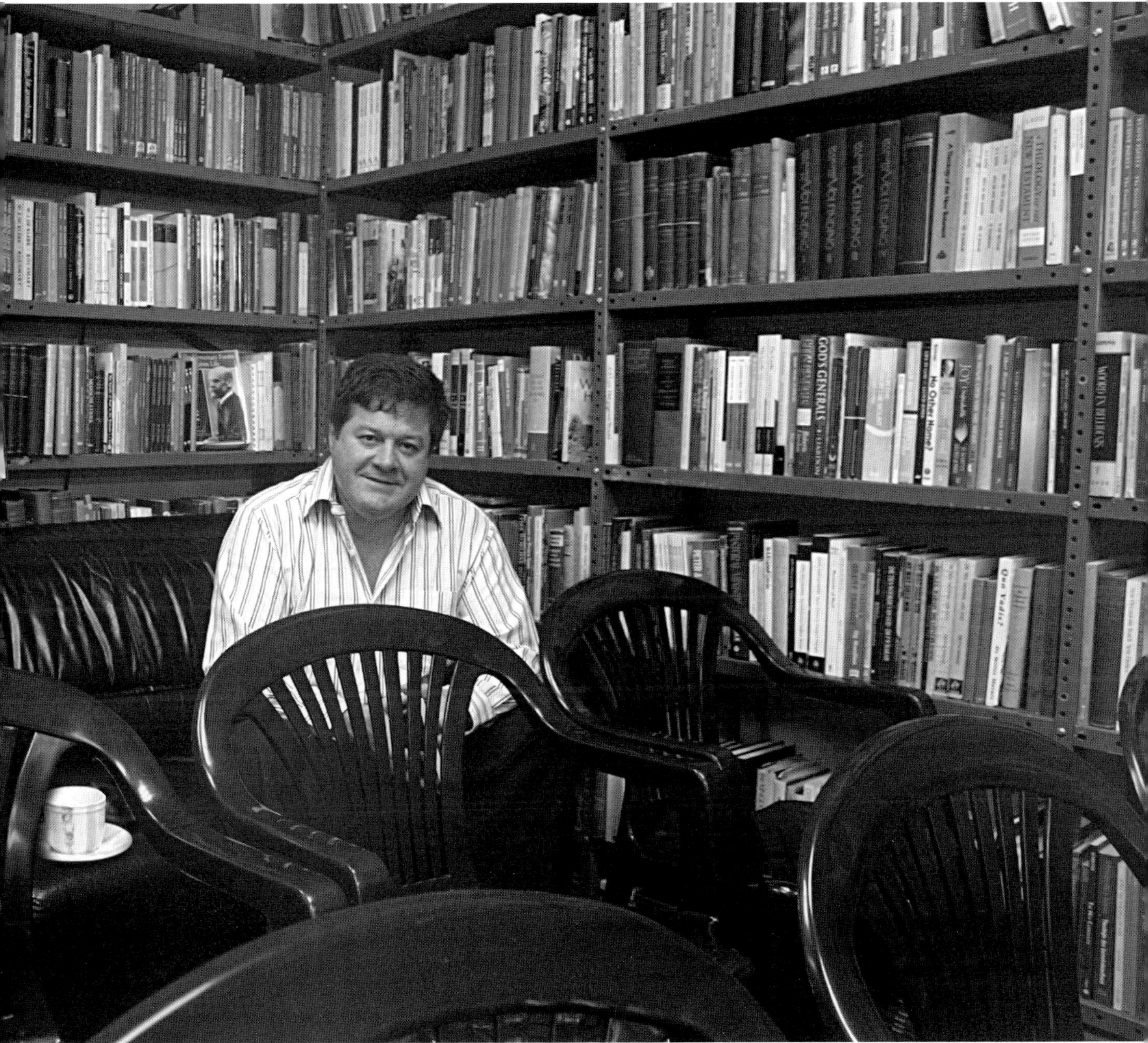
GOD'S GENERALS
No Other Home?
Quo Vadis?
THEOLOGY OF THE NEW TESTAMENT

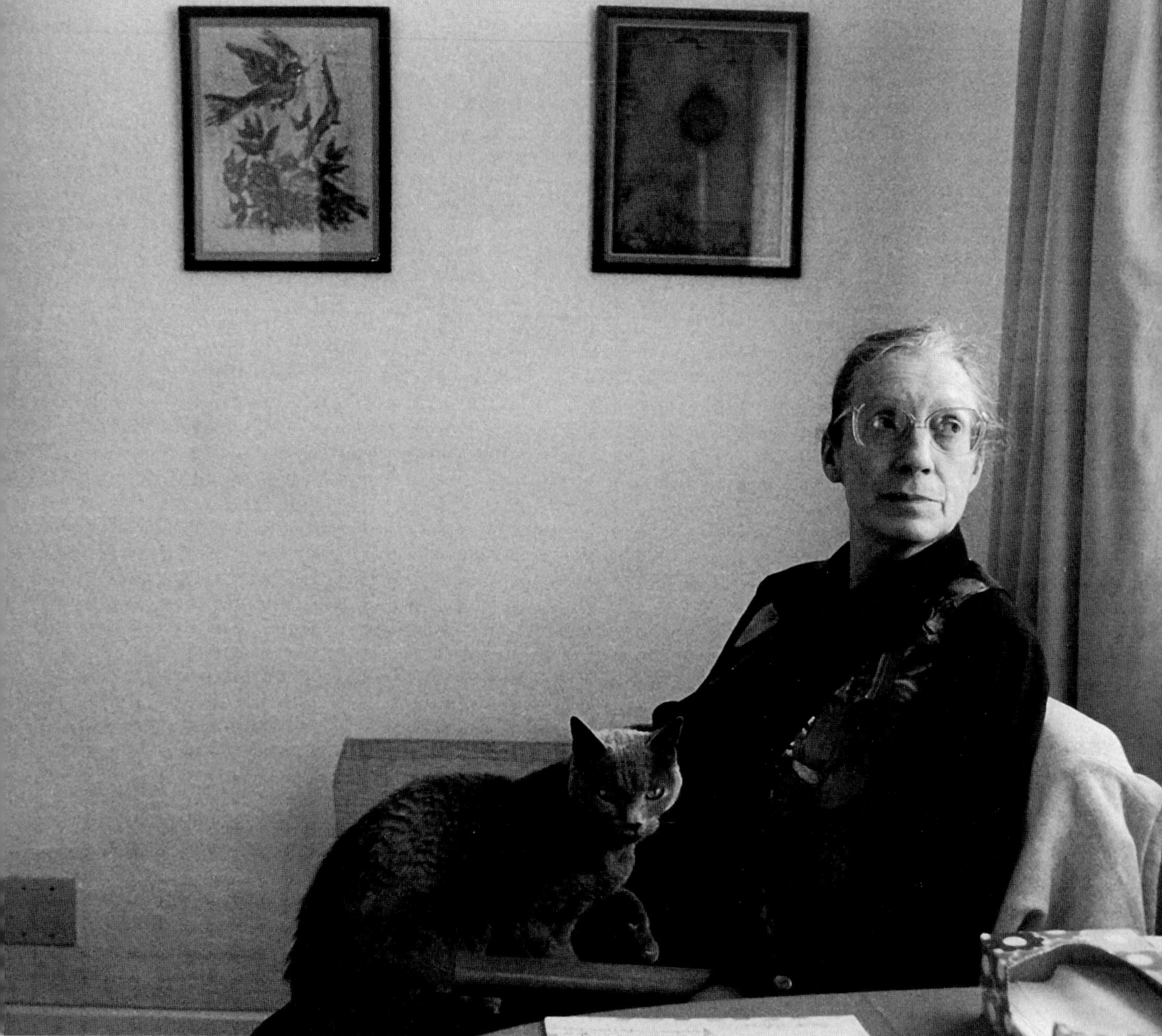

Wilma Stockenström

(1998)

Digter, romanskrywer en aktrise vir die verhoog en televisie. Die Hertzogprys vir Poësie is in 1977 aan haar toegeken vir haar digbundel *Van vergetelheid en van glans* (1977). Haar roman *Abjater wat so lag* (1991) is met sowel die W.A. Hofmeyrprys as die Hertzogprys bekroon.

Poet, novelist and actress for television and the stage, Wilma Stockenström has twice received the Hertzog Prize – in 1977 for her volume of poetry *Van vergetelheid en van glans*, and again in 1991 for her novel *Abjater wat so lag*, which also received the W.A. Hofmeyr Prize.

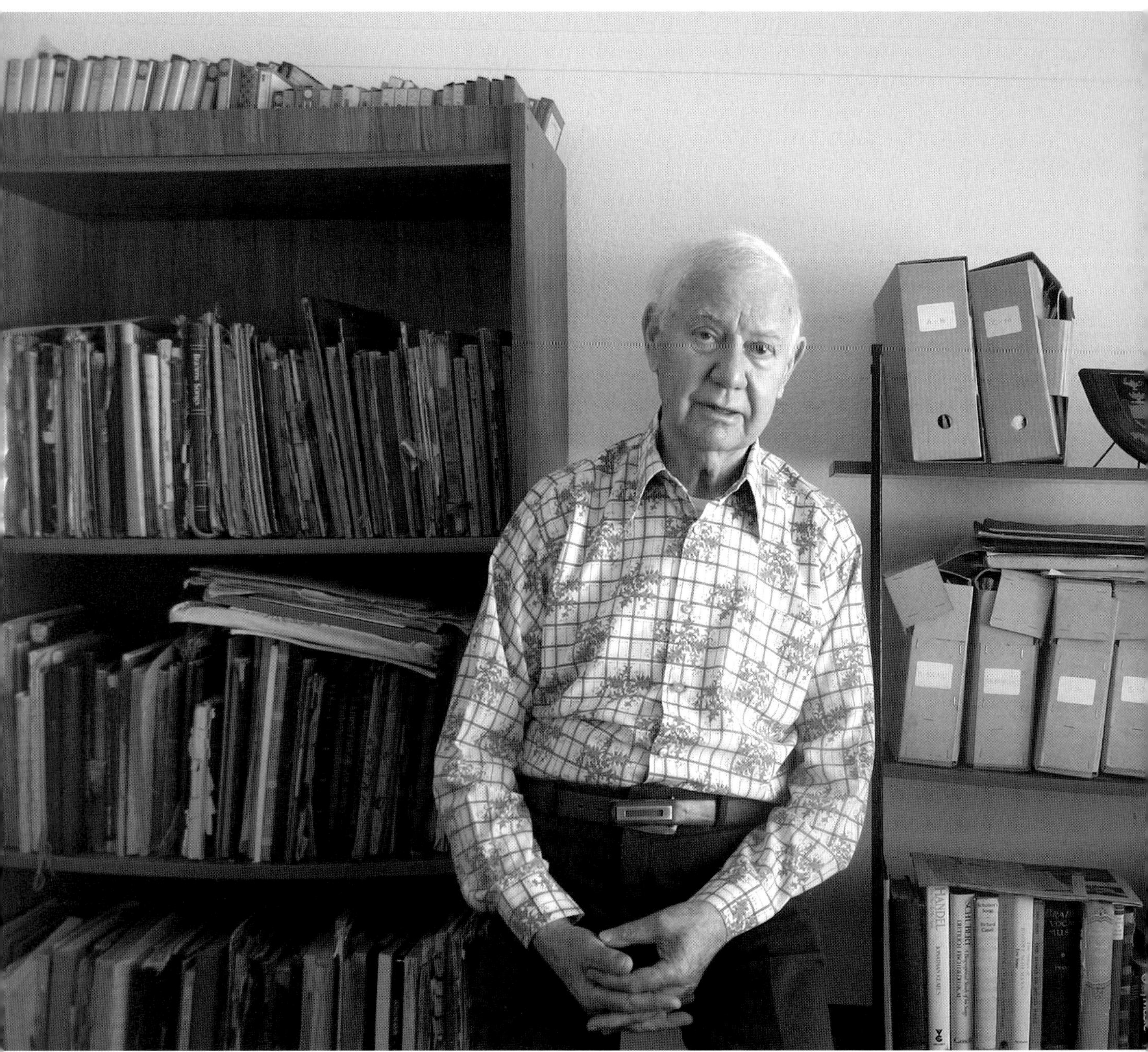
HANDEL
SCHUBERT

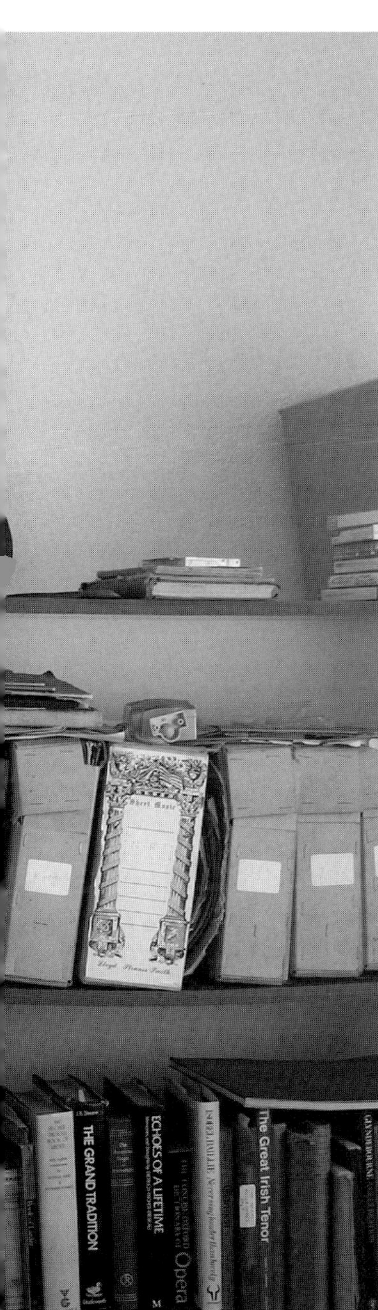

Lloyd Strauss-Smith

(2005)

Oratorium-, lieder- en operasanger wat jare lank in Europa en veral Londen opgetree het, en steeds in 2006 op 85-jarige ouderdom privaat sang doseer.

Singer of oratorio, lieder and opera, he performed for many years in London and Europe, and at the age of 85 still teaches singing.

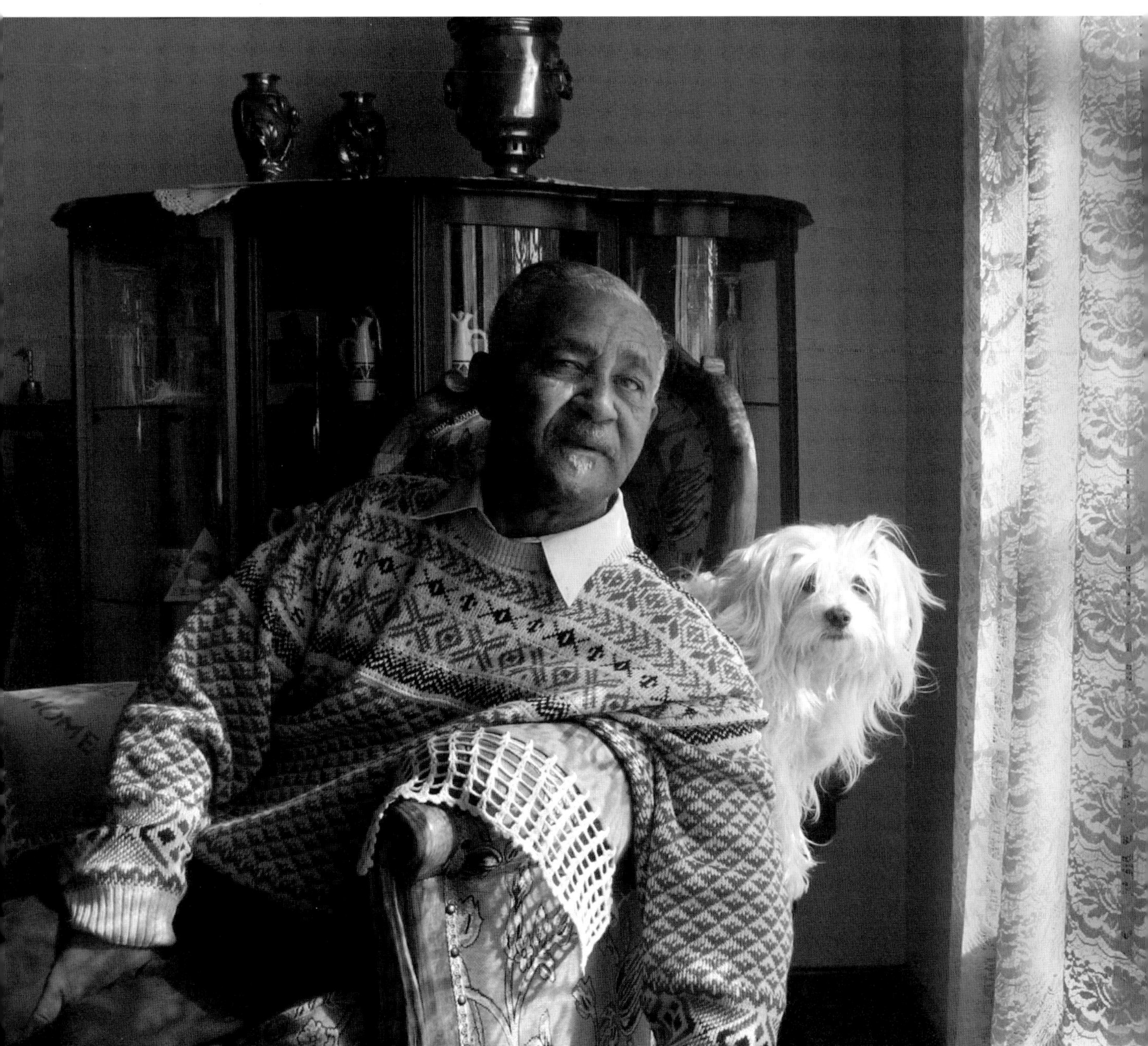
HOME

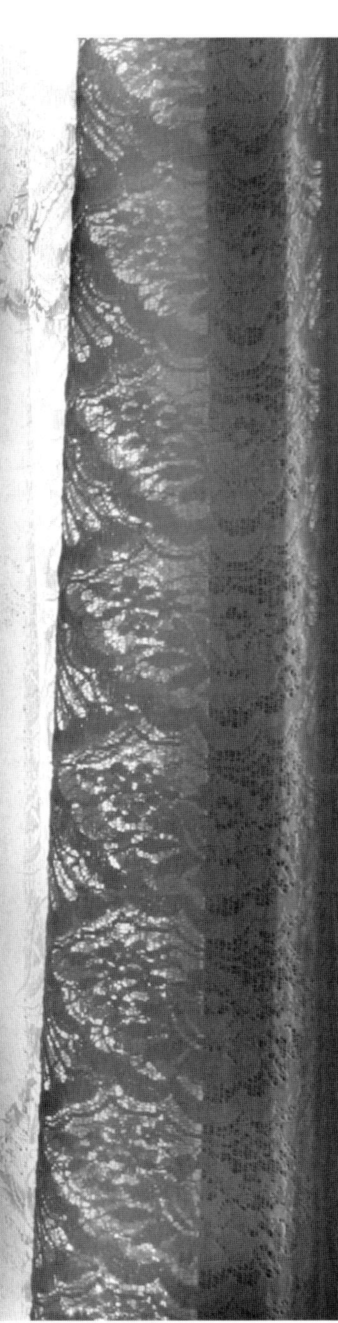

Conrad Theys

(2005)

Hy het onder Gregoire Boonzaier studeer en is veral bekend vir sy reeks skilderye uit 1976: tonele van Elsiesrivier, getiteld *A place I know*.

He studied privately under Gregoire Boonzaier and is especially known for his 1976 series entitled *A place I know*, consisting of scenes of Elsies River in the Cape.

David Tidboald

(2005)

Brits-gebore dirigent van simfonieorkeste en opera in Suid-Afrika. Deesdae woon hy in Darling.

British-born conductor of opera and symphony orchestras who worked in South Africa for many years. He currently lives in Darling.

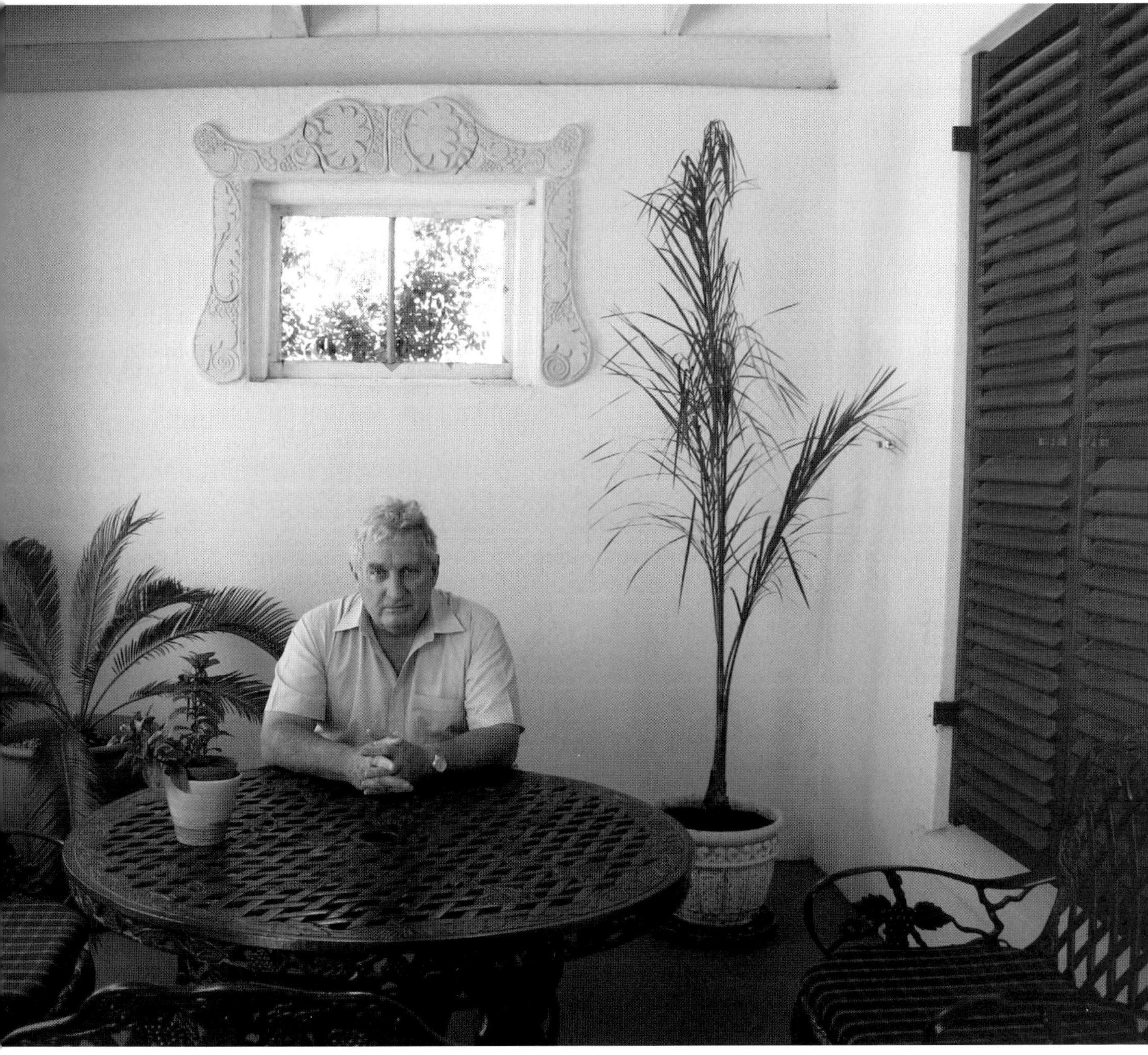

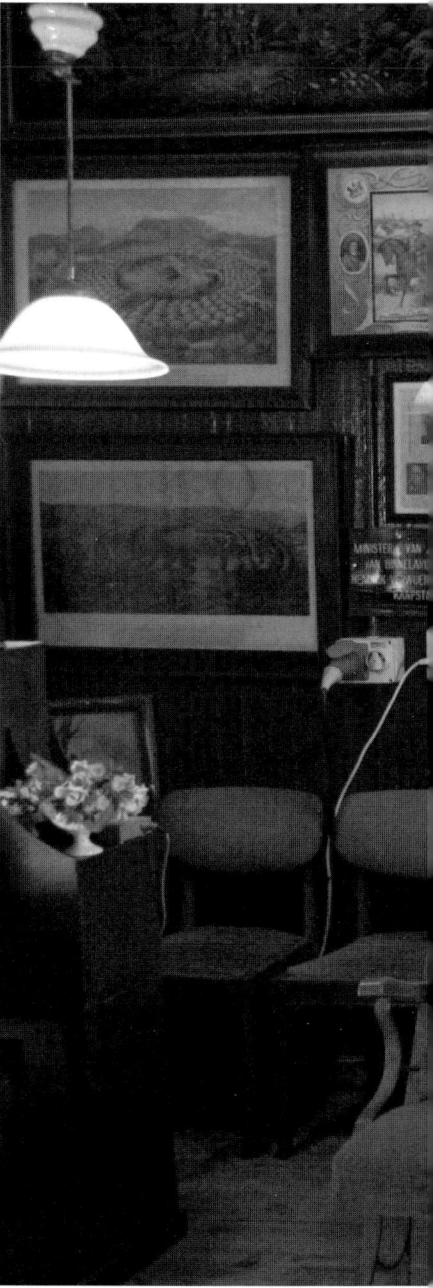

Pieter-Dirk Uys

(2005)

Komediant, dramaturg en satiriese skrywer, hoofsaaklik oor plaaslike politiek. In 2005 het sy alter ego Evita Bezuidenhout 70 geword, en hy 60!

Political comedian, playwright and satirist known for his searing criticism of apartheid since the 1980s. He claims that his alter ego, Evita Bezuidenhout, is ten years older than he is himself.

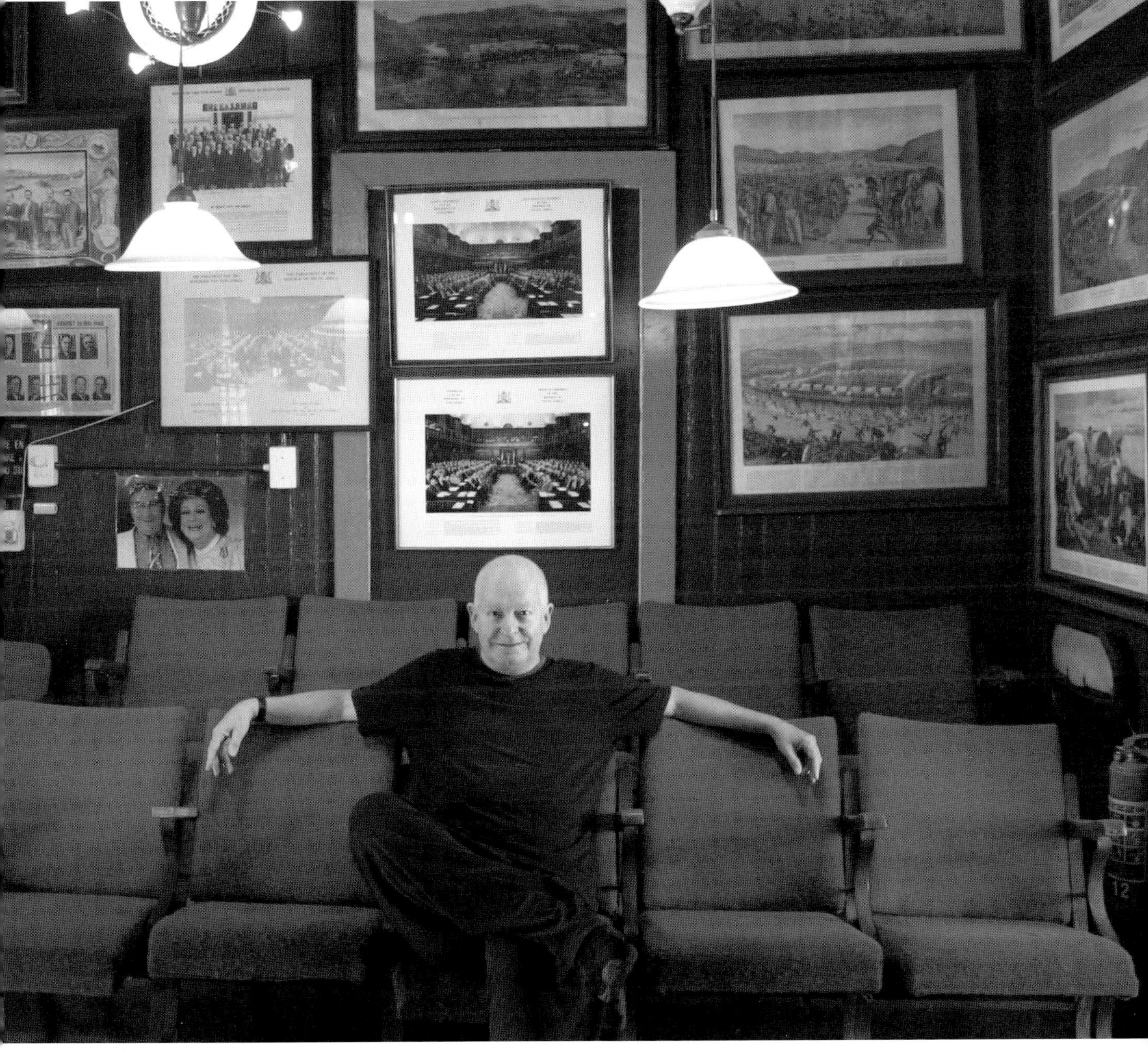

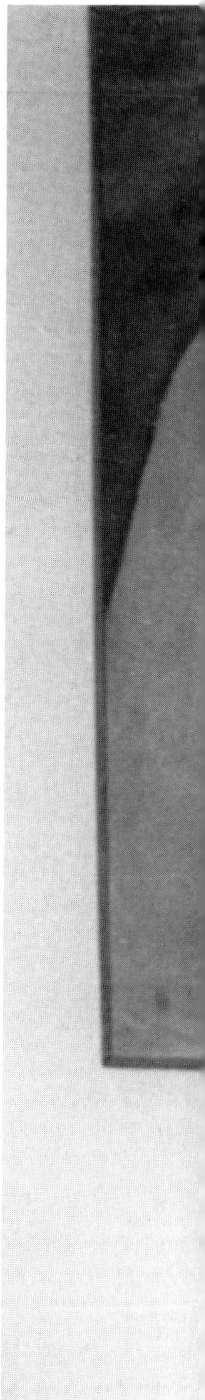

Madeleine van Biljon

(1998)

Geliefde dog formidabele joernalis, rubriekskrywer en resensent.

Well-loved, yet formidable journalist, columnist and critic.

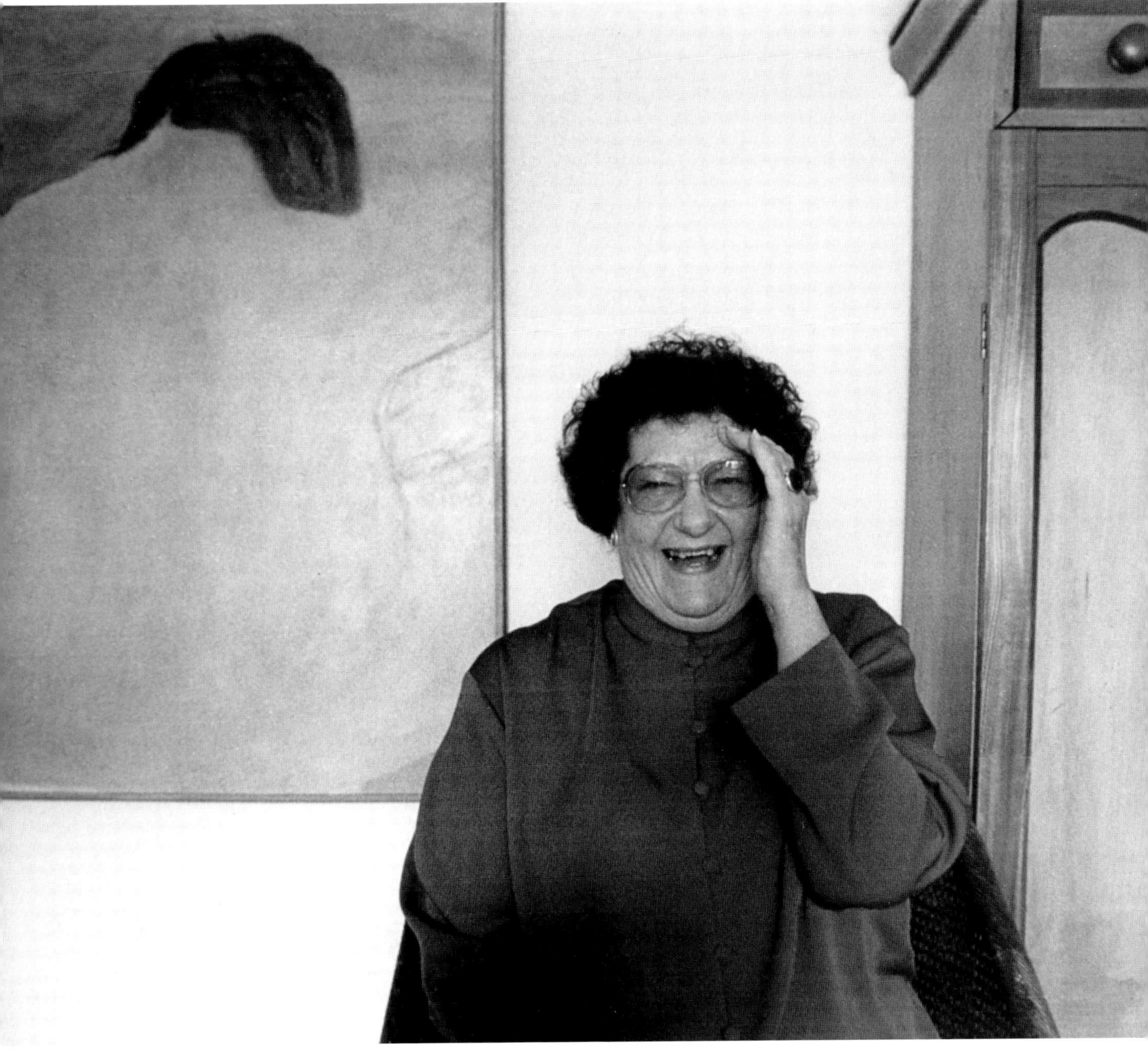

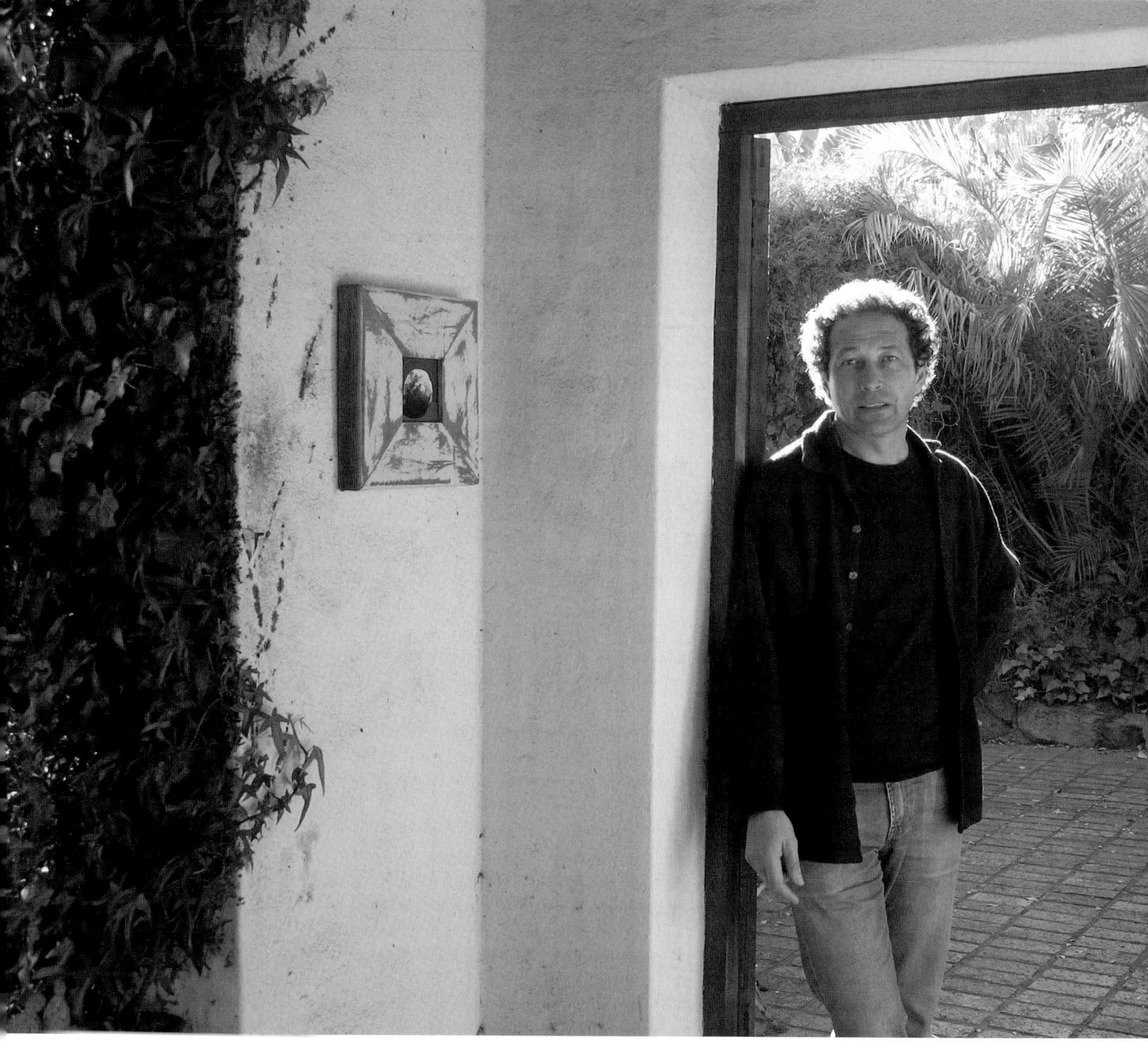

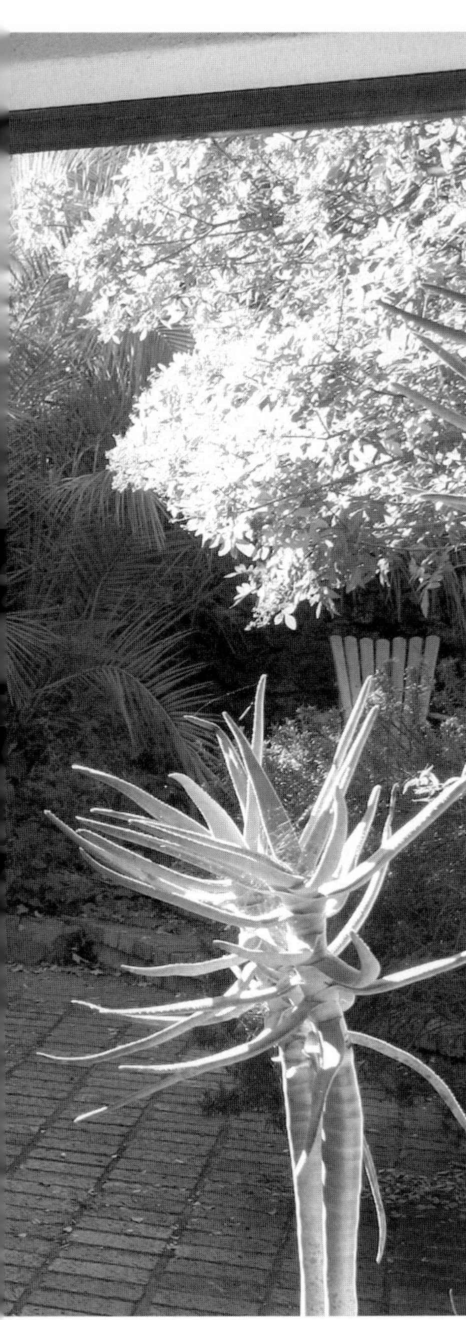

Strijdom van der Merwe

(2005)

Strijdom van der Merwe is veral bekend vir sy landskapkuns. 'n Boek oor sy kuns, *Sculpting the land*, het in 2005 by Protea Boekhuis verskyn.

He is especially known for his landscape art. A book on his art, *Sculpting the land*, was published by Protea Book House in 2005.

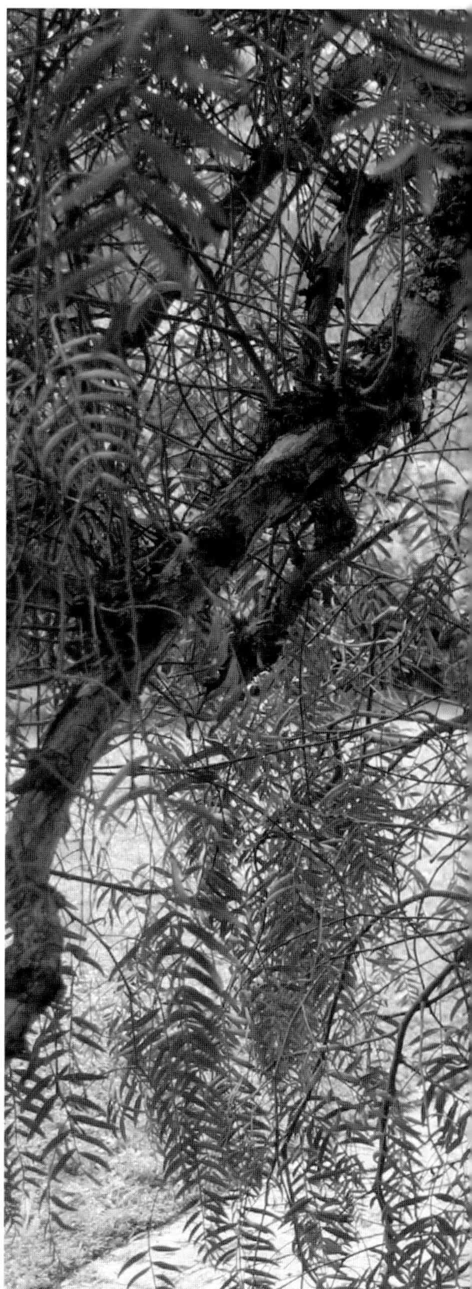

Pieter van der Westhuizen

(2005)

Populêre en produktiewe skilder en grafiese kunstenaar van landskappe en figure. Hy woon op Philadelphia in die Wes-Kaap.

A popular painter and graphic artist of landscapes, still life and abstract figures. He lives in Philadelphia in the Western Cape.

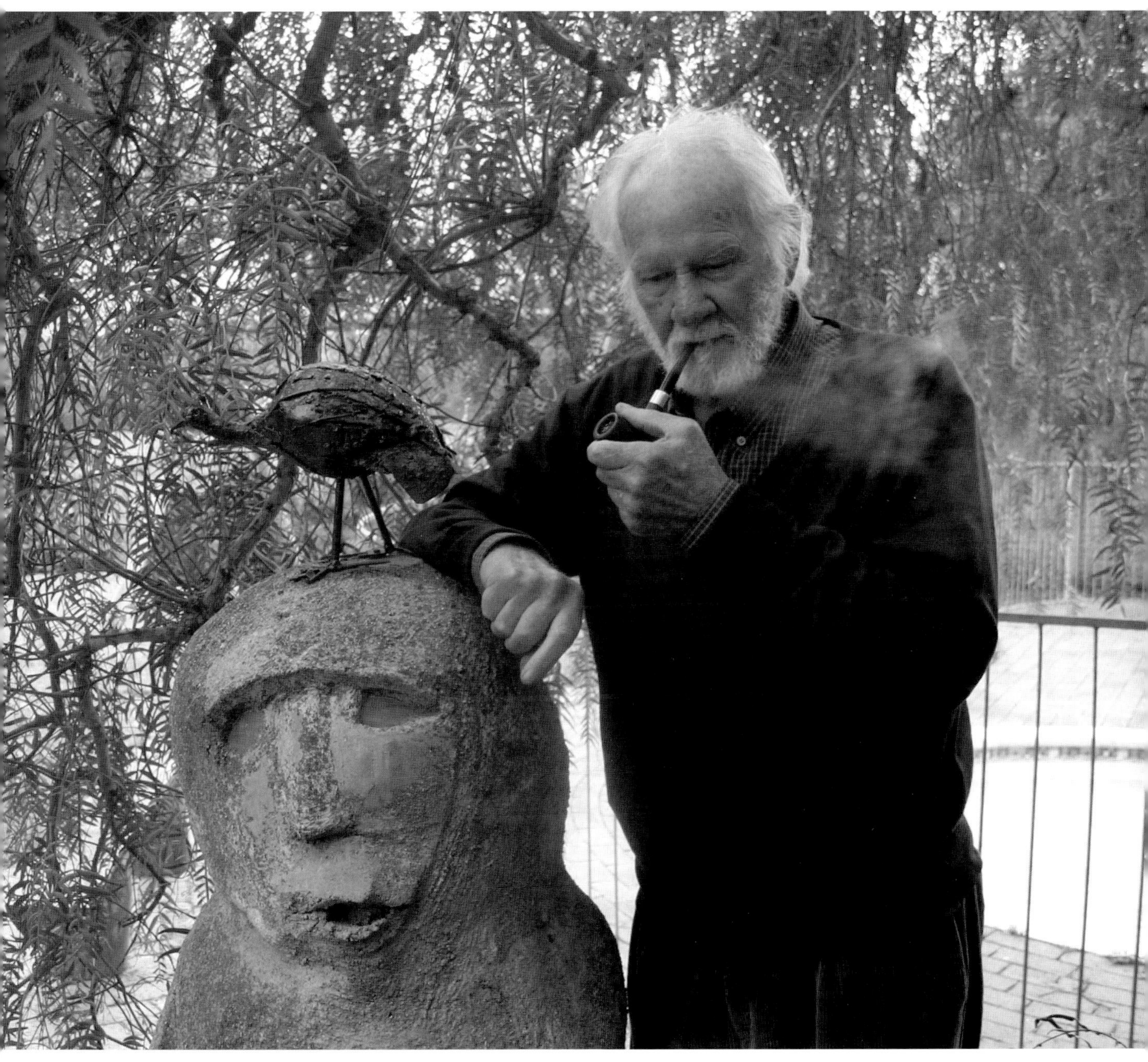

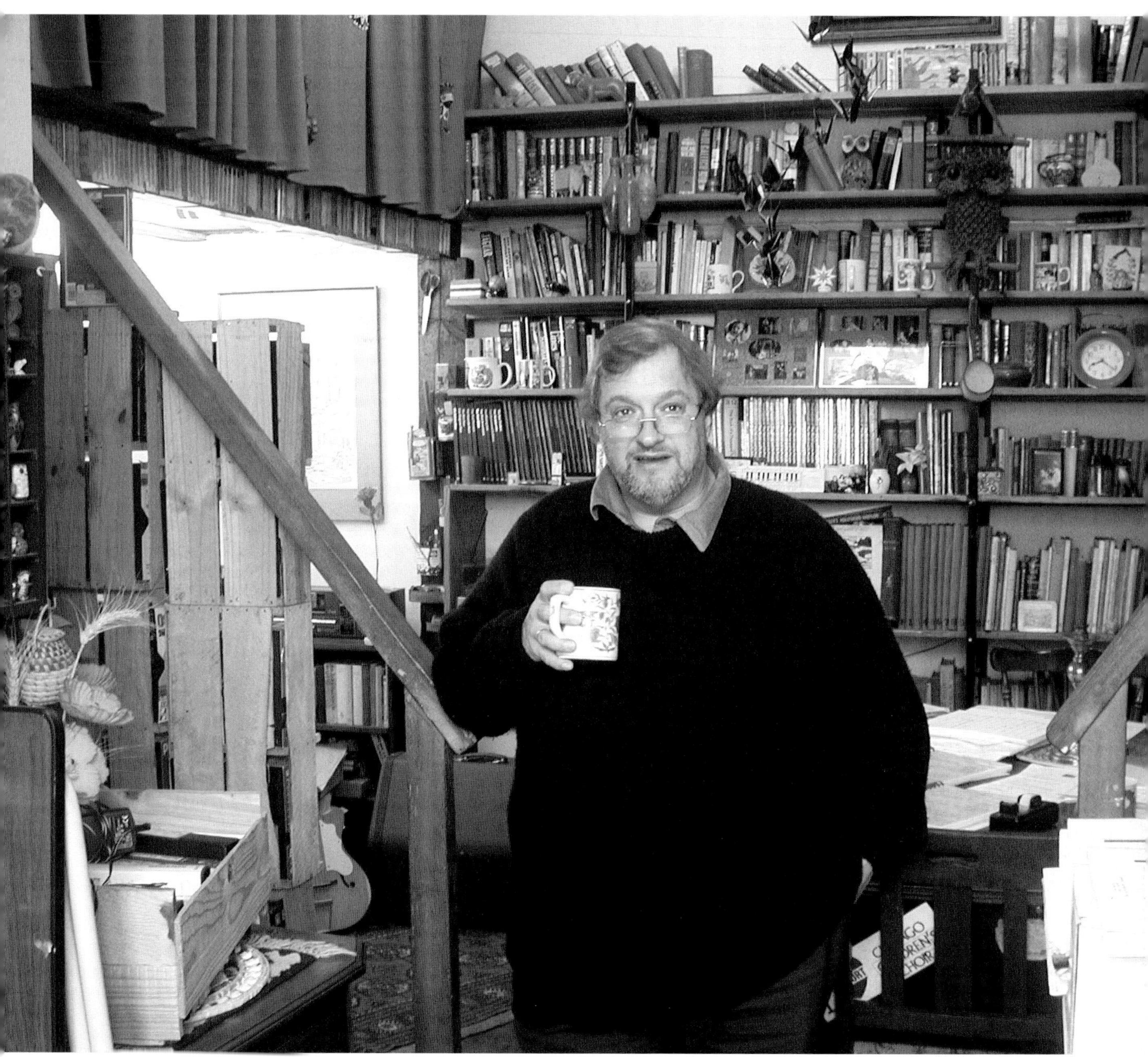

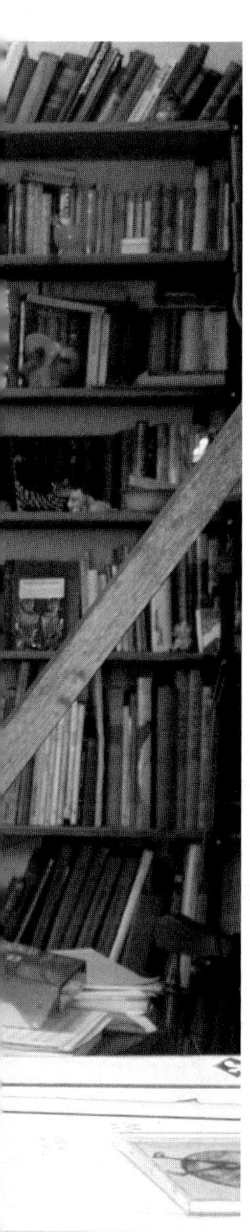

Péter Louis van Dijk

(2003)

Van Dijk is bekend as komponis, vertolker, beoordelaar van musiekkompetisies en dirigent vir radio- en televisie-opnames.

Van Dijk enjoys a wide and varied career – from composing, performing, adjudicating at competitions and lecturing to conducting and recording for radio and television.

Etienne van Heerden

(1998)

Hertzogpryswenner, digter, kortverhaal-, kabaret- en romanskrywer. Hy is die stigter en redakteur van die webblad LitNet.

This Hertzog Prize winner has published novels, short stories, poems and cabaret and is the founder of the literary website LitNet.

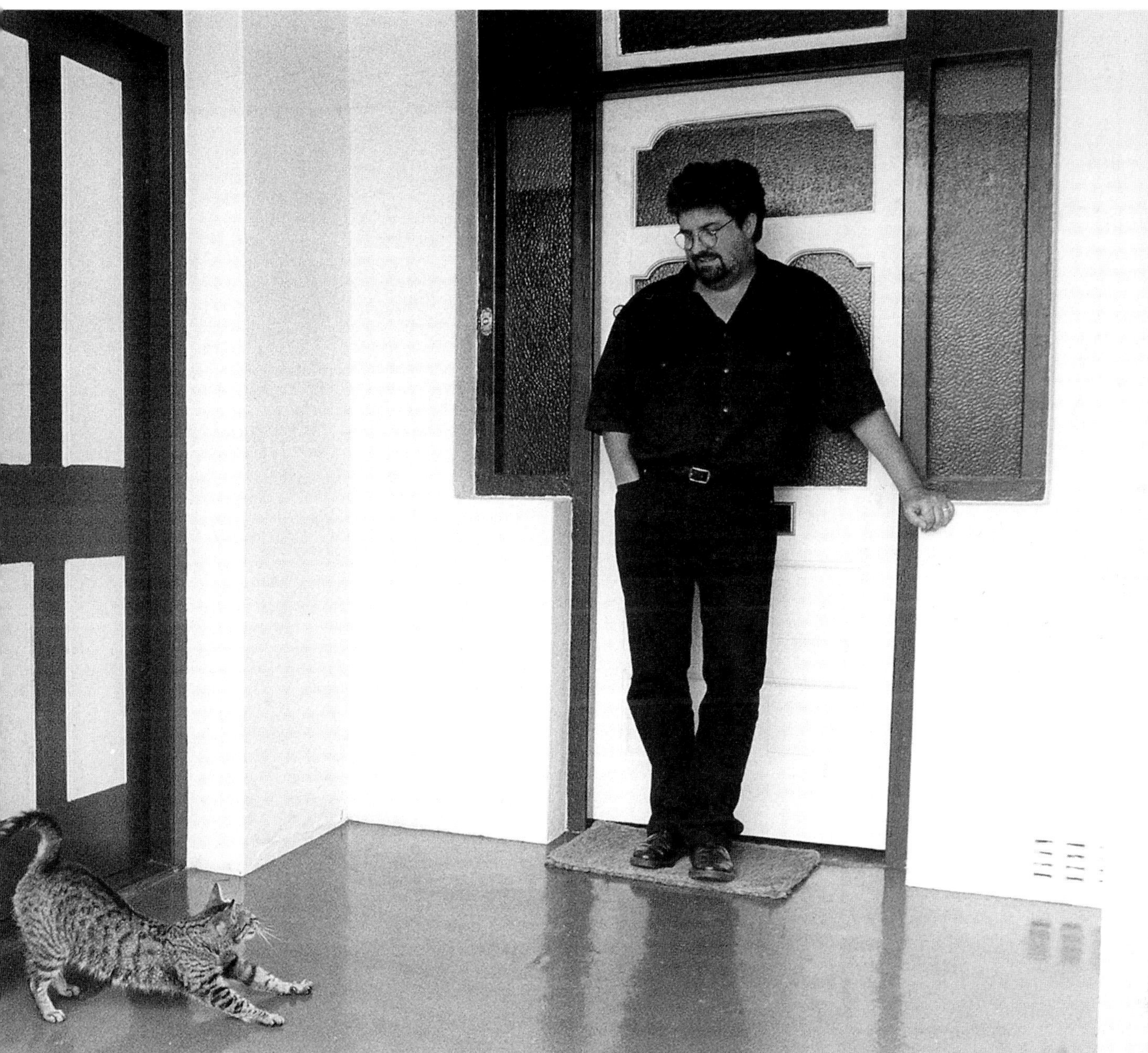

Marlene van Niekerk

(1998)

Digter en prosaskrywer wat veral vir haar veelgeprese romans *Triomf* (1994) en *Agaat* (2004) bekend is.

Poet and novelist who is well-known for her widely praised novels *Triomf* (1994) and *Agaat* (2004).

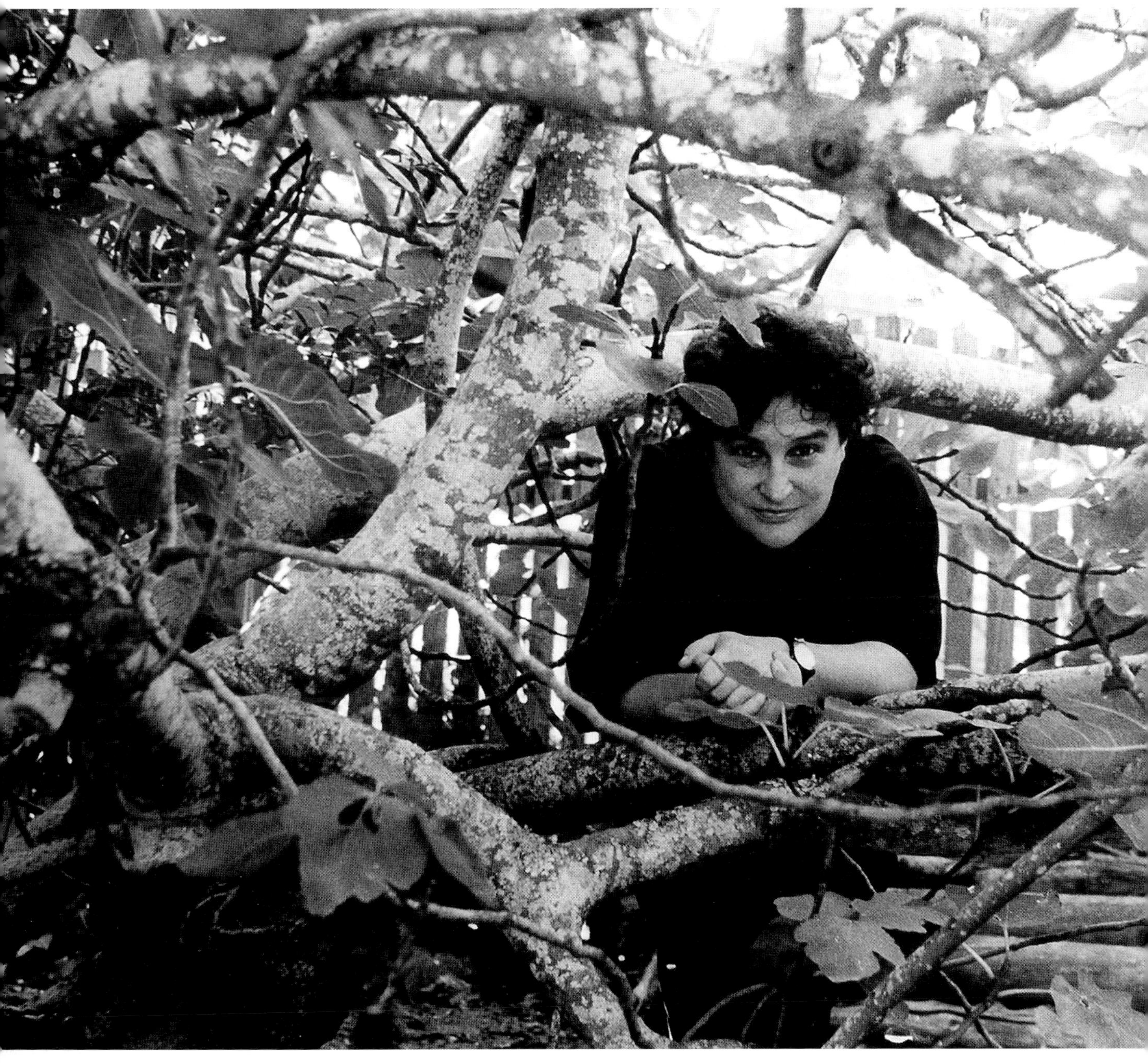

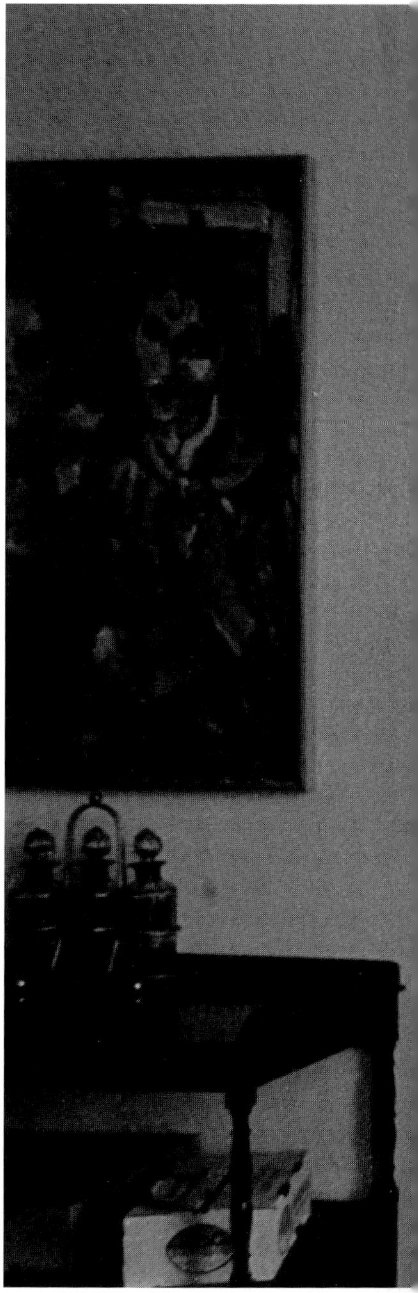

Rykie van Reenen
(1923–2003)

(1985)

Sy word allerweë beskou as een van die voortreflikste Suid-Afrikaanse joernaliste van die vorige eeu. Sy was verantwoordelik vir rubrieke in *Die Burger, Beeld* en *Rapport*.

She was widely regarded as one of the most outstanding journalists of the past century. She wrote the columns *Van alle kante* for *Die Burger* and *Randakker* for *Beeld* and *Rapport*.

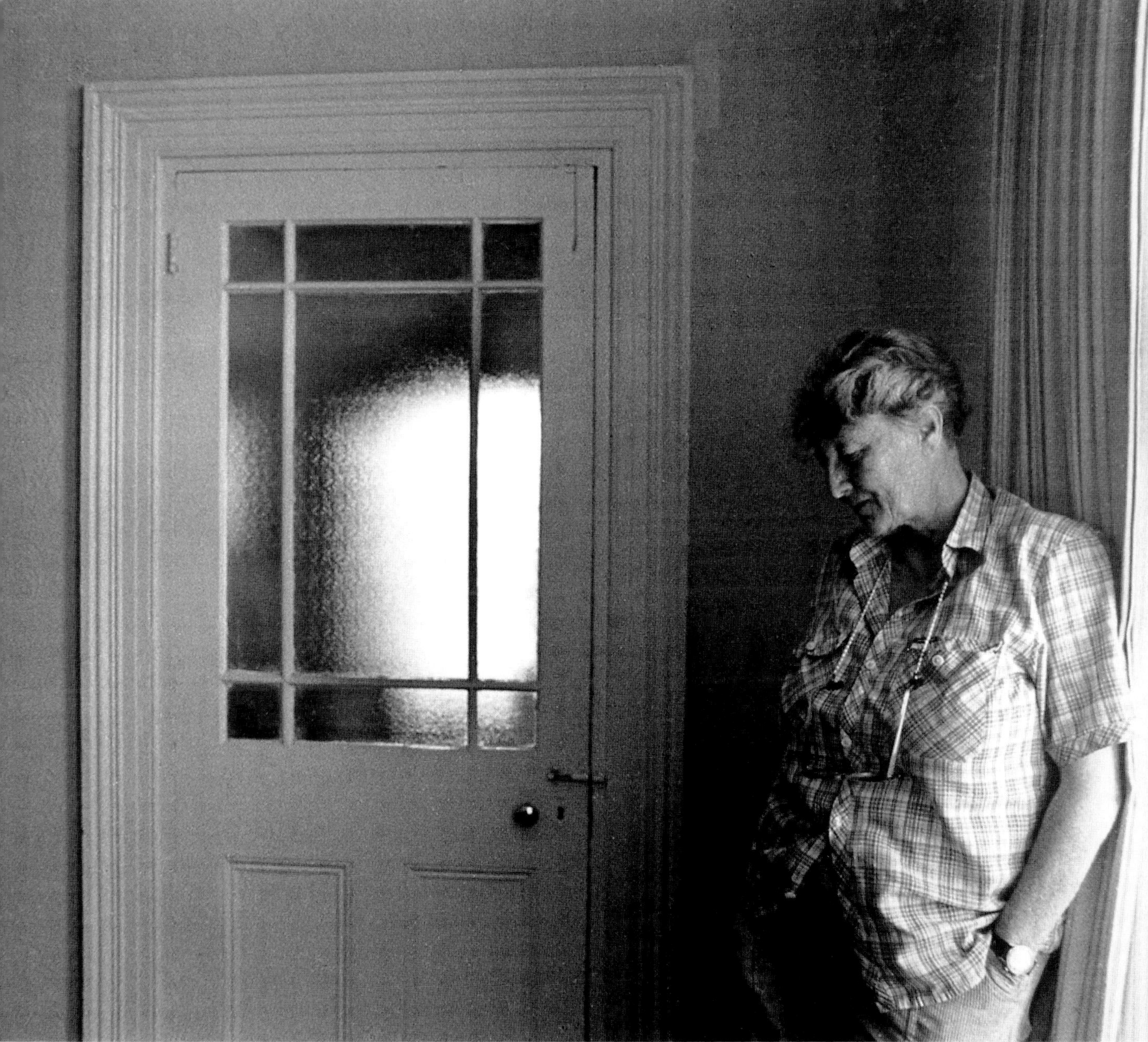

Manie van Rensburg
(1945–1993)

(1985)

Kameraman, televisieregisseur en filmmaker. Hy is deur die Suid-Afrikaanse Akademie vir Wetenskap en Kuns vereer vir sy filmwerk. Hy het ook 'n toekenning van die internasionale filmfees van New York vir sy historiese dramareeks *Heroes* ontvang. Hy was 'n baie private persoon en het in 1993 selfmoord gepleeg.

Cameraman, television producer and filmmaker. Among the many awards he received were an honorary award from the Suid-Afrikaanse Akademie vir Wetenskap en Kuns for cultural achievements in cinema and an International Film Festival of New York Award for his historical television drama series *Heroes*. He was a very private person and enigmatic figure. His suicide in 1993 is still a mystery.

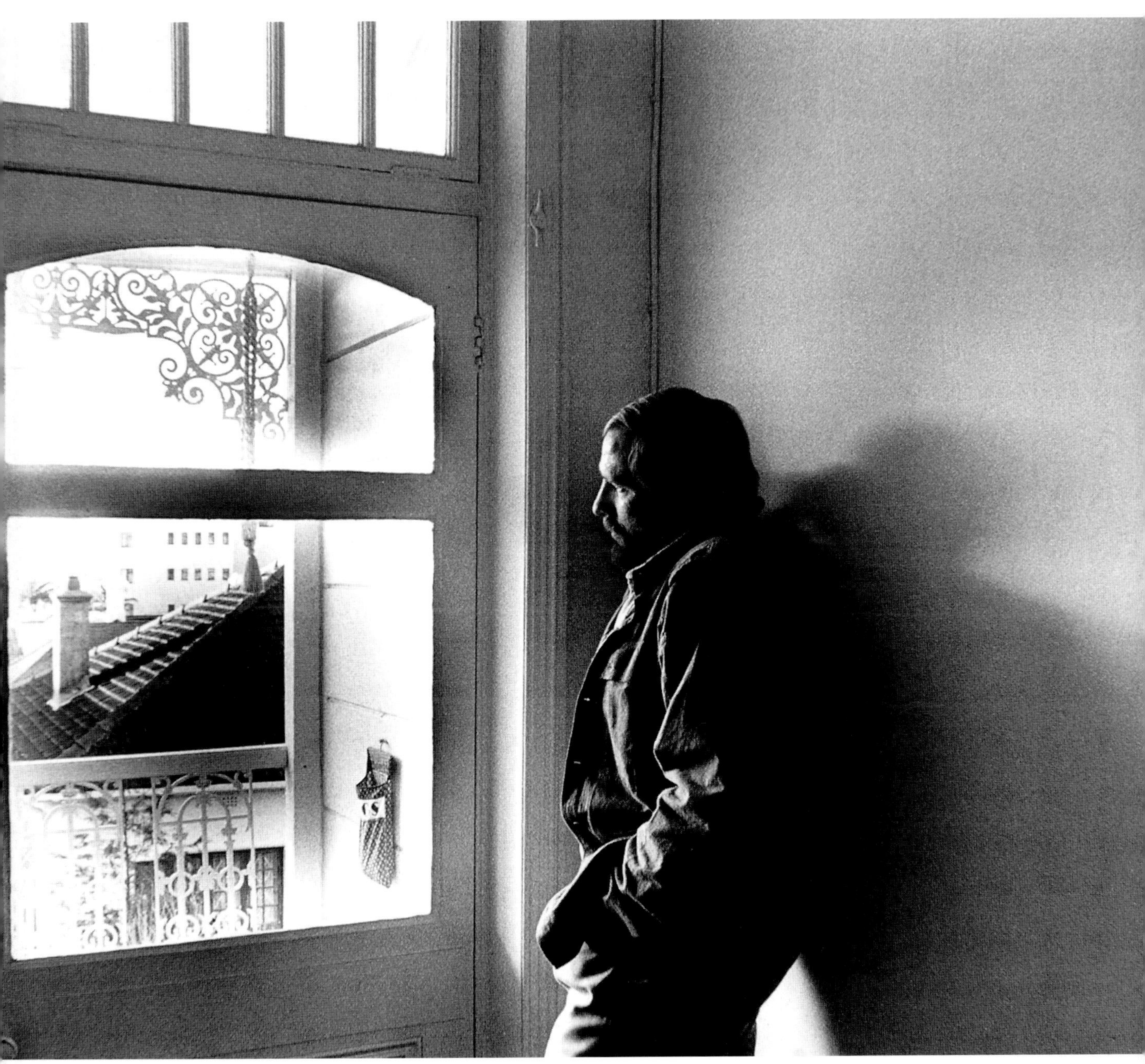

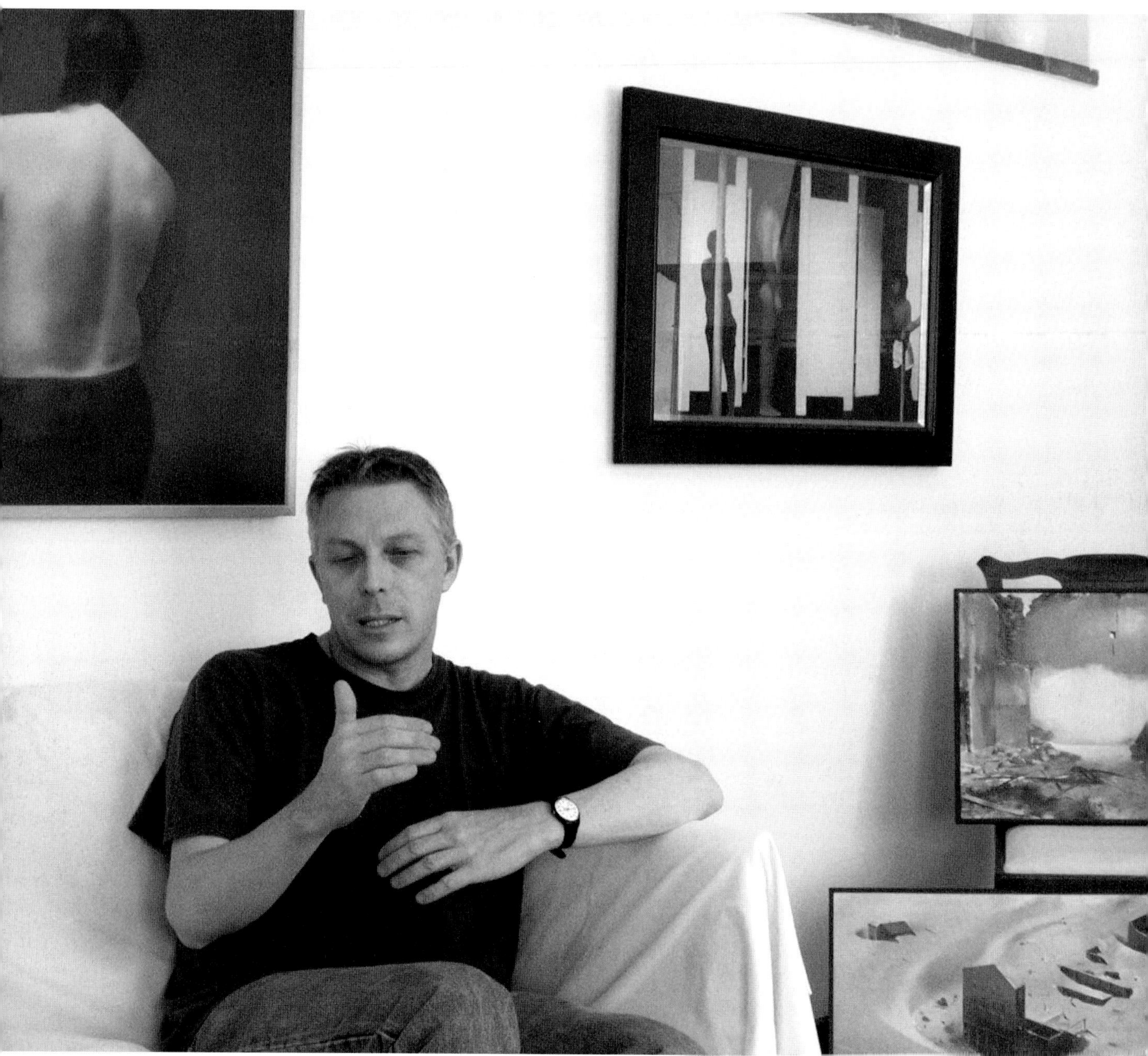

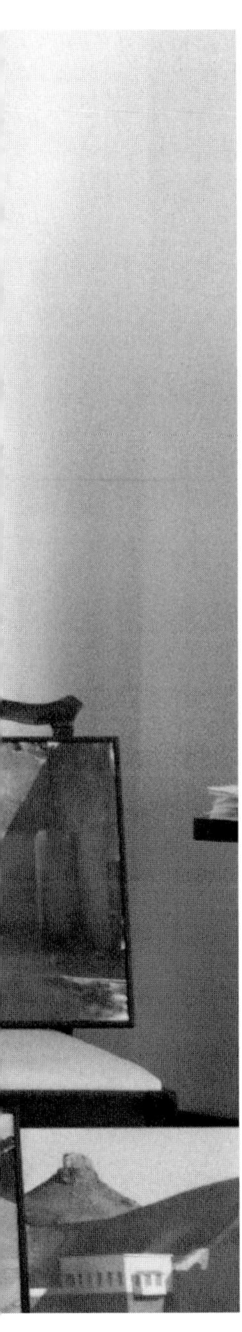

Adriaan van Zyl

(2004)

Die kunsteoretici noem Van Zyl se werk "perseptuele realisme". 'n Groot deel van die plesier by hierdie werk is inderdaad die verstommende vakmanskap daarvan. Die meeste van die skilderye het as onderwerp afgeleë landskappe met verweerde half-industriële of ander funksionele strukture as tema.

Art theorists would classify Van Zyl's work as "perceptual realism". His work speaks of extraordinary skill and most of his work depicts desolate landscapes, with decaying industrial or other structures as theme.

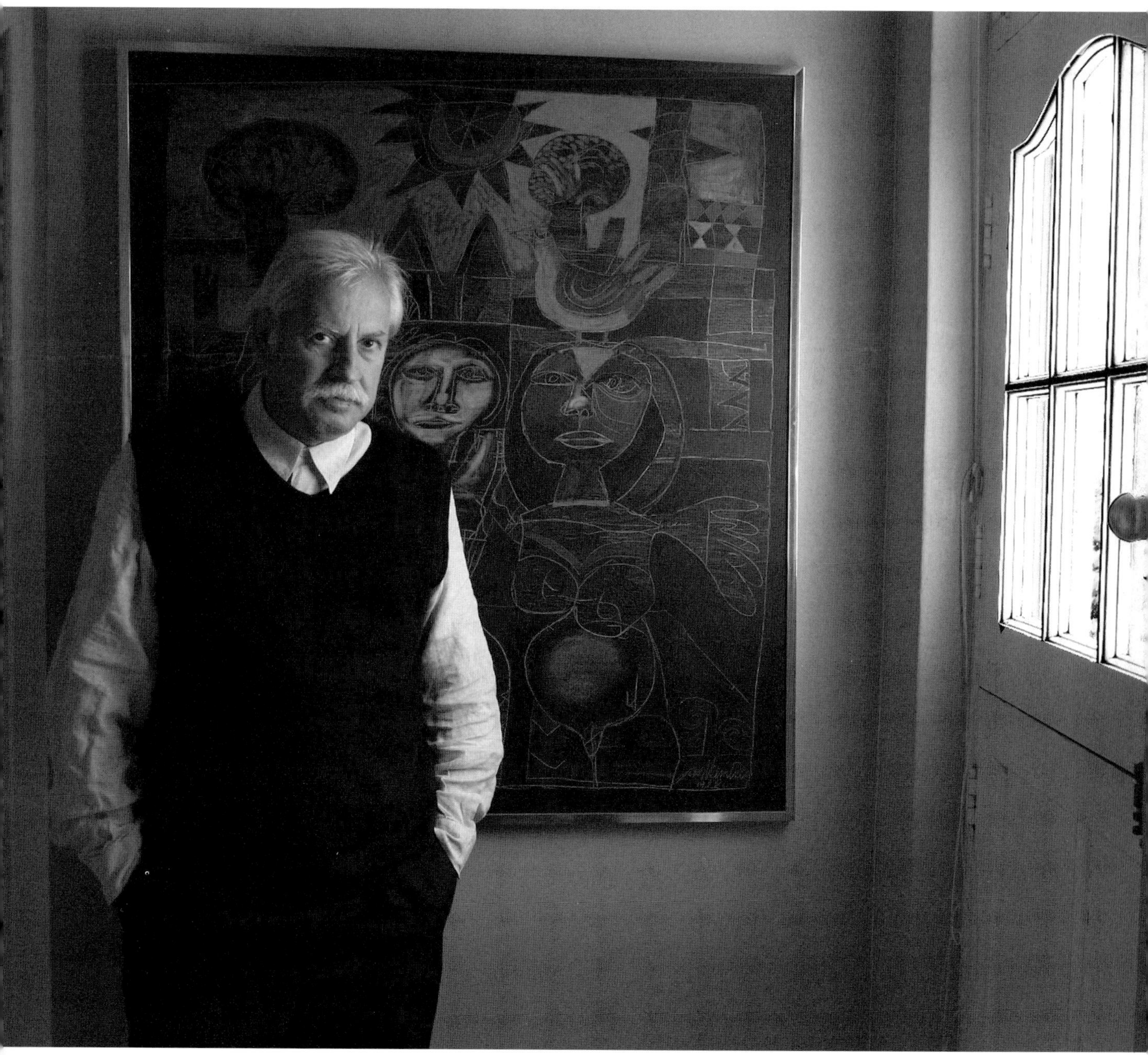

Jan Vermeiren

(2005)

Belgiese kunstenaar wat reeds sedert 1977 permanent in Suid-Afrika woon. 'n Monografie oor sy werk, *Jan Vermeiren – a Flemish artist in South Africa* met teks van André P. Brink, het in 2000 verskyn.

Belgian born Jan Vermeiren has been permanently living in South Africa since 1977. A monograph of his work *Jan Vermeiren – a Flemish artist in South Africa* with text written by André P. Brink was published in 2000.

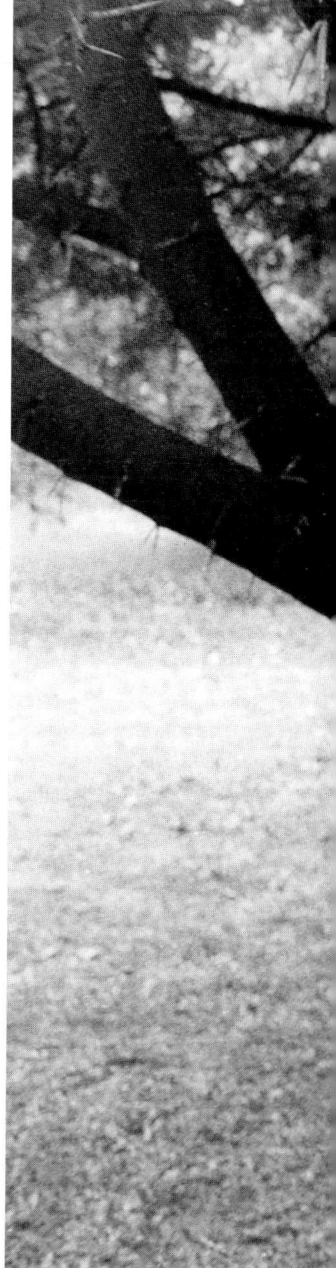

Anoeschka von Meck

(1998)

Jong skryfster van *Annerkant die longdrop* (1998) en die bekroonde *Vaselinetjie* (2004).

Young South African writer who has already received awards for her book *Vaselinetjie* (2004).

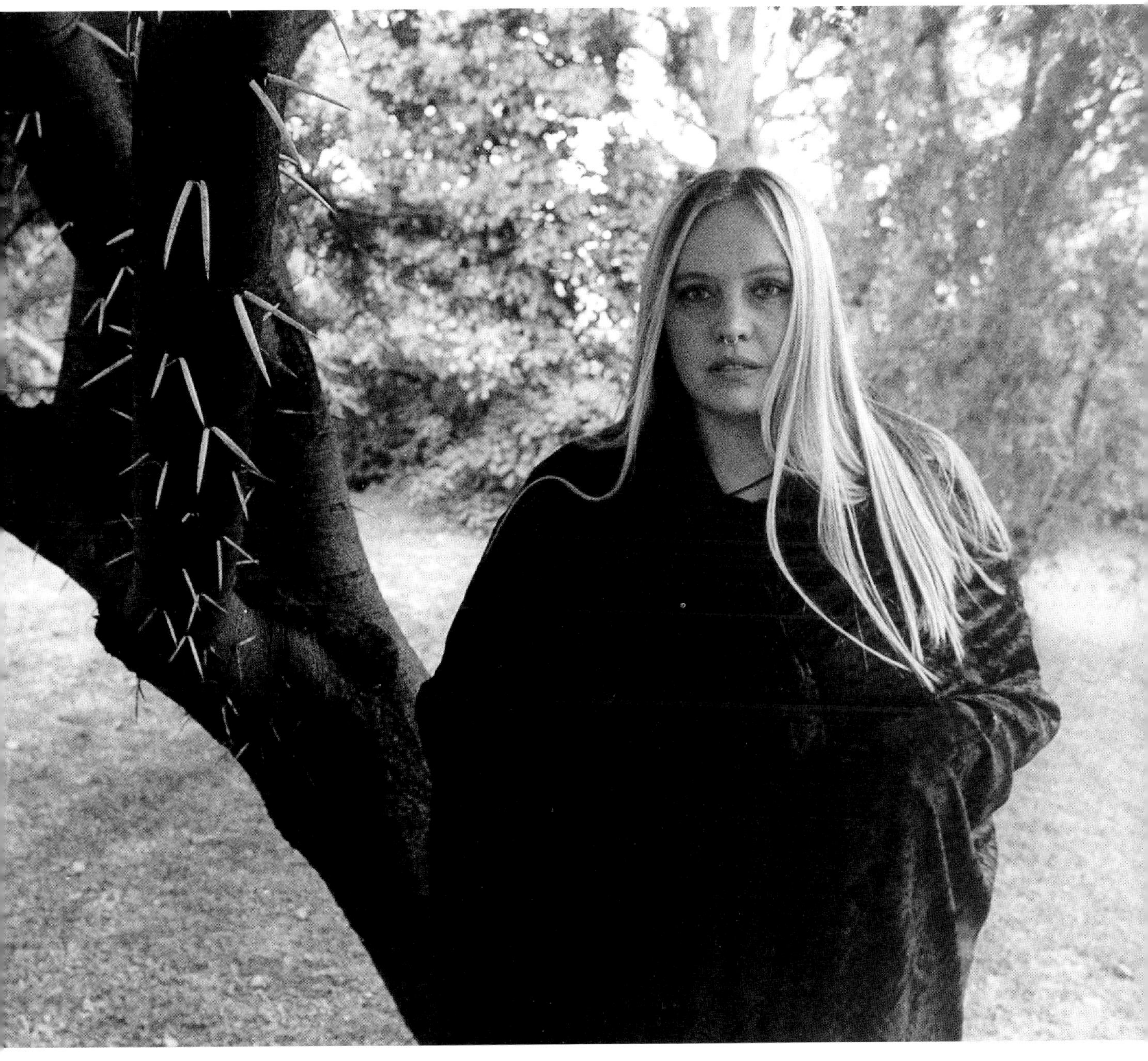

Zapiro

(2006)

Die politieke spotprenttekenaar Zapiro (Jonathan Shapiro) het oorspronklik argitektuur studeer, maar het later oorgeslaan na grafiese ontwerp. Terwyl hy met militêre diensplig besig was, het hy by die UDF betrokke geraak en het spotprente vir progressiewe organisasies begin teken. Hy is in 1988 deur die sekuriteitspolisie aangehou voordat hy met 'n Fulbright-beurs kuns in New York gaan studeer het. In 1994 is hy aangestel as redaksionele spotprenttekenaar vir die *Mail & Guardian* en die *Sowetan* en in 1998 vir die *Sunday Times*. In 2001 was hy die eerste spotprenttekenaar wat 'n kategorieprys in die CNN Afrika-Joernalis van die Jaar verower het. Hy het ook reeds solo-uitstallings in New York, Londen, Frankfurt en Suid-Afrika gehou.

The cartoonist Zapiro (Jonathan Shapiro) studied architecture but switched to graphic design. While doing military service, he became active in the UDF and began drawing cartoons for progressive organisations. He was detained by the security police in 1988 shortly before leaving on a Fulbright Scholarship to study media arts in New York. In 1994 he became editorial cartoonist for the *Mail & Guardian* and the *Sowetan*, and in 1998 also for the *Sunday Times*. In 2001 he became the first cartoonist to win a category prize in the CNN African Journalist of the Year Awards. He has given solo cartoon exhibitions in New York, London and Frankfurt and many in South Africa.

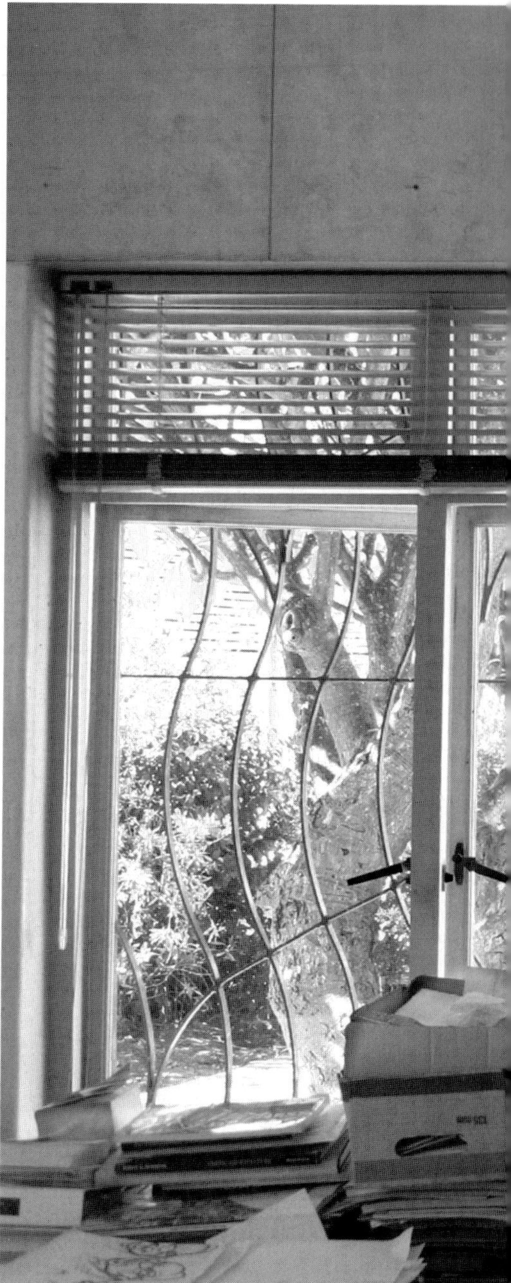

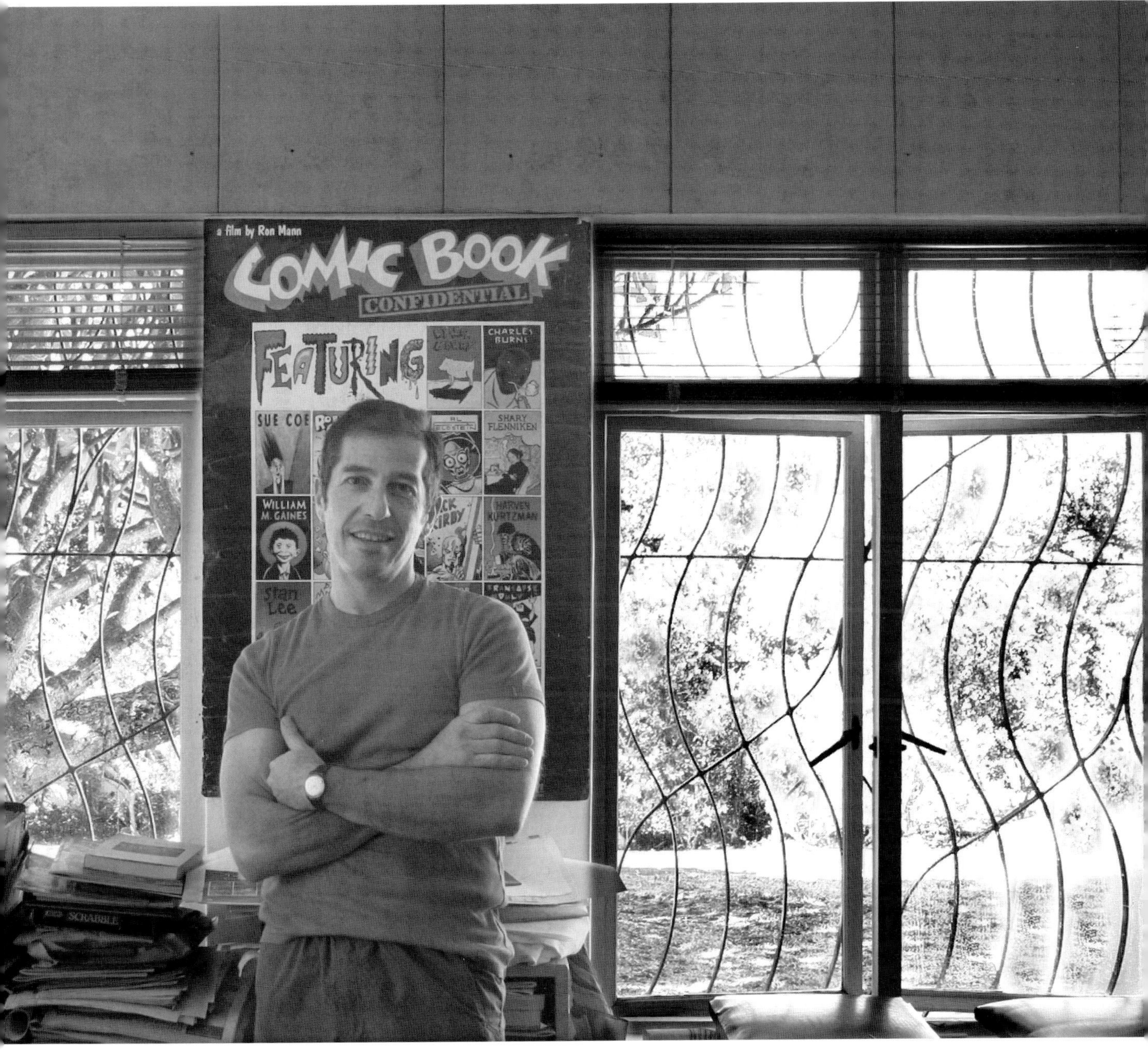
a film by Ron Mann
COMIC BOOK
CONFIDENTIAL
FEATURING
CHARLES BURNS
SUE COE
SHARY FLENNIKEN
WILLIAM M. GAINES
HARVEY KURTZMAN
Stan Lee
SCRABBLE